《日本の思想》講義

ネット時代に、丸山眞男を熟読する

仲正昌樹
Nakamasa Masaki

作品社

【目次】

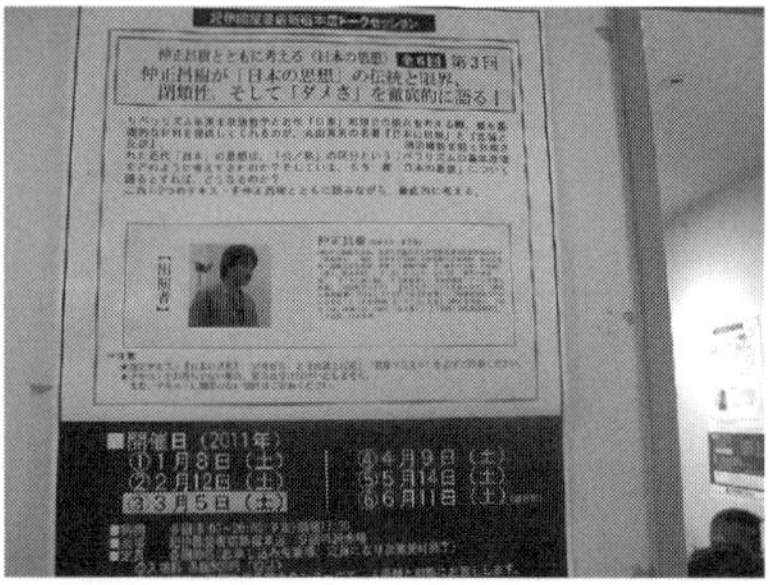

本書は、紀伊國屋書店で行った「トークセッション　仲正昌樹とともに考える〈日本の思想〉全６回　仲正昌樹が『日本の思想』の伝統と限界、閉鎖性、そして「ダメさ」を徹底的に語る」と題した連続講義の内容をもとに、大幅に書き直し、適宜見出しを入れて区切る形で編集したものである。

文章化するに当たって正確を期すべく随所に手を入れたが、講義の雰囲気を再現するため話し言葉のままとした。また会場からの質問も、講義内容に即したものを、編集しなおし収録した。

講義の中でテクストとして主に参照したのは、丸山眞男著『日本の思想』（岩波新書）、また丸山眞男の他の著作をも適宜参照した。

来場していただいた会場のみなさん、ご協力いただいた紀伊國屋書店・吉田敏恵さん、心より御礼申し上げます。【編集部】

［前書き］
――丸山の〝お説教〟をもう一度聞く――

「3・11」後、民主主義ははたして〝限界〟なのだろうか？と思う人々へ

丸山眞男は長年にわたって、日本の「戦後民主主義」を代表する政治思想家と見なされてきた。今では死語になりつつある「戦後民主主義」というのは多義的に使われる言葉だが、簡単にまとめると、第二次大戦後に成立した、新憲法を中心とする政治体制、もしくは、それに伴って形成された、護憲・平和主義的で、（国家権力や伝統的権威に対する）市民の自立を重視する、リベラルな政治文化を指す。丸山のテクストを読むことは、「戦後民主主義」が何に拘り、何と闘い、何を目指してきたかを探求することに繋がる。そう言っても、過言ではない。

ドイツの文学・思想を研究していた大学院時代の私は、丸山のことをさほど強く意識していなかったし、正直言って、あまり興味を持っていなかった。「戦後民主主義」という〝当たり前すぎて面白くなさそうなもの〟を一生懸命擁護し続けた、〝まじめすぎる思想家〟くらいにしか思っていなかったような気がする。もう少し正直に言うと、〝東大法学部の権威を背負ったリベラルな知識人〟は、自分とは縁のない存在だと決めつけて、敬遠していたのかもしれない――私は、法学部系の取りすました感じの権威主義が結構苦手である。

地方国立大の法学部に就職し、左翼系の思想雑誌に関わるようになった十数年前から、丸山の思想に触れる機会が少しずつ増えた。ポストモダン系の政治思想を論じようとすれば、「日本近代」の特殊性を露わにし、西欧的な「市民社会」へと本格的に移行するための道筋を探り続けた（ように思われる）丸山の存在を無視するわけにはいかなくなる。そのため、最初は、〝（西欧中心主義の）頑強な進歩主義者〟としてかなり否定的に見ていたような気がする。〝法学部のとりすました権威主義＋官僚的合理主義〟に対する違和感が、次第に〝実体験に基づく実感〟になりつつあったせいもあって、その権化のように見える丸山に対する否定的印象が増幅したような気がする。

そうした私の偏見が変化し始めたのは、数年前、勤め先で政治思想史の授業を担当し、英米のリベラリズム系の政治思想を紹介する仕事をするようになってからのことだと思う。国家（法）の価値中立性、公／私区分、立憲主義的な自由……といった、一連のリベラリズムの中心的課題について、少しばかり真面目に考えざるを得なくなった。自分なりに考えているうちに、丸山の「政治思想史」研究者としての問題意識が、徐々に分かってきた（ような気がした）。

今更言うまでもないことだが、明治以降の日本は、法や政治の基本的な制度、そして、学問の方法論を西欧諸国から輸入してきた。第二次大戦の敗戦・占領によって、天皇を形式的な中心とする半近代的な支配体制が解体したことで、近代＝西欧化は更に加速した。独創性を発揮できそうな哲学・社会学系の領域においてさえ、研究者の多くは、西欧の最新の学説を吸収・咀嚼し、紹介することに全力を挙げている――私も他人のことは言えない。

しかし、それだけせっせと輸入しているにもかかわらず、日本の〝政治思想〟は、西欧のそれとあまり似ていない。「正義vs.共通善」「再配分的正義と自由」「リベラルとリバタリアン」「功利主義と正義」「共和主義」「公／私区分」「自由の領域／民主主義の領域」「市民的公共圏」「討議的民主主義」……といった英米の政治哲学・思想のメインテーマが、日本の論壇で、〝日本の政治（思想）〟の課題として本格的に取り上げられることはほとんどない。そういうマニアックなテーマについて研究している、物好きな研究者もいるということが、時折紹介されるくらいである。

〝政治哲学〟の復活？

二〇一〇年のサンデル・ブームのおかげで、日本にも本格的に〝政治哲学〟が定着するようになった、と能天気で見当外れなことを言っている人たちもいるが、にわかサンデル・ファンのほとんどは、彼の参加型授業のことをすごいと言っているだけで、「正義と共通善」の対立が何を意味しているかさえ理解していない――それぐらいのことは、『これからの「正義」の話をしよう』をちゃんと読んでいれば、分かるはずだ。日本版白熱教室と称して、時事的テーマについてサンデルごっこをしている人たちもいるが、そうした〝白熱教室〟を通して、「正義」や「共通善」「共和主義」についての理解が深まった、という話はほとんど聞かない。

〝政治思想系論壇〟で実際に行われているのは、霞ヶ関支配、五五年体制の遺産、利益誘導型政治、日米安保、新自由主義、親米保守vs.反米保守、女系天皇の是非、政治でのネットの活用、小沢神話、特捜の暴走……といった、一見具体的なテーマをめぐる、かなり漠然とした二項対立論争である。対立している二つの陣営が、それぞれどういう内的原理に基づいて価値判断しているのかはっきりしないまま〝論争〟し、何となく終わるので、政治哲学的に深まっていくことがない。少し異なったテーマになると、どこかで見た様なパターンの対立が――それまでの議論の成果を踏まえて深化することがないまま――何となく繰り返される。

それが、丸山が『日本の思想』で「思想的座標軸の欠如」あるいは「無構造の伝統」と呼んでいるものである。彼が指摘するように、日本の近代政治思想史において、社会的現実・現象の分析と、政治哲学的な理念を結び付けて、体系的な議論を展開することができたのは、(現在では衰退し切っている)「マルクス主義」だけだった。ただし、その「日本版マルクス主義」も、政治哲学な伝統と教養にしっかり裏打ちされていたわけではなく、理論的なライバルがいなかったこともあって、マルクス主義者同士の間でのラディカル競争に明け暮れて、いつのまにか(勢力面だけでなく)理論面でも衰退していった。丸山も、「日本版マルクス主義」がここまで理論的求心力を失い、ただうるさいだけのサヨクに成り下がるとは思っていなかったろう。

そうしたことを念頭に置きながら丸山の著作をちゃんと読み返してみると、いろいろ発見があった。「超国家主義の論理と心理」(『現代政治の思想と行動』所収)で試みられている、(西欧の自由民主主義の批判者である)カール・シュミットの視点から「日本の思想」の問題点を明らかにしていく手法は秀逸だし、近代日本の「主体性」を規定する要因を、幕藩体制下の武士のエートスの内に見出そうとする『忠誠と反逆』の分析はスリリングだ……などと思うようになった。どうして「日本の思想」は全面的に西欧化せず、独自性があるのかないのか分からない曖昧な状態に留まっているのか、という丸山的問題を掘り下げて考えると、いろんなことが見えてくるような気がする。

そこで、少し前から作品社に仲介してもらう形で都内の大型書店などでやっている、「(短かめの)古典テクストを分かりやすく読み直す」公開講座(＋書籍化)シリーズの第三弾として、『日本の思想』を取り上げることにした。現代のドイツ思想を取り上げた第一弾、第二弾と違って、「日本の思想」を取り上げるということもあって、真面目に解説するだけでなく、ところどころに時事ネタに関連付ける形で、〝私見〟を述べておいた。丸山を文字通り真面目に学びたい人には、あまり面白くないかもしれない。

〝分かりやすい議論〟の罠《わな》

連続六回の講座の間に、いくつかの政治的・社会的に大きな意味を持つ出来事があった。最大の出来事は、やはり三月一一日の大震災と、それに続く原発事故であろう。「3・11」を挟んで、「8・15」の思想家である丸山のテクストを読むかっこうになった。出版ジャーナリズム的には、「8・15」と「3・11」を結び付けるようなことを言った方がいいのだろうが、全く異なったタイプの出来事である両者を強引にその場の思いつきで結び付けるのは、震災・原発事故の被害者に対しても、戦争の被害者に対しても、丸山に対しても不遜であるような気がしたので、無理はしないことにした。「原爆」と「原発」という繋がりで、二つの日付を結び付け、「両者とも、全体の利益のために個々の人間の命を軽視し、『核』という禁断の領域に足を踏み入れた、現代の科学技術の傲慢の所産だ!」、というような〝理屈〟を付けることもできなくはないが、そういう〝文学的な情宣〟は〝本職〟に任せておくことにしたい。

この件に関連して少しだけ――ポジティヴではない――コメントをしておくと、3・11以降、やたらと、「(現行の議会制) 民主主義の限界」について語りたがる〝論客〟が目立っているのが気になる。著名な政治家たちが「熟議」の重要性を強調しながら、実際にはあまり生産的とは思えない政党間・政党内抗争を続け、(震災・原発関連の問題を含む) 重要な事項に関する政治的決定ができず先送りされている状態が続いていることが、思想的に短気な人たちには、(民主党や自民党などの限界というより)「民主主義の限界」と見えるようである。そうした〝閉塞感〟を打破するための〝代案〟として、ネットでみんなの無意識的な欲望を集約して機械的に物事を決めるネット民主主義とか、決断する指導者 (≒独裁者) 待望論などの、〝分かりやすい議論〟が流行っている。注目を集めたい〝論客〟は、そういう話にのっかって煽りたがる。

政治思想史を一応研究している立場から言わせてもらうと、「民主主義の限界」論は今に始まった話ではない。複雑化した現代社会では、議会制民主主義の理想を維持するのは難しいという議論は、第二帝政からワイマール共和国への移行期のドイツにおいて、マックス・ウェーバーやカール・シュミットによって提起されている。第二帝政の崩壊後、急に〝世界で最も進んだ民主制〟を導入したワイマール期のドイツでは、小党分立と内乱が続き、秩序が不安定化した。延々と議論するばかりで、何も決定できない「議会制民主主義の根本的欠陥」を指摘したシュミットは、混乱を抑えて憲法秩序を維持するために、「憲法の番人」としての「独裁者」の必要性を指摘した。そして、シュミットの理論を裏書きするかのように、ドイツでは、文字通りの意味での独裁者の政権が誕生した。

〝みんなの欲望〟を科学的に集計することで、〝みんなのためになる政治〟を実現するというのは、一八世紀の後半から一九世紀初頭にかけて功利主義の哲学者ベンサムが提案したことである。それが、「最大多数の最大幸福」である。ベンサムたちは、「最大多数の最大幸福」こそが、民主主義の究極の理想だと考えた。しかし、ベンサムの思想的後継者となったミルは、多数の欲望に忠実な民主主義が、「多数派の専制」を生み出し、少数派を抑圧することを懸念し、「自由の領域」と「民主主義の領域」を原理的に切り分けたうえで、功利主義を修正しようとした。

手っ取り早く決定を下せるよう、分かりやすい仕組みを導入しようとすると、いろいろと弊害が大きくなることが分かっているので、効率がそれほどよくないと分かっていても、現在のような議会制民主主義が採用されているのである。これまでどういう問題が論じられてきたのかちゃんと勉強し、議論を積み重ねてきたとは思えないような人たちが、「民主主義の限界」論を言い出すのはあまりにも浅はかである。最近の〝論客〟や思想ファンには、自分が思想史的な常識を踏まえていないのを恥と思わず、自分が知らないようなことには価値はないと言わんばかりの態度を取る、どうしようもない人たちが増えているような気がする。

そういう連中が跋扈している時代だからこそ、丸山の〝お説教〟にもう一度耳を傾け、思想史を学ぶことの意義を再考すべきだと、私は考える。「これこそ閉塞感を打ち砕く新時代の思想だ！」とか「思想を実装する！」とか言って、自己満足に浸っている大多数の思想オタクの大半には、こんなこと言っても無意味だろうが、無意味ではない人もごく少数いることを祈る次第である。

［講義］

第1回

「新しい」思想という病――「なんでも2・0」、「キャラ・立ち位置」、「人脈関係」という幻想

日本思想論や日本精神論が江戸時代の国学から今日まであらゆるヴァリエーションで現われたにもかかわらず、日本思想史の包括的な研究が日本史いな日本文化史の研究にくらべてさえ、いちじるしく貧弱であるという、まさにそのことに日本の「思想」が歴史的に占めて来た地位とあり方が象徴されているように思われる。**（丸山眞男『日本の思想』より）**

なぜ、丸山を〝ひっぱたきたい〟のか？

丸山眞男（一九一四－九六）とはどういう人物か、今さら紹介するまでもないと思います。第二次世界大戦後の日本の最も重要な政治思想家である、と言って過言はないでしょう。亡くなった後も、彼の思想史的意義について論じる本や論文は数多く出されています。フリーターのライター赤木智弘さん（一九七五－ ）の『「丸山眞男」をひっぱたきたい』というセンセーショナルなタイトルの文章が『論座』の二〇〇七年一月号に載った後、しばらく話題になったことを覚えておられる方は少なくないでしょう。

ちょっとだけ復習しておくと、「ひっぱたく」という話は、東京帝大法学部の助教授であった丸山が、二等兵として召集されたため、中学も出ていない一等兵にやたらと文句を付けられ、なぐられた、という丸山本人の回想に由来します。赤木さんはこれを、戦争になったら、学歴による階級差がなくなるということの象徴だと解釈しています。丸山眞男をひっぱたくというのは、端的に言うと、戦争が起こる、ということです。では、どうして戦争が起こってほしいのかというと、多くの若者が正社員になれない格差社会では、苦しい生活から脱出できる希望がないからです。年を取ってから、完全な失業者になるかもしれない。何年か先に野垂れ死にするのをじっと待つくらいなら、戦争になって、死の恐怖を前に、みんなが平等になる方がまだましだ、というわけです。そのことと、世界平和について語りながら、日本の若者の貧困問題には本気で関心を持っているようには見えない日本の左翼知識人に対する怒りを合わせて表現しているわけです。「丸山」は、平和を語る左翼の象徴です。

これは非常にアイロニカルな話です。『論座』はその後休刊になりましたが、丸山眞男が代表していると思われる朝日・岩波文化——つまり、平和を語る正統派左翼がイニシアティヴを握るジャーナリズム・出版文化——を構成する「朝日」の雑誌でした。その雑誌上で、代表格の丸山眞男が批判され、そのことの意味をめぐって、左派陣営の内部で大きな論争が起こった。丸山を批判するということは、戦後日本の左派文化を批判することを意味していたわけです。この経緯については、赤木さんの『若者を見殺しにする国』（双風舎、朝日文庫、二〇〇七、一一）という本でまとめて紹介されています。

“超”国家主義と公／私

本書では、『日本の思想』（岩波新書、一九六一）を中心に読んでいきますが、丸山の思想の全体像を展望するということからすれば、『現代政治の思想と行動』（未來社、一九五六‐五七、六四、二〇〇六）の方がよかったかもしれません。ただ、あの本はそれなりにヴォリュームがありますし、様々な機会に書かれた、いろんなスタイルの文章を集めた論文集なので、本書で、熟読するにはあまり適していないと思います——ちなみに、大学の授業としてやっているゼミではこれをテクストとして指定しています。

ただ、はじめの今回は、丸山が戦後の日本の論壇で重きをなすようになった背景と、政治思想史の中での彼の位置付けを確認するため、『現代政治の思想と行動』の冒頭に収められている「超国家主義の論理と心理」（一九四六）に、ちょっとだけイントロ的に触れておきたいと思います。この論文によって、江戸時代の儒教を中心とする日本政治思想史の結構手堅い研究をしていた丸山が論壇で注目されることになりました。

これは終戦直後に出た、時事的性格の強い政治思想史の論文です。「超国家主義の論理と心理」というタイトルから、何となく、戦前の日本の極度に先鋭化された国家主義的な政治の本質をえぐり出すと共に、その体制の下での国民の異常な心理状況を描き出すような感じの文章が連想されますね。実際には、そういう熱い調子ではありません。西欧の政治哲学の基本概念に即して、日本の思想史を淡々と分析している感じです。その内容は、『日本の思想』に収められている最初の論文「日本の思想」（一九五七）の中身ともかなり関連しています。

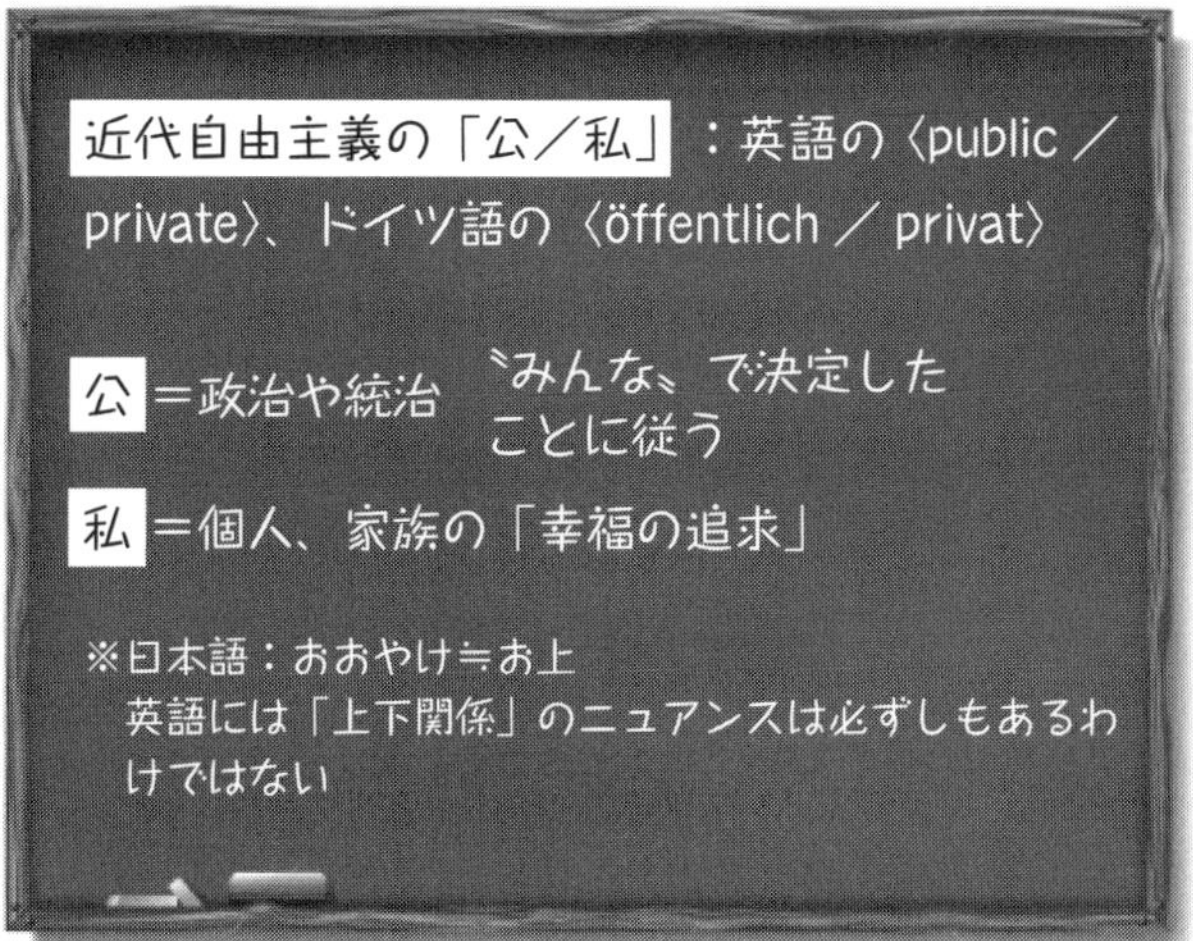
近代自由主義の「公／私」：英語の〈public ／ private〉、ドイツ語の〈öffentlich ／ privat〉
公＝政治や統治
〝みんな〟で決定したことに従う
私＝個人、家族の「幸福の追求」
※日本語：おおやけ≒お上
英語には「上下関係」のニュアンスは必ずしもあるわけではない

「超国家主義」という言葉は主観的に誇張しているような感じに聞こえますが、この場合の「超」は、物凄いというよりは、標準から逸脱しているという意味合いです。つまり、西洋近代的な意味での国家概念、国家主義では説明できないことが日本で起こったという認識の下で、その違いについて述べている部分がかなり大きいです。当然、西欧の、特に自由主義的な「国家」との違いに焦点が当てられています。

私は日本の政治思想史よりは西洋の政治思想史の方が専門なのですが、西洋の政治思想史、特に英米系の自由主義思想史の視点からこの論文を読み直すと、西洋的な国家主義と、明治維新以降の日本のそれとの違いが極めてクリアに叙述されていることが分かります。いくつか論点があるのですが、西欧近代国家の特徴である「公／私」二分法と、日本における〝公／私〟がかなりズレていることが、現実の政治の展開に即して示唆されている点が興味深いと私は思います。そもそも日本語にも「公」と「私」という対概念はありますが、これは英語の〈public／private〉や、ドイツ語の〈öffentlich／privat〉とはかなりズレています。

その「公／私」二分法についてちょっとだけ解説しておきましょう。「公／私」二分法は、近代自由主義を構成する主要な概念の一つで、自由主義を中心とする政治思想史・政治哲学の教科書的な書物には必ず出てきますし、フェミニズムの関連でもしばしば問題にされます。ハンナ・アーレント（一九〇六－七五）の「政治」観は、主に古代ギリシアのポリスをモデルとした「公／私」区分を中心に構成されていますーーアーレントの「公／私」については、拙著『今こそアーレントを読み直す』（講談社現代新書、二〇〇九）で論じましたので、関心のある方はそちらをご覧ください。

ごく簡単に言うと、政治や統治が行われる「公」の領域と、個人や家族がそれぞれの流儀でライフスタイルを構築する「私」の領域が厳格に区別される。近代市民社会では、「公」における「政治」は、ある意味、古代のポリスと同様に、市民たち自身によって担われるわけですが、みんなで決定したことには、従わねばなりません。その分だけ、個人の自由は制限されます。それに対して、「私」の領域では、個人あるいは家族が自分（たち）の幸福を追求し、自分らしい生き方をすることが許され、公権力はそこに介入することを極力回避しなければならない。

日本語の「おおやけ（公）」と「わたくし（私）」だと、「おおやけ」の方がより全体的に関わる優先されるべき大事な事柄で、「わたくし」の方は、個人的・私的な事柄で、優先順位が低い、簡単に言うと、「おおやけ」が偉くて、「わたくし」が低いような感じになりますね。［おおやけ＝お上］みたいな感じで、「わたくし」はその下にあるような感じですね。英語の〈public／private〉には、そういう上下関係的なニュアンスは必ずしもありません——この辺の言葉のニュアンスの違いについて詳しくは、佐々木毅・金泰昌編『公共哲学〈1〉　公と私の思想史』（東京大学出版会、二〇〇一）などをご覧ください。

英語圏のリベラリズム系の政治思想の発想では、〈private〉には〈public〉とは独立の固有の価値があります。特に、個人の自由な幸福追求のために不可欠です。〈public〉が、公開の場で公衆の目にさらされるのに対し、〈private〉は、公衆の目から隠され、私秘的です。公衆の視線が入ってこないからこそ、他人に気兼ねしないで、安心して幸福を追求できるわけです。英米系の政治哲学や倫理学では、「幸福追求」のことを、「善の構想 conception of the good」という言葉で表現します。ロールズ（一九二一－二〇〇二）やサンデル（一九五三－　）の本にも、「善 the good」という言葉がたびたび出てきますが、これは神様に由来する「善」ではなく、誰かにとって「良い」こと、幸福にさせてもらえるようなこと、という意味合いです。

公／私と「幸福追求権」

日本国憲法の一三条に、「幸福追求権」が出てきますが、これは基本的に、「私的領域 private sphere」での「幸福追求」を指していると考えられます。憲法の教科書に出ているように、「幸福追求権」には、プライバシー権とか自己決定権とかが含まれます。「プライバシー privacy」という言葉自体が、〈private〉な領域の権利であることを表わしていますね。「プライバシー権」は、他人に干渉されず、放っておいてもらう権利です。そのためには、「私的領域」が「公的領域」から切り離されている必要があるわけです。

「幸福追求権」というのは、日本語の日常語的な感覚からすると、ちょっと違和感がありますね。「人間は、生きていれば自分で勝手に幸福を追求しているはずだ。それに、幸福感なんて人によって違うだろう。何故それを権利として保障してもらう必要があるのか？」と思う人もいるでしょう。簡単に言うと、「最終的にどのような状態になったら私は幸福になるのか?」、を自分で決めて、自分なりのやり方で追求できる権利です。「そんなこと別に国家や社会に保障してもらわなくても自分で勝手にやっている」、と思われるかもしれません。でも、国家や社会はかなりお節介です。人知れず山奥で麻薬や覚せい剤を吸おうとしても許してもらえません。国の公認していない賭博も許されません。当事者同士の合意があっても、臓器売買とか、売春は許されません。禁止していないまでも間接的に規制をかけていることはたくさんありますね。タバコとか酒とか肥満とか。

それらの規制の中には、必要不可欠なものがあるかもしれませんが、自由主義的には、他人に迷惑をかけない範囲であれば、「何が私の幸福なのか」を自分で決め、国家や共同体には干渉させないのが原則であるべきだ、と考えたいところです。自分自身に関わること、他人にも関わることを区別し、前者には国家や社会は干渉すべきでないという考え方を定式化したのは、功利主義の哲学者であるミル(一八〇六－七三)です。幸福追求権というのは、本人が幸福であるなら、国家や社会がパターナリズム(父権的干渉主義)的に干渉すべきではない、というミル的な考え方に基づいています。そのために、干渉されなくてもいい領域、具体的には家族や恋人、友人などの親密な関係の領域が、私的領域として切り分けられている必要があるわけです。国家や社会は、個人の幸福の実現を最終的に保障してくれないけれど、その代わり、私的領域には原則干渉しない。

そうした「公／私」区分のおかげで、民主的決定に基づく統治と個人の自由な活動、民主主義(democracy)と自由主義(liberalism)がうまくすみ分けることができるわけです。法律にも、国家などの公権力による統治に関わる「公法」と、個人同士の自由な関係、私的自治に関わる「私法」に区別があります。

この「公／私」区分は、信教の自由や政教分離とも関わっています。近代における宗教は、個人の内面の問題、言わば究極の「私的」問題です。だから、公権力が信教の自由に干渉してはならない。これは、あまりにも当たり前のことのようですが、前近代の政教非分離の社会では、宗教は公的事柄でした。民衆は、国王や領主などの君主たちが信じていたのと同じ教えを信じるように強制されたし、教会が政治に直接する干渉することもありました。宗教改革や市民革命を経て、政治の舞台から宗教に退出してもらうようにしました。宗教は多くの人が信じるもので社会的影響力はあるけれど、どの宗教を信じ、実践するかは私的領域に属する事柄として、国家が干渉しないようにしたわけです。

価値観、世界観の私事化という問題

丸山の議論との関連で重要なのは、こうした政教分離と表裏一体の関係にある宗教、もっと一般的に言えば、価値観や世界観の私事化の問題です。宗教や価値観の私事化が西欧的な近代化の指標だとすれば、日本はそれから大きく外れています。

近代化の歪みゆえに全体主義の道を歩んでしまった国の例として、よく日本とドイツが引き合いに出されます。確かに、完全な市民革命を経ておらず、いち早く資本主義化し、植民地帝国になった英米仏に追いつこうとして、無理をしたという点ではよく似ていますが、「公／私」区分という観点では、ドイツと日本はかなり違います。『現代政治の思想と行動』でもこのことがたびたび強調されていました。

一番分かりやすいところから言うと、統一を成し遂げて、近代化の道を歩み出した第二帝政期（一八七一―一九一九）のドイツは、基本的にはキリスト教国家でしたが、特定の宗派を国教にしていたわけではありません。国家の政治と、宗教は分離していました。その点では、国教会制度がある英国よりも徹底しています。人口比では、おおよそ三分の二がプロテスタントで、三分の一がカトリックです。プロテスタントも厳密に言うと、ルター派とカルヴァン派、及び両者の合同を目指す合同派の三派に分かれます。皇帝であるプロイセン国王はプロテスタント系ですが、プロテスタント教会を政治的に優遇したわけではありませんし、政治の表舞台に登場させようとはしていません。高校の世界史の教科書にも出ているように、宰相のビスマルク（一八一五–九八）はカトリック教会が、信者を通じて政治に影響を与えることを防ぐため、「文化闘争 Kulturkampf」を仕掛けていますが、大きな成果は収められませんでした。

中世のヨーロッパであれば、教会の長であるローマ法王や大司教などの地位にある皇位聖職者が、皇帝をはじめ各君主に対して強い影響力を行使し、自らも君主として君臨していましたが、宗教改革以降は、世俗の権力の宗教からの自立化が進み、教会が直接政治に介入することは困難になりました。オーストリアとかフランス、スペインなどのカトリック系の国であっても、ナポレオン戦争の影響で神聖ローマ帝国が解体した一九世紀以降は、法王が直接その国の政治に介入して、具体的に特定の方向に誘導するということはなくなっていきます。世界史の教科書を見ると、昔のイタリア半島の地図では、ローマを中心とするかなりの領域が教皇領という独立国家だったのですが、一八六一年のイタリア統一の時に教皇領は完全消滅しました。その後、一九二九年になって、現在のバチカン市国の存在がイタリア側から認められることになりました。ドイツやイタリアでさえ、政教分離はできていたわけです。天皇を中心とする国家神道、全ての宗教を超える天皇崇拝の体系があった日本とはかなり違います。

明治国家と「かのように」

森鷗外（一八六二–一九二二）の『かのように』（一九一二）という小説が、この問題を扱っています。「かのように」というのは変なタイトルですが、これはドイツ語の〈als ob〉の翻訳です。英語の〈as if〜〉に相当するもので、通常は、「……であるかのように〜する」という形で使われます。新カント派の哲学者のハンス・ファイヒンガー（一八五二–一九三〇）に『かのようにの哲学 Die Philosophie des Als-Ob』（一九一一）という著作があります。簡単に言うと、近代人は神とか魂のような超越的なものは存在しないことは分かっているけれど、そういうものがある「かのように」振る舞うことで、道徳法則が機能する、という話です。それを小説のテーマに応用したわけです。近代化している国では、もはや神とか霊のようなものを無条件に信じることはできない。日本の神々に関しても例外ではないはずだ。しかし、そうした信仰がないと、社会の秩序が保てなくなる。そこで、「かのように」という態度を取れないか、と主人公が思想的に模索する話です。

主人公の秀麿は、鷗外自身の分身のような人物で、哲学や歴史学を勉強しにドイツに留学したということになっています。彼は、プロテスタントの多いドイツでは、皇帝がプロテスタント的文化を保護しながらも、カトリックの人口も少なくないことに配慮して、信仰の中身を強制しないような宗教政策を採っていることに注目します。キリスト教の成り立ちを教義史、制度史的に研究し、神話的な伝承を無条件に信じないで相対化する、自由主義神学の立場のハルナック（一八五一－一九三〇）がベルリン大学の教授を務め、政府の顧問のような仕事もしていました。鷗外＝秀麿は、神話から解放されて、道徳体系へと純化された宗教が、国家との間で相互に自律性を保ちながらうまく協調していることに感銘を受けます。帰国してから彼は、その考え方を応用して、日本の神話を解体するような歴史研究ができないかと考えますが、日本ではそれが難しいことに思い至り、断念します。

森鷗外

秀麿はその障害を「暗黒な塊」としか表現していませんが、作家で、鷗外研究家でもある松本清張（一九〇九－九二）は、それを天皇制の特異性と解釈しています。私もそうだと思います――この辺のことは、拙著『松本清張の現実と虚構』（ビジネス社、二〇〇六）で論じましたので、詳しくはそちらをご覧ください。ドイツの皇帝は世俗君主で、宗教を統治のために利用しますが、その政治的権威は宗教によって根拠付けられていないので、キリスト教の教義を相対化しても、自分の権威まで相対化することにはなりません。キリスト教自体も、ハルナックが考えていたように、脱神話化によって、必ずしも根底から揺るがされるわけではない。それに対して、天皇制では、天皇の権威＝神聖性は、神話に由来しています。神話を否定したら、天皇を中心とする神の国である必然性はなくなります。しかも、神道というのは、キリスト教のような教義中心の宗教ではなく、人々の生活実感に密着した信念とか儀礼によって成り立っています。非合理的なものを放逐するのではなく、神々とか先祖の霊のようなものを何となく崇拝することによって成り立っている社会秩序も崩壊する。

西欧の国家が個人の内面にはできるだけ立ち入らないようにし、むしろ、宗派同士の対立を仲裁する役割を担っているのに対し、明治国家は、民衆の信じている神話・伝説を基盤にしている。西欧的な意味での「公／私」の区分は当然成立しようがない。個人の価値観、幸福感、善の構想に介入し、教化しないと、国家としての求心力を維持できない。

《日本の思想》の特異性――国家神道とナチス

「超国家主義の論理と心理」では、日本が、政教分離、公私分離を核として、近代国家を作り上げた西欧諸国とは逆の道を行ったことが強調されています。天皇、というよりは天皇家の神話を中心とした世界観を作り上げ、それを民衆の生活感覚と融合することが、上からの近代化を進める原動力になりました。国家神道が、日本の伝統的な神道に根ざしたかどうかは、宗教学的に議論が分かれるところだと思いますが、いずれにしても、天皇家の神話を再構築し、それを民衆の間に浸透させることで、国民の統合が推進されたのは間違いありません。同じ世界観・価値観に基づく国家を形成しようとしたわけです。

ドイツも同じようなことをやっていたのではないか、と漠然と思っている人がいるかもしれませんが、国家の中枢が宗教的世界観で統一しようとしたというようなことは、第二帝政期にはありませんでした。

そもそもドイツ帝国は、複数の領邦国家から成る連邦国家で、皇帝であるプロイセン国王も、絶対的な支配者ではありませんでした。一九世紀のドイツ・ナショナリズムは、宗教と無関係とは言えませんが、宗教的・世界観的に統一されていたわけではありません。国家による世界観・価値観の統一は、世界観政党であるナチスが、一九三三年に政権を取ってから急速に進行しました。

これについては、アーレントが『全体主義の起源』（一九五一）で詳しく論じています。ナチスは単なるナショナリズムの政党ではなく、一つの世界観を持ち、それに基づいて国家を再構築し、民族を未来へと導こうとしました。近代の議会制民主主義の政党は、基本的に、民衆の利益の代弁者であって、世界観によって人民を導こうとしたりはしません。共産党やナチスのような世界観政党は、例外的な存在です。ワイマール共和国は、多数の政党が乱立し、なかなか政権が安定しなかったわけですが、ナチスはそれを短期間に、単一の世界観でまとまった均質的民族国家へと作り替えたわけです。日本の場合は、元々、天皇を中心とした政教一致の体制があったので、比較的スムーズに、全体主義的な翼賛体制へと移行することができたわけです。近年の政治史的議論では、三〇年代半ばに国体明徴運動などを機に、天皇を中心とした国家観の統一が図られるまでは、大正デモクラシーの影響が残っていて、天皇制を否定しない範囲では、かなりの言論の自由が認められていたことが強調される傾向がありますが、西欧諸国と比べると、元々、公／私の区分をしない、かなり特異な国家体制を築いていたと言えます。『現代政治の思想と行動』では、その点が再三確認されています。

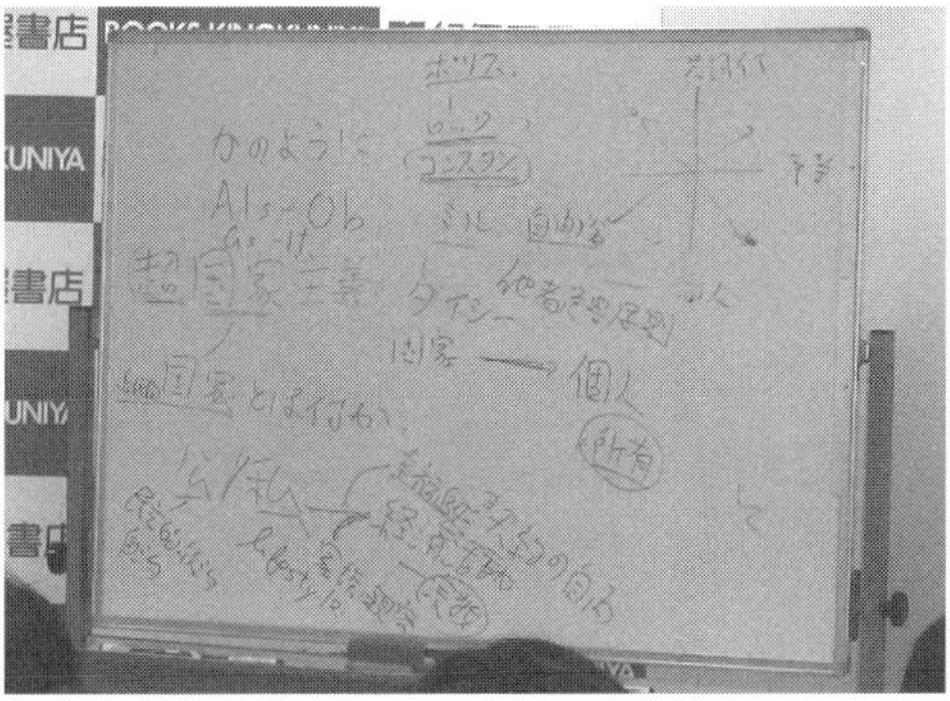

『日本の思想』は、国家論だけでなく、「日本の思想」の特異性全般を論じた著作ですが、戦前の政教一致のことが随所で言及されています。国家的なイデオロギーが、個人の内面に入ってくるのを防ぐ防波堤がないことが、日本の思想の特徴と言えるかもしれません。そういうことを踏まえて、『日本の思想』に収められている最初の論文である「日本の思想」を読んでいくことにしましょう。

「精神史 Geistesgeschichte」——知の座標軸とは?

本文の最初の頁である二頁に、日本にはいわゆる「インテレクチュアル・ヒストリィ」というものがない、その時代ごとの知の在り方、知的な世界像、少しだけ現代風に言うと、知の座標軸を論じるような学問領域がないという話が出てきます。「超国家主義」論文などでは、政教一致、公私未分化の——西欧近代から見て——特異な〝国家〟体制の下で、国民が統一的世界観を持つように誘導されたことを強調しているわけですが、学問的な知の領域にはむしろ統一性が欠如していた、というわけです。

日本では、たとえば儒学史とか仏教史だとかいう研究の伝統はあるが、時代の知性的構造や世界観の発展あるいは史的関連を辿るような研究は甚だまずしく、少くも伝統化してはいない。

日本には、儒学史や仏教史のような個別の知の分野ごとの歴史を研究するという伝統はあるし、むしろ充実しているけれど、それらを横断して、その当時の日本全体でどういう知の布置状況になっていたか、というような研究は意外とない、ということですね。西欧の思想史研究だと、例えばフランス革命期からウィーン体制までのドイツの思想状況を研究するとすれば、カント（一七二四－一八〇四）からドイツ観念論に繋がる哲学の主流派の系譜だけでなく、ゲーテ（一七四九－一八三二）やシラー（一七五九－

一八〇六）などの古典派文学、ロマン派の思想・文学・芸術運動、ヴィルヘルム・フォン・フンボルト（一七六七－一八三五）の言語学と教育改革、アレクサンダー・フォン・フンボルト（一七六九－一八五九）の博物学と地理学、ラファーター（一七四一－一八〇一）の観相学、歴史法学 vs. 自然法論、国民経済学、古典派音楽……とか、いろんな領域を横断する、その時代の知を支配していた「精神」あるいは、中心的な関心を明らかにするような横断的な研究が試みられるわけです。そういうのが、「精神史 Geistesgeschichte」と呼ばれるものです。

精神史的な研究の蓄積があり、それに依拠することができれば、思想家や知識人は、自分たちの主張や論争を、思想史的に位置付けることができます。例えば、議論している当人たちはカント主義者とかヘーゲル主義者とかではなくても、「正義は、個人の権利を尊重することを最大の目的とすべきか、それとも個人よりも共同体の慣習に根ざしたものであるべきか？」を一つの争点とする議論が行われるような場合、カントやヘーゲル（一七七〇－一八三一）との関係で、あるいは中世や古代にまで遡ってその議論を思想史的に位置付け、かつての議論との異同を確認したり、それぞれの陣営の立場を整理することが、論争当事者によって、あるいは第三者的に観察している人によって試みられることがあります。そうやって歴史的に枠付けすることで、従来の議論の蓄積を踏まえて厚みのある議論を展開することができますし、議論の射程を拡張し、いろんな関心を持つ人が参入しやすくすることもできます。自己決定権とかプライバシー権をめぐる、実定法的議論にストレートに参入できる人は少なくても、その背景にカントやヘーゲルの法理論、道徳理論があることが明らかになれば、カント研究やヘーゲル研究、あるいは中世哲学、ギリシア哲学研究、あるいは分析哲学系の「心の哲学」とかメタ倫理学を専門的にやっている人たちが積極的に参加できるようになります。

サンデルの読み方!? あるいは、精神史の欠如について

二〇一〇年から一一年にかけて日本でベストセラーになったサンデルの『これからの「正義」の話をしよう』（二〇〇九）――原題は〈Justice〉で、「これからの～」という思わせぶりの言葉は入っていません――も、リーマン・ショック後の金融機関の救済とかハリケーンの被害の後の便乗値上げ、アファーマティヴ・アクション（積極的是正措置）などアクチュアルな政治的議論の背景に、アリストテレス的な「善き生」の理想とか、功利主義、公正としての正義、カント主義、リバタリアニズム（自由至上主義）などが提起した理論的問題があることを示唆し、読者をより抽象的・理論的な議論の地平へ誘うような構成になっています。「精神史」的な素養がない人が読めば、話のうまいサンデル先生がワンポイント含蓄を与えてくれているくらいにしか思えないかもしれませんが（笑）、「精神史」的な素養が多少あれば、現在進行中の生々しい問題を、哲学の歴史の中に位置付けて理解するための手掛かりが得られるわけです。

日本だと、昔のマルクス主義系の議論を別にすれば、アクチュアルな議論を哲学・思想史的に位置付けて、理論的に深めるということはほとんどありませんね。マルクス主義が流行らなくなった今では、アクチュアルで哲学的な議論なんてほとんどお目にかからなくなりました。九〇年代半ばのブルセラや援助交際をめぐる論争で宮台真司さん（一九五九－　）が、女の子たちの性的自己決定権を擁護して、それを認めようとしない人の議論を批判していましたが、あれはよく考えてみると、リベラル／コミュニタリアン論争や、公／私区分に関わる哲学的な論点を含んだ論議だったと言えます。宮台さんも多分そういう位置付けの議論にするつもりだったのではないかと思いますが、残念ながら哲学的には拡がりませんでした。

日本では、ジャーナリズムでも取り上げられているような議論を、「正義」とか「功利性」とか「共同性」「共和主義」「良き生」といった抽象的な哲学用語で枠付けようとする人が出てきても、周りの人がシラケて相手にしないことが多いですね。「心に届かない空疎な抽象的言葉だ！」とか「観念の遊戯だ！」

とかいう感じで（笑）。「西欧の哲学の言葉で表現しようとするのが間違っている」、とか言う人もいる。そう言っている人に、「じゃあ、日本の〝精神史〟の言葉でどう整理するんだ」、と問い返しても、まともな答えが返ってくるはずはない。単に、そんなことを口にするにわか国粋主義者がバカだというだけの話ではなくて、日本には個々の議論を精神史的に枠付けするための伝統が欠如している。

丸山が問題にしているのは、そういうことです。思想史が体系化・構造化されていないわけです。先ほどの少し後の箇所を見てみましょう。

> 津田左右吉の『文学に現はれたる我が国民思想の研究』（全四巻、一九一六―二一年）は「文学」という限定はあるにしても、そうした方向を早くからめざした極めて稀な例であろう。かつて日本にもディルタイなどの影響下に「精神史」的研究が流行した時代があるが、これも日本を対象とした包括的な試みとしては定着しなかった。和辻哲郎の『日本精神史研究』（正・続、一九二六・三五年）もそれ自体としては貴重な業績であるが、やはり個別研究であり、通史として結実したときには倫理思想史という貌をとっている。日本精神史という範疇は、やがて日本《精神史》から《日本精神》史へと変容し、おそろしく独断的で狂信的な方向を辿ったことは周知のとおりである。

津田左右吉

和辻哲郎

津田左右吉（一八七三―一九六一）が歴史学者で、『古事記』や『日本書紀』の記述を文献批判的に検証し、皇国史観の根幹になっている「古代史」を実証的に書き換えようとした人であること、そのせいで、国体明徴運動の槍玉に挙げられ、当局からも弾圧されたことはご存知ですね。その津田に、時代ごとの代表的な文学作品を取り上げ、それらの作品から見えてくるその当時の国民の思想を論じた論文集があるわけです。貴族時代、武士時代、平民時代の三部構成になっています。今は購入できないと思いますが、一応岩波文庫に入っています。方法論的にそんなにかっちりしているわけではなくて、日本史の常識を文学に当てはめて読んでみた、という感じになっています。

倫理学者で、風土論で知られる和辻哲郎（一八八九–一九六〇）に『日本精神史研究』（一九二六、四〇）という有名な著作がありますね。これは、推古時代の仏教受容とか、白鳳天平時代の仏教美術と『万葉集』の関係、『古今集』『竹取物語』『源氏物語』「もののあはれ」、道元（一二〇〇–六三）の修業の方法、歌舞伎……といった具合に、時代ごとの芸術・文学の特徴や、仏教のスタイルに焦点を当てて、その時代を生きた人たちの人生観や世界観を読み取ることを試みた論文集です。読んでみると確かに興味深いのですが、丸山の言うように、和辻の関心――時代ごとの美的・文化的様式と、日本人のメンタリティの相関関係――に引き付けすぎているし、思想の全体的な構造の変化を追っているという感じではありません。和辻倫理学を専門的に研究している人たちは別にして、彼の〝方法〟論が、日本の「精神史」叙述のスタンダードになっている、というような話はあまり聞かないですね。

別に、和辻の〝精神史〟がマニアックでダメだと言いたいわけではありません。それまでの研究の蓄積がないし、その後の蓄積もないので、どうしても浮いてしまう、ということです。例えば、現代の貧富の格差論議とか、日の丸・君が代論争、ＴＰＰ参加問題などを、和辻の精神史を継承する倫理学者が、「もののあはれ」とか歌舞伎、奈良仏教の精神などの視点から論じようとしても、多分場違いな話をする世間知らずの人が出てきた、と思われるのが関の山でしょう。

「日本《精神史》」と「《日本精神》史」

ディルタイ（一八三三－一九一一）は、「解釈学 Hermeneutik」の創始者です。対象である自然現象の「説明 Erklären」を目指す自然科学に対し、人間の精神活動を「理解 Verstehen」することを目指す学として「精神科学 Geisteswissenschaften」を特徴付けたことで知られています。ディルタイによれば、「理解する」というのは、書物、音声言語、動作、模倣的身振りなどにおいて表現（ausdrücken）されている他者の経験を、積極的に「追体験 nacherleben」することです。そうした精神科学の方法によって、人々の「生の連関 Lebenszusammenhang」を根源とする「世界観 Weltanschauung」の歴史的変遷を再構成することを試みたわけです。ハイデガー（一八八九－一九七六）やガダマー（一九〇〇－二〇〇二）経由で、現代哲学にも大きな影響を与えています。ディルタイには、精神科学の方法論について『精神科学序説』（一八八三）という著作がありますが、丸山は恐らくその辺を「精神史」の典型と見ているのでしょう。

「日本《精神史》」から「《日本精神》史」というのは、ちょっとした言葉遊びです。「日本《精神史》」の方は、単純に、ディルタイがやっているような「精神史」の日本版という意味ですが、「《日本精神》史」の方は、「日本精神」とでも言うべき民族の統一的な精神、あるいは、日本人らしい精神の在り方、日本本来の精神のようなものが実在し、それが現代に至るまで実在することを前提にして、その精神の最終的自己実現のために各国民が奉仕すべきとかいう話でしょう。和辻の『精神史研究』はそうした民族主義を煽るようなものでは全然ありませんが、戦前の日本で、こういう日本人の美意識のようなものを論じた思想研究が、国粋主義的な運動に利用されがちだったのは確かでしょう。

無論、ドイツの「精神史」も民族主義的に曲解されることはあったわけですが、日本に比べてきちんとした学問的な「精神史」の伝統がある分、一定のブ

ディルタイ

レーキが働きやすい。日本は、イデオロギー化に抗しながら、「精神史」を研究してきた伝統がないので、アカデミズムの外、巷で大和魂的なものが称揚されるようになると、引っ張られやすい。

日本思想論や日本精神論が江戸時代の国学から今日まであらゆるヴァリエーションで現われたにもかかわらず、日本思想史の包括的な研究が日本史いな日本文化史の研究にくらべてさえ、いちじるしく貧弱であるという、まさにそのことに日本の「思想」が歴史的に占めて来た地位とあり方が象徴されているように思われる。

「日本思想論」「日本精神論」と、「論」の所に傍点が付いているのは、その著者の自説とか願望の表明のような議論ならあるけれど……というような意味合いですね。結局、ちゃんとした思想史研究はない。あるいは、「思想」を積み上げて次の世代に継承していく伝統がないので、ちゃんとした研究もできないのかもしれませんね。繰り返しになりますが、日本の哲学者や思想史家は、自分の先生の先生の議論くらいは意識しますけど、明治、大正の思想家については、自分の直接の研究対象でない限り、ほとんど意識しませんし、意識しなくても十分にやっていけます。

喧嘩＝論争――「立ち位置」幻想と〝家系図〟作り

四頁から五頁にかけて、「日本における思想的座標軸の欠如」という話が出てきます。これまでの話から、どういうことか分かりますね。サンデルの本とか講義に出てくるような、［功利主義 vs. 自由主義（平等主義⇕リバタリアニズム）vs. コミュニタリアニズム］の図式みたいなものを想定して、自分の立ち位置を確認するということです。［カント主義 vs. ヘーゲル主義］とか、［プラトン主義 vs. アリストテレス主義］

のような図式で整理することもよくあります。現代日本で進行中のアクチュアルな議論を、江戸時代の儒学とか平安・鎌倉時代などの過去の図式を当てはめて整理しようとしても、イタイ人扱いされるだけでしょう（笑）。

西欧諸国では、反権力・反体制的な思想・社会理論にも一定の座標軸があります。例えば、アメリカのフェミニズムには、ラディカル・フェミニズムとリベラル・フェミニズムを分ける軸があって、結構、きれいに区分できるようです。簡単に言うと、リベラリズム一般の要件である「公／私」区分の必要性を認めるのが、リベラルです。この場合の「私」は特に、家庭を意味します。フェミニズムなので、男性や家長の支配が自明の理と見なされてしまうことには反対するが、「男性であれ女性であれ、各人が自律した人格として自らの幸福を追求するには、家庭のプライバシーが不可欠だ」という立場をとるのがリベラルです。それに対して、「いや、『家族』のプライバシー（私秘）性の中で、男性による暴力的支配が正当化されてきたし、男性中心の公権力がその『家族』を守ってきたのだから、構造的問題の源泉になっている『家族』という制度を解体しなければならない」、と主張するのがラディカルです。日本のフェミニストは、こういうはっきりした理念的な分かれ方はしていないですね。問題ごと状況ごとに、ラディカルになったり、リベラルになったりする人が多いですし、どれだけ強く反政府、反保守的な発言をするかが〝ラディカルさ〟の尺度になっていたりするので、理念的な対立軸

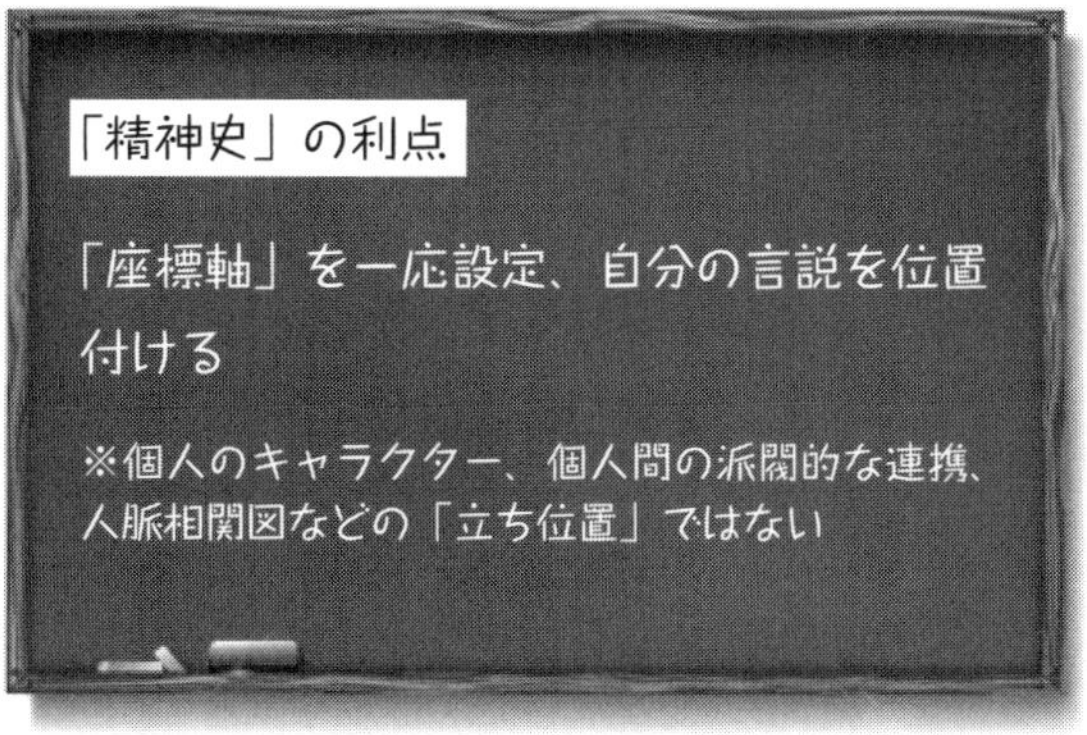
「精神史」の利点
「座標軸」を一応設定、自分の言説を位置付ける
※個人のキャラクター、個人間の派閥的な連携、人脈相関図などの「立ち位置」ではない

が曖昧になりがちです。フェミニズムの内部に理念的対立軸はないのか、などと言うと、「女性を分断しようとする発言だ！」、とかすぐに言い出す人もいるので、余計に曖昧になります。

座標軸を一応設定し、その座標軸の中で自分の言説を位置付けられるということが、「精神史」の利点です。日本の思想史ではそれが難しい。しかし、〝座標軸〟の話に妙にこだわりすぎるとおかしなことになる。「現代思想」とか「論壇」で四象限の思想の座標系を描いて、「○○はここで、△△はあそこにいて対立しているけど、□□とは連合を組んで……」、などと思想地図を作って喜んでいる人がいますね。個人名の配置を中心にして地図を描こうとすると、派閥の合従連衡のような話になって、ものすごく低レベルで不毛になります。「座標軸」という言い方はあくまで比ゆ的なものであって、理念、概念、理論の対立や、その歴史的な経緯をはっきりさせることが肝心なわけです。全て四象限の平面に配置できるわけではありません。ましてや、個人のキャラクターに左右されることの多い、人名中心の思想地図は、「精神史」から程遠いものです。日本の〝思想・哲学好き〟の人には、概念や理論ではなく、個人間の派閥的な連携のようなものにばかり関心を持ち、そういう絵図を描くことを〝思想・哲学〟の勉強だと勘違いしている人が少なくありません。「立ち位置」だとか言って。その「立ち位置」話が、日本の新聞の二面に出ている、民主党や自民党の派閥や、中央省庁の人脈・出世競争と同じ次元の話になってしまうわけです。「立ち位置」っていうのは、純粋な理念の話にも、思想戦略の話にも、世渡りの話にも、立ち居振る舞いの話にも取れるので、便利な言い方ですね（笑）。

ついでに言っておくと、西側先進国の新聞と比べて、日本の新聞の二面記事は特殊ですね。派閥の合従連衡や、誰と誰が最近接近しているとか、水面下で○○包囲網が出来上がっているとか、そんな話が多いですね。日本の〝政治好き〟というのは、そういう人が多いですね。すぐに「国盗り物語」にしてしまう（笑）。それと同じ様な体質の人が、思想地図を描いて喜んでいるのかもしれません。派閥・人脈相関図を、座標軸と勘違いしているから、単なる知識人同士の喧嘩を論争だと思ってしまう。というより、理論的に対立するための軸がないので、論争のつもりで始めても、すぐに喧嘩になってしまう。

派閥地図より多少はましだけれど、やはりズレているパターンとして、「○○は△△の弟子で、その△△は□□の弟子で、▽▽と兄弟弟子関係にある……」、というような感じで学問の〝家系図〟を描きたがる人がいます。哲学者や法学者、歴史学者など、権威主義的な分野の研究者に多いです（笑）。家系図があると確かに、精神史を調べやすくなりますが、系図の繋がりと理念の繋がりはイコールではないことをはっきり自覚していないと、家元制の下でのお家芸の継承のような話になってしまいます。昔左翼運動をやっていた人に、左翼の各セクトの親類関係を示す家系図の話をしたがる人もいますが、あれも同じ様なメンタリティなんでしょう。〝立派な親〟にちゃんと繋がっていないと不安なのかもしれません。

無論、日本に精神史的な研究が皆無だということではありません。最近私が関心を持ったものとして、社会思想史の植村邦彦さん（一九五二－　）が平凡社新書として出された『市民社会とは何か――基本概念の系譜』（二〇一〇）は、〈civil society〉という言葉の由来と、社会・経済・政治思想史の中でのこの言葉の意味の変遷と、日本での受容あるいは誤解（？）について詳しく解説されているので、「市民社会」について語っている人が、自分の語っているものの意味、自分の立ち位置を知る上で、いいガイドになるかと思います。ただ、あくまでメインは西欧諸国での概念形成ですし、こう言うと植村さんに失礼かもしれませんが、こういう本に刺激されて、日本の左派やリベラル派の間で「市民社会」概念をめぐる本格論争が起こりそうな雰囲気はありません。左右の論客が、耳心地のいいスローガンとして「市民社会」という言葉を無意味に使い続ける状況は変化しないでしょう。

座標軸を作ることは、「自己認識」（五頁）に繋がるわけです。ここで言っている「自己認識」とは、当然、自分のキャラ分析をするということではなくて、座標軸の中で自分の位置を確認し、自分の考え方を客観視するということです。五頁から六頁にかけて以下のように述べられています。

伝統と外来

問題はどこまでも超《スーパー》近代と前近代とが独特に結合している日本の「近代」の性格を私達自身が知ることにある。ヨーロッパとの対比はその限りでやはり意味があるだろう。対象化して認識することが傍観とか悪口とかほめるとかけなすとかいったもっぱら情緒的反応や感覚的嗜好の問題に解消してうけとられている間は、私達の位置から本当に出発することはできない。日本の「近代」のユニークな性格を構造的にとらえる努力——思想の領域でいうと、色々な「思想」が歴史的に構造化されないようなそういう「構造」の把握ということになるが——がもっと押しすすめられないかぎり、近代化した、いや前近代だといった二者択一的規定がかわるがわる「反動」をよびおこすだけになってしまう。

前置き的な話をしているように見えて、既に本題に入っていますね。日本の思想史が構造化されていないことと、日本の「近代」が構造化されていないことがパラレルな関係にあるわけです。「超近代」と「前近代」とが独特に結合しているというのは、この手の話に慣れていないとピンと来ないかもしれませんが、「近代の超克」などの文脈でよく出てくる話ですね。戦前の日本で、西欧近代を超えようとする思想が台頭したわけですが、どのように超えるかというと、西欧近代が個人主義を進めすぎたことによる諸個人のアトム化、資本主義経済の下での人間疎外などの弊害をなくすために、「民族共同体」を強化しようとしたわけです。しかし、天皇を中心に国民を再統合することで、社会を構造改革し、更なる発展の原動力にしようとする「共同体」の論理は、太古の神話的な世界への回帰を含意しているようにも見えます。

それこそが、日本の「超国家主義」の特徴です。

ドイツやイタリアも民族共同体を強化することで、近代を超克しようとする全体主義思想が台頭しましたし、ソ連など社会主義国の「共産主義社会」の構想も、見方によっては、前近代的な共同体を復活させることで、近代＝資本主義を超える試みと見ることもできます。ただ、日本の場合特に、「近代」がそもそもどういうものか、きちんと認識されていなかったので、その分だけ余計に、超近代と前近代の混同が起こりやすい。

だから西洋近代と対比する形で、日本の「近代」の特殊性を把握することが必要になるわけです。他との対比で、客観視することが、これまで無構造だった「精神史」を構造化することに繋がるわけです。

八頁で、「伝統」思想と「外来」思想の関係について論じられています。ポイントは、日本の思想史において、伝統／外来をきれいに区別することができない、ということです。明治維新辺りで区切って、それ以前からあるものを「伝統」、それ以降入ってきたものを「外来」と呼ぶことがあるわけですが、よく考えてみると、それ以前の日本に一つのまとまった思想的伝統があった、ということではない。仏教、儒教、シャーマニズムなど様々な系譜の思想が無構造的に入り混じって〝伝統〟を形成していたわけです。西欧の思想も、その〝伝統〟の中に入り込んで、いつの間にか、私たちの思考を規定するようになっている。

> 外来思想を摂取し、それがいろいろな形で私達の生活様式や意識のなかにとりこまれ、文化に消しがたい刻印を押したという点では、ヨーロッパ産の思想もすでに「伝統化」している。たとえ翻訳思想、いや誤訳思想であるにしても、それなりに私達の思考の枠組を形づくって来たのである。紀平正美から鹿子木員信まで、どのような国粋主義思想家も、『回天詩史』や『靖献遺言』の著者たちの語彙や

範疇だけでその壮大な所論を展開することはできなかった。蓑田胸喜の激越な「思想闘争」すら、W・ヴントやA・ローゼンベルクの援用で埋められていた。私達の思考や発想の様式をいろいろな要素に分解し、それぞれの系譜を遡るならば、仏教的なもの、儒教的なもの、シャーマニズム的なもの、西欧的なもの――要するに私達の歴史にその足跡を印したあらゆる思想の断片に行き当るであろう。

「的」に傍点が付いていることに注意して下さい。異なった系譜の思想がそれぞれ伝統を形成しているのでもなくて、ちょっとずつ混ざり合っているので、どこまでがどの系譜のものかはっきり分からないわけです。外来思想の誤訳は、仏教や儒教についてもかなりあるはずです。そういうものも含めて〝日本の伝統〟が形成されているので、国粋主義者が、外来思想を含まない、純粋な〝伝統的日本思想〟を呈示しようとしても、無自覚的に外来の要素が入ってきてしまうわけです。

紀平正美（一八七四－一九四九）は、元々ヘーゲルを研究していた哲学者ですが、一九三二年に「国民精神」を鼓舞することを目的とする国民精神文化研究所が、文部省直轄の機関として創設された際、その中心的イデオローグになった人です。鹿子木員信（一八八五－一九四九）は、海軍軍人を退役した後、哲学者になった人で、戦争中の言論統制機関である大日本言論報国会の事務局長を務め、国粋思想を広めた人です。『回天詩史』（一八四四）は幕末の水戸学の学者藤田東湖（一八〇九－五五）が、失脚して謹慎中に自らの気概を歌った詩とそれに関連した叙述を合わせたものです。『靖献遺言』（一六八四－八七）は、江戸中期の儒学者浅見絅斎（一六五二－一七一二）による、中国の歴史上有名な八人の忠臣――諸葛孔明もその中に入っています――の評伝で、幕末に尊王の書として勤皇の志士たちの間でベストセラーになったようです。蓑田胸喜（一八九四－一九四六）は、哲学畑出身の右翼思想家で、マルクス主義・自由主義的な学者・知識人を糾弾するキャンペーンを展開し、美濃部達吉（一八七三－一九四八）や津田左右吉を

アルフレート・ローゼンベルク

蓑田胸喜

紀平正美

槍玉にあげました。

ヴィルヘルム・ヴント（一八三二―一九二〇）はドイツの心理学者で、民族心理学の創始者として知られています。アルフレート・ローゼンベルク（一八九三―一九四六）は、ナチスのイデオローグで、ナチスの人種イデオロギーと民族神話を総合的に展開することを試みた『二〇世紀の神話』（一九三〇）を著しています。三八年に日本語訳が出ています。

紀平、鹿子木、蓑田等は典型的な国粋主義の思想家ですが、その彼らでさえ、水戸学などの日本の〝伝統的な思想〟の語彙だけで、自分たちの思想を表現できず、ドイツなど、西洋の思想家の言葉を借りて来ざるを得なかった。そもそも、〝伝統的な思想〟といっても、『靖献遺言』は中国の偉人の評伝ですし、『回天詩』は漢詩です。漢字語を使って抽象的なことを考えている限り、いくら〝純粋さ〟を求めても限界があります。更に言えば、〝国粋主義〟自体が、古くから日本にあった思想ではなく、明治以降、西欧諸国のナショナリズムの影響の下で形成されてきたものですね。

ただ、そのように様々な外来思想が混ざり合っているにしても、「開国」が日本人の内面生活に与えた影響は大きかった、ということですね。一〇頁で、以下のように述べられています。

しかしそれだけに、さきにのべたような思想的伝統（中国における儒教のような）の強靭な基軸を欠いていたという事情から来る問題性がいまや爆発的に出現せざるをえなかったのである。領土、国籍、対外的に国家を代表する権力の所在、など自国と他国とを区別する制度的標識が成立し、天皇を頂点とする集権的国家（まだ実質的集権力は十分でなかったとはいえ）が急速に整備されて行くと同時に、いやそれよりはるかに早い速度と量とで、欧米の思想文化が開かれた門からどっと流れこんだために、国家生活の統一的秩序と思想界における「無秩序」な疾風怒濤とが鮮かな対照をなし、しかも両者が文明開化の旗印のもとにしばしば対位法《コントラプンクト》の合唱をつづけた。

この箇所は一見すると抽象的で分かりにくいですが、ポイントは簡単です。「開国」後、国家の方は急速に統一的秩序が形成され、曲がりなりにも天皇中心の中央集権国家になっていったが、思想の面では、欧米の思想の急速な流入に対応できないで、元々無構造なところに更に混乱が増し、「無秩序」の様相を呈したということです。文明化の進行に伴って、現実政治の統一化と、思想の無秩序化が、相互に影響を与え合いながら、パラレルに進んだということですね。そうした「現実」と「思想」のギャップの拡がりから、先ほどお話ししたような、超国家主義の問題、国体のイデオロギーが、（精神史的座標軸を持たない）人々の内面に入り込みやすくなるという問題が生じてくるわけです。

さし当り注意したいことは、伝統思想が維新後いよいよ断片的性格をつよめ、諸〻の新しい思想を内面から整序し、あるいは異質的な思想と断乎として対決するような原理として機能しなかったこと、まさにそこに、個々の思想内容とその占める地位の巨大な差異にもかかわらず、思想の摂取や外見的対決の仕方において「前近代」と「近代」とがかえって連続する結果がうまれたという点である。

　この箇所も字面的には抽象的で分かりにくいですが、要は、西洋の思想を受容した日本に、精神史的な座標軸が欠けていたせいで、外来思想と伝統思想の対決というはっきりした図式が形成されなかった、ということです。対決がなかったので、西洋のいろんな思想をどんどん吸収したけど、座標軸がないので、様々な相互に異質な要素が整理されることなく、雑然と絡み合ったままになっている。日本人の器用さ、物分かりの良さが、かえって、思想的な「無秩序」を増幅させているわけです。カントとニーチェ（一八四四－一九〇〇）は、対立し合う関係にあるけれど、日本に入ると、〝西欧の哲学的教養〟という大雑把な括りで、渾然一体になる。全体的に混沌としているからこそ、「前近代」と「近代」の境界線も曖昧になってしまう。要するに、流されやすいわけですね。中国文学者の竹内好（一九一〇－七七）も、西欧との対決ゆえに近代化の産みの苦しみが続いた中国との対比で、「日本の思想」の問題性を指摘していますね。

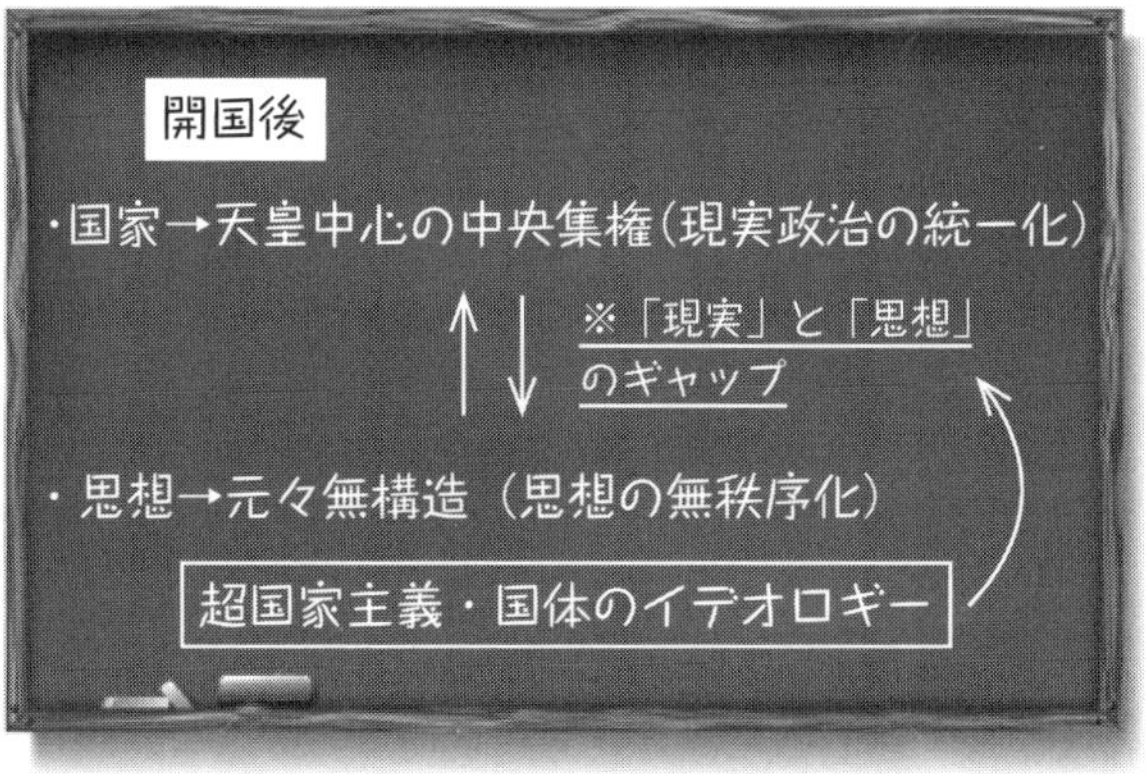
開国後
・国家→天皇中心の中央集権（現実政治の統一化）
※「現実」と「思想」のギャップ
・思想→元々無構造（思想の無秩序化）
超国家主義・国体のイデオロギー

　ただし、無節操に外来の要素を取り入れたからといって、「日本の思想」が完全に西欧に同化したというわけではありません。

「止揚」VS.「ズルズルべったり」

　伝統思想がいかに日本の近代化、あるいは現代化と共に影がうすくなったとしても、それは前述のように私達の生活感情や意識の奥底に深く潜入している。近代日本人の意識や発想がハイカラな外装のかげにどんなに深く無常感や「もののあわれ」や固有信仰の幽冥観や儒教的倫理やによって規定されているかは、すでに多くの文学者や歴史家によって指摘されて来た。むしろ過去は自覚的に対象化されて現在のなかに「止揚」されないからこそ、それはいわば背後から現在のなかにすべりこむのである。思想が伝統として蓄積されないということと、「伝統」思想のズルズルべったりの無関連な潜入とは実は同じことの両面にすぎない。

「止揚 aufheben」というのは、ヘーゲル哲学の用語ですね。テーゼ（定立）とアンチテーゼ（反定立）が対立し、ジュンテーゼ（総合）へと「止揚」される、という時に出てきます。きちんと説明しようとすると難しくなるのですが、ごく簡単に説明すると、現在の状態、正と反が同一平面上で真正面から対峙する対立状態を脱して、より高次の段階に移行するということです。この場合は、それまで捉えどころがなく混沌とした状態にあった諸思想の断片が、認識主体――思想史的な自覚を持った一人ひとりの日本人ということです――によって、「対象」としてきちんと把握されるようになる、ということです。主体と対象の間に距離が生じること、と言ってもいいでしょう。

私たち一人ひとりの中に、様々な思想が整理されないまま雑然と記憶されていると、何かの折に、そのいずれかの思想に由来する考えがふっと湧いてきて、何となくその方向に考えが向かっていく。自分では、どういう思想に操られているのか自覚できない。こういう風に説明すると、抽象的でピンと来ないかもしれませんが、「思想」という代わりに、「どこかで誰かに聞いたようなセリフ」の話だと思って下さい。どこかで誰から聞いたのかよく覚えていないけど、話をしている時にふっと思い浮かんできて、口から出てくるセリフってありますね。そういうセリフを口にしてしまっただけなんだけど、何となく、それが自分のもとからの考えのような気になってくる。そのせいで、自分で自分の考えを制御できなくなる。覚えないですか、聞いたようなセリフを適当に口にしているうちに、〝自分の考え〟がどんどん妙な方向に流れていくような経験が。

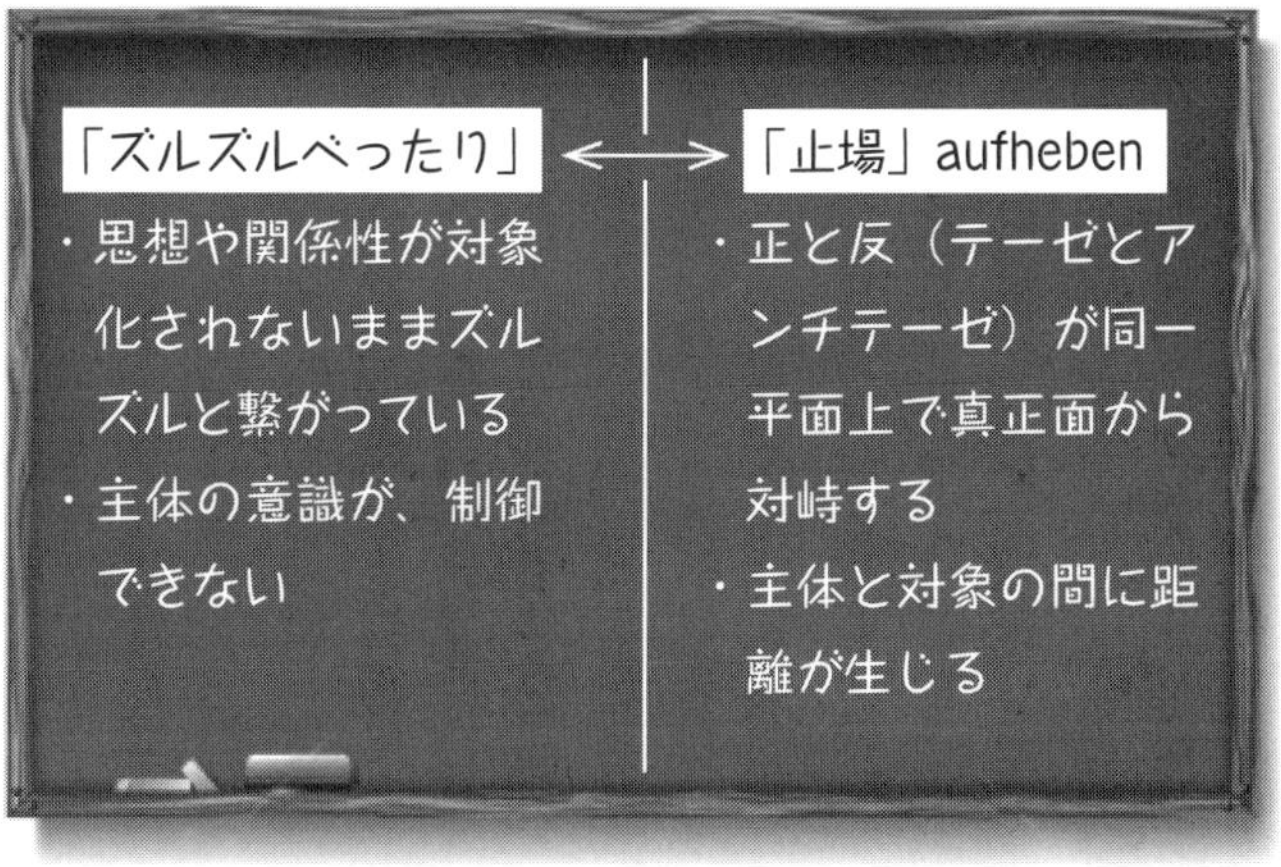
「ズルズルべったり」
・思想や関係性が対象化されないままズルズルと繋がっている
・主体の意識が、制御できない
「止揚」aufheben
・正と反（テーゼとアンチテーゼ）が同一平面上で真正面から対峙する
・主体と対象の間に距離が生じる

そうならないように、きちんと整理して、どの観念がどのような系譜の思想に由来するのか分類し、コントロールできるようにすることが、「止揚」です。「対象化」することによって、記憶の中に無構造的に蓄積されている過去の思想の断片が、「私」が気づかないうちに、「私」の現在の思考の中に忍び込んでくること、「私」の思考がヘンな形で〝過去〟に支配されることを防止できるわけです。

「ズルズルべったり」という言い方が面白いですね。丸山は、日本的な思想とか関係性が、対象化されないままズルズルと繋がっていて、主体の意識によって制御できない状態を、この言葉で表現します。

一二頁から一三頁にかけて、「開国」後、いろんな思想がどんどん入ってくるので、元々整理されていなかった古い思想が、どんどん忘却されていくが、それらが「危機」に際して急に再浮上してくる、という現象が指摘されています。

> 新たなもの、本来異質的なものまでが過去との十全な対決なしにつぎつぎと摂取されるから、新たなものの勝利はおどろくほどに早い。過去は過去として自覚的に現在

と向きあわずに、傍におしやられ、あるいは下に沈降して意識から消え「忘却」されるので、それは時あって突如として「思い出」として噴出することになる。

これは特に国家的、政治的危機の場合にいちじるしい。日本社会あるいは個人の内面生活における「伝統」への思想的復帰は、いってみれば、人間がびっくりした時に長く使用しない国訛りが急に口から飛び出すような形でしばしば行われる。その一秒前まで普通に使っていた言葉とまったく内的な関連なしに、突如として「噴出」するのである。

「訛り」というのは分かりやすい喩えですね。ただ、本当の訛りだったら、愛嬌があっていいという話ですみますが、何の脈絡もなく急に復古的な思想を語り出すという現象は、笑ってすませられないことがある。特に、政治的な「危機」の雰囲気が蔓延している状況では。急に古い話をし始める人は世の中にはたくさんいますね。左翼っぽいことばかり言っていた人が、急に、日本の伝統だとか大和魂とか郷土愛とか言い出して、自分は実は戦国武将の○○とか幕末の志士の□□に傾倒していたということを、訊かれてもいないのに〝カミングアウト〟する（笑）。

そのほとんどは、ヒマをもてあましている単なるイタイ人なので、身近にいる人が大変なだけで、他の人間は無視すればいいわけですが、影響力のある思想家、文学者、学者が急に復古的なことを語り出すと、多くの人が振り回される恐れがあります。しかも、厄介なことにそうした知識人たちは、古典的テクストの知識、教養のレパートリーだけは豊富です。あまり教養がない人がうろ覚えで復古的なことを口にしても、ちゃんとした知識人に間違いを指摘されて、恥をかくだけです。教養がある人だと、たとえ急に思い出したように古い思想を語る場合でも、ちゃんと引用、参照できますし、合理性のある解釈を示すこともできます。無碍に否定できない。

第三者的に見れば、状況の変化によって「変節」したことの言いわけとして古典のうんちくを持ち出す見苦しい態度であっても、本人としては結構本気であったりします。

何かの時代の思想もしくは生涯のある時期の観念と自己を合一化する仕方は、はたから見るときわめて恣意的に見えるけれども、当人もしくは当時代にとっては、本来無時間的にいつもどこかに在ったものを配置転換して陽の当る場所にとり出して来るだけのことであるから、それはその都度日本の「本然の姿」や自己の「本来の面目」に還るものとして意識され、誠心誠意行われているのである。

丸山は、急に復古的になる人の「誠心誠意」を必ずしも疑っていないんですね。むしろ、「誠心誠意」だからこそ、厄介なわけです。自分では、自分の精神の中に深く刻み込まれ、自分の血肉になっている古典、その古典を糧として形成された自己の「本来の面目」について語っているつもりになっている。これまでの政治・思想状況では、その本来の自分の思想、日本の「本然の姿」に繋がる思想を自由に語ることができなかったけど、今、この危機的状況だからこそ、語るべきことを語るのだ、という確信を持っている。恐らく、「どうして今なのか?」、もちゃんと説明できるでしょう。古典的教養が豊富なのだから。

だからこそ丸山は、ちゃんとした「精神史」が必要だと言っているわけです。「精神史」的な座標軸に即して自分の思想を表明しなければならないようになると、教養に物を言わせて、急に先祖返りした自分の立場を正当化できなくなるし、各人が自分の思想的立ち位置について自覚的にならざるを得ないと考えられます。

丸山とデリダ――音声中心主義批判

私はこの問題は、デリダ（一九三〇―二〇〇四）の音声中心主義批判と深く関係していると思います。デリダは、主体の〝内面〟から〝自然と〟湧きあがってくる「生きた言葉＝パロール parole」にこそ、その主体の本来の意志、願望、本来の自己が現前化しているという――プラトンやキリスト教以来の――発想を音声中心主義として批判したうえで、そうした〝声〟は、実は私の〝内面〟に書き込まれているもの＝エクリチュール（écriture）によって支配されているのではないか、という見方を示した。

エクリチュールというのは、直接的には「書かれたもの」あるいは「書く行為」を意味するフランス語ですが、デリダはそれを、私たちの思考や語り方を深いところで規定している、（古典化された）テクスト、言語慣習、社会的言説、記号体系といった、定型化された言語的な営み総体というような意味合いで使っています。様々な言語媒体を通して、「考え方」の基本形のようなものが、私たち一人ひとりの意識に流入し、本人の知らないうちに記憶されていて、様々な機会にそれらの言葉が、〝私の生きた声〟として噴出してくるわけです。それは予め定型化されたエクリチュールに由来し、エクリチュール的に構成されたものなのだけど、そのことを自覚しないで、〝私の本来の気持ち〟だと思い込んでしまうと、自分の語った言葉に振り回されることになる。

だからこそ、音声中心主義的な外観に惑わされず、パロールに隠されたエクリチュール的構造を読み取り、自覚化すべきことの重要性をデリダは説いたわけです。パロールのエクリチュール的構造を問題にするデリダと、日本の思想の無構造性を問題にする丸山は、前提が正反対のようにも見えますが、「背後から現在のなかにすべりこむ」ものによって、〝主体〟が〝自己の本質〟を見誤り、無自覚的にヘンなところに連れていかれる危険を指摘し、「すべりこんでくるもの」を可視化すべく努力する、という姿勢は共通していると思います。二人とも単純に復古がダメと言っているわけではなく、「古いもの」が浮上してくるメカニズムの——〃主体〃に対する——不透明性を問題にしているわけです。

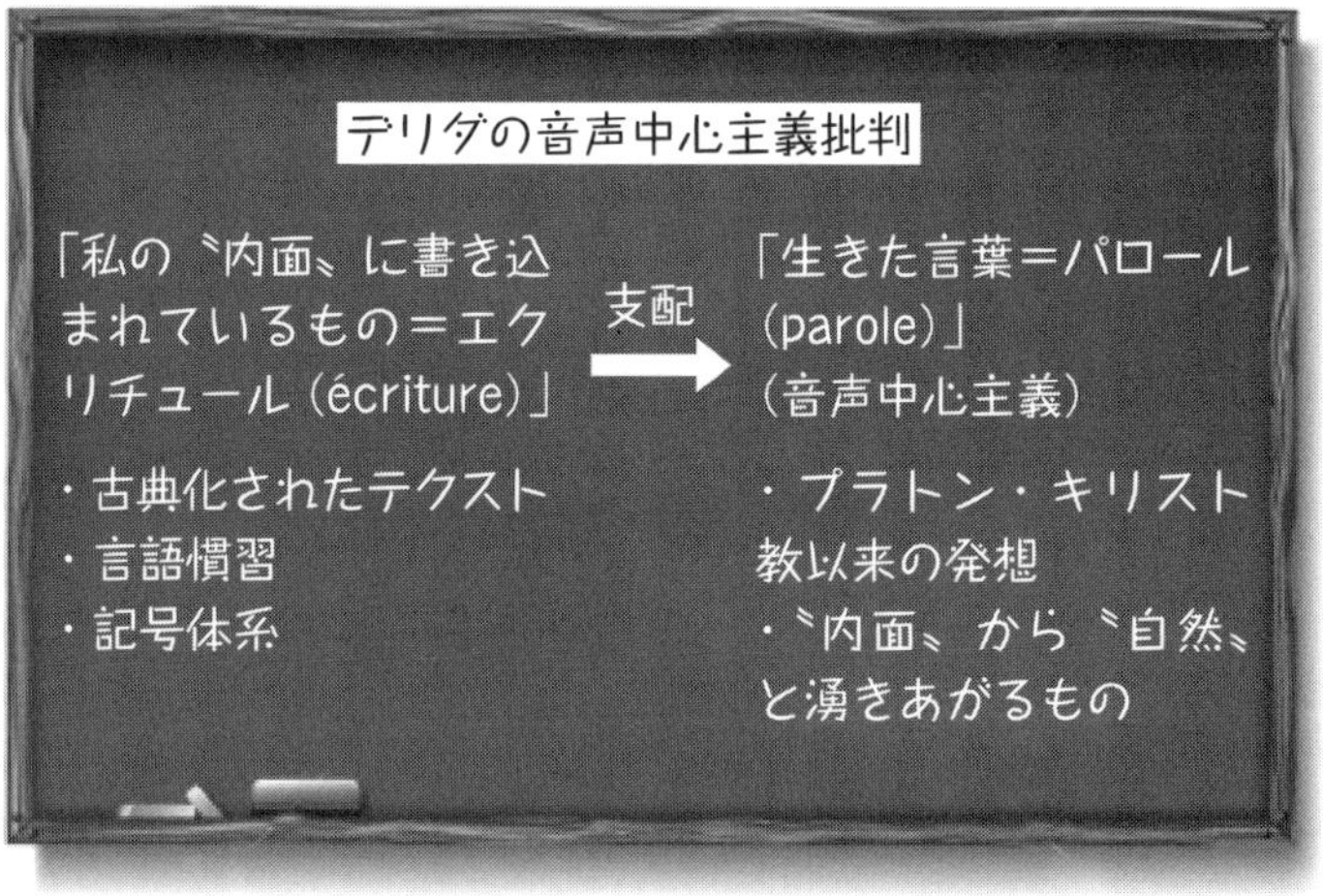

ここで、思想「ブーム」について考えてみる

唐突な先祖返りを許してしまう、「日本の思想の無構造性」の問題は、「教養」の本質論とも関わっていると思います。現代日本では、〃教養〃を雑学だと考えて軽んじる傾向がありますね。日本の大学で実際に行われている教育は、そんなものかもしれませんが、本当の意味での「教養」——ラテン語では〈humanitas（人間性）〉、ドイツ語では〈Bildung（人格形成）〉と言います——は、言語能力を中心とする基礎的な知の訓練、あるいはその成果として獲得される、体系的な知を意味します。無構造の雑多な知の寄せ集めではありません——この辺のことについては、『教養主義復権論』（明月堂書店、二〇一〇）で論じましたので、詳しくはそちらをご覧下さい。ドイツのギムナジウム（中等教育機関）で、教養教育としてギリシア語やラテン語の古典を読むのは、それらの古典が、西洋の「精神史」の出発点になっており、知の言説のモデルとして通用してきたからです。生徒は、それらのモデルを見習いながら、自らを知の主体として形成するわけです。

「精神史」の素材になってきたものを読解し、各人の内面に体系的に取り込むことがポイントです。日本の学校教育でも、高校の現代国語、古文、倫理などで、一応〝古典〟的テクストを読むわけですが、入試の素材として読むだけで、それらのテクストの精神史的連関を学ぶことなどありませんね。せいぜい年表的な穴埋め問題の勉強をするくらいです。その年表も、現国、倫理、日本史、世界史でバラバラに覚えます。勘がいい子なら、夏目漱石（一八六七-一九一六）や森鷗外と、西田幾多郎（一八七〇-一九四五）や鈴木大拙（一八七〇-一九六六）がほぼ同時代人で、成人してから日清・日露戦争を体験していることくらいは分かると思いますが、それ以上のことは、自分で意識的に努力しない限り、ほとんど学べないでしょう。

ドイツであれば、大学に入る前のギムナジウムで、「教養」を形成している古典的テクストを体系的に読んで、それについてきちんと論評するような勉強をしますし、大学に入ってからも、基礎演習、演習で基礎的な文献をちゃんと読んできて、報告したり、レポートを出すように言われます。学生の好きな本を適当に選んできたらいい、という感じの日本とは大分違います。あのサンデル先生の講義でも、学生は事前に指定された基礎的な哲学のテクストを何十頁も読んでくることが前提になっています。何も知らないで参加しても、サンデル先生に導かれてすごい議論ができるようになると思い込んでいる人が結構いますが、とんでもない勘違いです。

よく言われていることですが、日本人は勤勉なので、学者になろうとする人なら、細かい学説のようなものは結構こまめに覚えます。しかし、専門領域の細かいことはたくさん覚えているのに、精神史的な構造連関についてはほとんど知らない、考えたこともないという人が少なくないです。

一四頁では、「ズルズルべったり」のせいで、過去が忍び込んでくるだけでなく、新たにやってくる外来思想の方も脈絡なしに雑然と取り込まれてしまうことが指摘されています。

ヨーロッパの哲学や思想がしばしば歴史的構造性を解体され、あるいは思想史的前提からきりはなされて部品としてドシドシ取入れられる結果、高度な抽象を経た理論があんがい私達の旧い習俗に根ざした生活感情にアピールしたり、ヨーロッパでは強靱な伝統にたいする必死の抵抗の表現にすぎないものがここではむしろ「常識」的な発想と合致したり、あるいは最新の舶来品が手持ちの思想的ストックにうまくはまりこむといった事態がしばしばおこる。

これまでの話に出てきたように、西洋の哲学・思想は「精神史」的な連関の中に位置付けられてこそ、その本来の意味が見えてくるわけですが、日本はそれをバラバラの〝単品〟にして、暗記知識みたいにして輸入してくるので、意外と日本人にピンと来るようなものになっていたりする、ということです。丸山自身が例として挙げているように、ドイツ観念論の倫理学と朱子学が一致するとか、芭蕉（一六四四－九四）の俳諧の精神とマラルメ（一八四二－九八）の象徴詩が通じているとか、そういう比較をする本とか論文はたくさんありますね。ひょっとすると、先ほど私がやったデリダと丸山の対比も、そういうものの一種かもしれません（笑）。

丸山自身も、この「日本の思想」という論文全体を通して、そして、他の多くの論文において、西欧の思想との対比で、〝日本の思想〟の特性を明らかにしようとしているわけですから、比較自体を否定しているわけではありません。精神史的文脈から乱暴に切り離した「断片」を、日本の著名な思想家や文学者のテクストから――文脈を考えることなしに抜粋してきた――ごく一部と表面的に対比しただけで、東西が「通じている」と断じたり、安易に本質が分かったつもりになることを問題にしているわけです。

しつこいようですが、日本のサンデル・ブームは、まさにそんな感じですね。サンデルが、ロールズのリベラルな「正義」概念に抵抗して「共通善に基づく正義」を構想しようとしたことなんかあまり気にかけないで、「これからの『正義』」というかっこいいタイトルに引かれて、安易に政治哲学ファンになる。「正義をめぐる議論を活性化し、正しい考え方の道筋を示してくれるかっこいい先生」みたいなイメージだけが拡がる。プロの研究者も、ヘンだなあと思いながら、バスに乗り遅れてはいけないので、ついつい白熱教室ごっこに迎合する。一般のファンは、「正」と「善」をめぐる精神史的連関なんて考えなくても、サンデル哲学の本質に触れた気になってしまう。

サンデル・ブームを見ている限り、日本人の哲学好きのほとんどは、精神史的な連関のような難しい話は全く興味がなくて、「正しい方向」へと導いてくれる先生を求めているだけのような気がします。「導き」を求めるのは、哲学とは全くかけ離れた発想です。余談ですが、ヒトラー（一八八九－一九四五）の称号は〈Führer（総統）〉と言いますが、これの原義は、〈führen〉する人、つまり「導き手」ということです。ドイツの哲学や思想史では、安易に「導く」なんて言えません。

もう少しだけ現代日本における、安直でぶつ切り的な西洋思想受容の話をさせて下さい。サンデル・ブームほどではなかったですが、二一世紀の初頭に、イタリアのポストモダン系左派――本人はこういう言い方を否定すると思いますが、フランス現代思想の影響を強く受け、その用語を利用している、左派という意味で「ポストモダン左派」と呼ぶことにします――の政治哲学者であるアントニオ・ネグリ（一九三三－　）と、アメリカにおける彼の紹介者である比較文学者マイケル・ハート（一九六〇－　）の『帝国』（二〇〇〇）がブームになった時も、〈帝国 Empire〉――大文字になっていることに注意して下さい――とか「マルチチュード multitude」といったキーワードを嬉々として連呼していた人たちがいました。

〈帝国〉をちゃんと理解しようとすれば、古代ローマの法概念としての〈imperium〉の大よその意味を先ずおさえたうえで、それと、「帝国主義 imperialism」という時の「帝国」との違いを考え、グローバリゼーションの中から〈Empire〉が生成してくるというネグリたちの論理の議論の基礎になっているマルクス（一八一八－八三）、レーニン（一八七〇－一九二四）、ドゥルーズ（一九二五－九五）などの理論の概要、アメリカの憲法＝国制（constitution）史、現代のグローバリゼーション論なども把握しておかないといけない。「マルチチュード」も、「名もなき群衆」のことだろうと漠然と理解してもてはやしていた人が多いですが、あれもちゃんと理解しようとすれば、スピノザ（一六三二－七七）の「マルチチュード」論や、フランス革命以来の「憲法制定＝構成的権力 pouvoir constituant」論、マルクス主義のプロレタリアート論、ドゥルーズとガタリ（一九三〇－九二）の「ノマド（遊牧民）」論などを勉強しないといけない。

ネグリを持ち上げていた人たちは、そうした精神史的な連関にはほとんど気に留めず、「アメリカ主導のグローバリゼーションへの新たな対抗基軸が現われた！」などと、自分でもよく分かっていないことを口にして、持ち上げていました。まるで、〈帝国〉とか「マルチチュード」とか、ネグリの新しい言葉を唱えていたら、何かすごいことが起こるかのように。そして、〈帝国〉も「マルチチュード」も今では、専門家からもほぼ完全に忘れ去られています。日本の思想ブームって、いつもこんな感じですね。

あるいは、その逆に、丸山が注で指摘しているように、西洋諸国で伝統との格闘の中から本当に新しい考え方が出てきても、「そんな話は既に○○が言っている」、とかいう感じで、知ったかぶりしたがる（準）専門家のおじいさんとかもいますね（笑）。実際には、〝新しい思想〟と、その○○を、自分に分かるようにごく簡略化して比較して、理解したつもりになっているだけか、もっとひどい場合には、頭が硬くなっているせいで、細部の違いが認知できなくなり、何でも同じ話のように聞こえてしまうだけなのですが（笑）。新しいものをありがたがる芸人さんと、知ったかぶりの人ばかりなので、無構造のままになるのは当然ですね。

「公式主義」＝図式的思考という罠

一六頁から一七頁にかけて、マルクス主義的な「公式主義」に対する反発という問題が出てきます。「公式主義」というのは、今風に言うと、図式的思考という感じになるでしょうか。現実社会の諸現象を全て、自分の理論の基本的概念図式に当てはめて理解してしまうということです。社会の構造的な問題を全て、資本主義経済に内在する矛盾、あるいは階級闘争と捉えるとか、心の問題を疎外論に従って分析するとか。マルクス主義は、ごく少数の概念装置で、社会問題のほとんどを説明できてしまうので、すごく便利です。数学のように、データを公式に入れると答えが出てくる。そういうのをありがたがる人がいる。それに対して、そういう機械的に処理するような発想はダメだ、と文学的な感性の人たちが反対する。これも今でもよくあるパターンですね。

丸山はここでは「公式主義」自体についての評価――この話題は、五五頁から五九頁にかけて再び取り上げられます――は保留して、「公式主義」に対する反発が強くなる理由を分析しています。

> 逆説や反語を得意とする評論家がマルクス主義の「公式」を眼のかたきにするのは、むろん政治的（もしくは反政治的）姿勢にもよるが、それだけではなくて、キリスト教の伝統のないところでは、そこにしかヨーロッパ的公式の対応物がないという事情もひそんでいるように思われる。

つまり、キリスト教の教えが根付いている西欧には、元々、キリスト教の教義に基づく「公式」があったということです。マルクス主義の母体でもあるキリスト教は、教義に基づいて物事を図式的に理解する傾向があります。論理的な一貫性を持った体系を成している思想・哲学であれば、公式主義的な傾向を帯びるのは、ある意味、不可避的なことです。キリスト教の強固な「公式」に対抗する形で、これまでスピノザとかドイツ観念論とかハイデガーとかがそれに代わる公式を呈示しようとしてきた。マルクス主義は、その中の一つにすぎない。

しかし、再三お話ししているように、「日本の思想」は〝無構造性〟を特徴としているので、全ての事象を説明できる万能の公式のようなものは備えていなかった。そこにマルクス主義が急に入ってきたので、その公式主義が浮いてしまうわけです。「公式」にあらゆる現象をズバズバ斬って、分かりやすい答えを与えてくれるマルクス主義に新鮮さを覚える人が出てくる一方で、強引に何でもかんでも公式に当てはめるやり方に反発する人も出てくる。

そのためマルクス主義に限らず、普遍的に適用可能な「公式」に当てはめて、あらゆることを説明しようとする思想が「外」からやって来ると、「それは〝日本の伝統〟とは相容れない外来のイデオロギー(観念体系)だ」、という批判が出てくる。論理的に構造化され、公式的に物事を説明していくような思想は日本的ではない、という発想があるようです。そうした批判は、「一種のイデオロギー暴露」の形を取りやすい、と言っていますね。「イデオロギー批判」であれば、マルクス主義の十八番のようなところがありますが、丸山は、マルクス主義のそれとは背景が違うことを説明しています。

> 近代ヨーロッパにおいて、思想をその内在的な価値や論理的整合性という観点からよりも、むしろ「外から」、つまり思想の果す政治的社会的役割――現実の隠蔽とか美化とかいった――の指摘によって、あるいはその背後にかくされた動機や意図の暴露を通じて批判する様式は、いうまでもなくマルクスの観念形態論においてはじめて学問的形態で大規模に展開されたが、それは彼が近代市民社会お

よび近代合理主義のはらむ問題性にたいする早熟の、——その意味で予言的な——批判者であったことと密接に関連している。

本居宣長

一九頁では、その例として本居宣長（一七三〇‐一八〇一）を引き合いに出しています。宣長が「からごころ」として儒教批判を展開した話は、高校の教科書に出てきますね。丸山は本業の主要著作である『日本政治思想史研究』（一九五二、八三）で、荻生徂徠（一六六六‐一七二八）の「作為」（≒「からごころ」）の論理に対抗する形で、「自然」の立場を強調した人として言及しています。『日本の思想』のこの箇所でも「からごころ」批判の話が出てくるのですが、丸山は宣長が、儒教の哲学的構築性、「くだくだしき」理論内容よりも、「支配者あるいは簒奪者の現実隠蔽あるいは美化に奉仕するイデオロギーとして暴露」することに重点を置いていることに注目します。

「イデオロギー暴露」VS.「イデオロギー批判」

ただこの場合いちじるしく目立つのは、宣長が、道とか自然とか性とかいうカテゴリーの一切の抽象化、規範化をからごころとして斥け、あらゆる言あげを排して感覚的事実そのままに即《つ》こうとしたことで、そのために彼の批判はイデオロギー暴露ではありえても、一定の原理的立場からするイデオロギー批判には本来なりえなかった。儒者が、その教えの現実的妥当性を吟味しないという規範信仰の盲点を衝いたのは正しいが、そのあげく、一切の論理化＝抽象化をしりぞけ、規範的思考が日本に存在しなかったのは「教え」の必要がないほど事実がよかった証拠だといって、現実と規範との緊張関

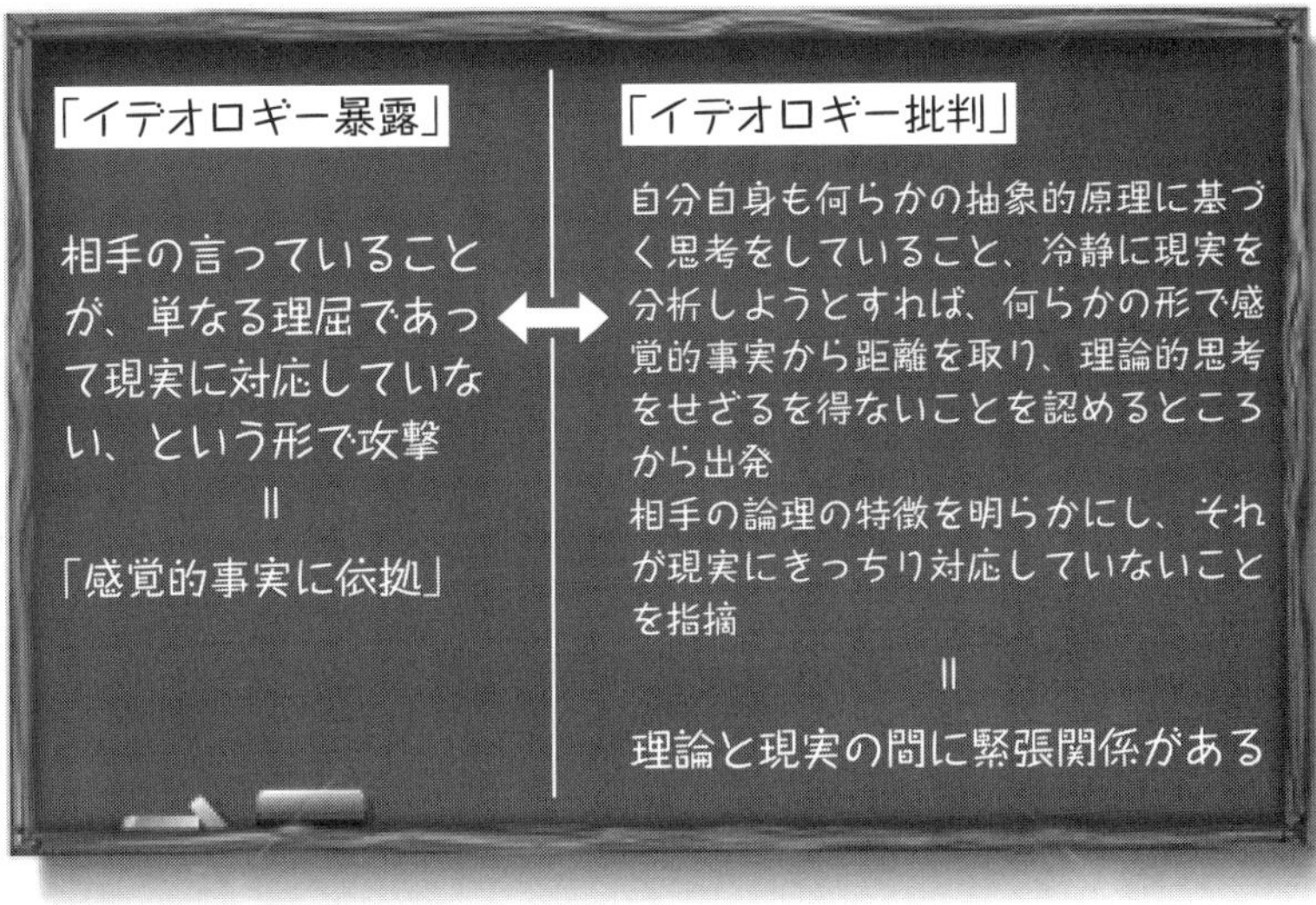
「イデオロギー暴露」
相手の言っていることが、単なる理屈であって現実に対応していない、という形で攻撃
＝
「感覚的事実に依拠」
「イデオロギー批判」
自分自身も何らかの抽象的原理に基づく思考をしていること、冷静に現実を分析しようとすれば、何らかの形で感覚的事実から距離を取り、理論的思考をせざるを得ないことを認めるところから出発
相手の論理の特徴を明らかにし、それが現実にきっちり対応していないことを指摘
＝
理論と現実の間に緊張関係がある

係の意味自体を否認した。

宣長のやっているのは、「イデオロギー暴露」であって、「イデオロギー批判」ではないということがポイントなのは分かると思いますが、両者の違いが分かりにくいですね。分かりにくいのは、私たちの多くが漠然と〝イデオロギー批判〟だと思っているものは、丸山の言う「イデオロギー暴露」であって、本当の「イデオロギー批判」にはなっていないからだと思います。

イデオロギー暴露というのは、簡単に言うと、相手の言っていることが、単なる理屈であって現実に対応していない、という形で攻撃することです。そういう〝批判〟よくありますね。というか、日本の論争って、ほとんどそんなのばかりのような気さえしますね。「現実離れしたイデオロギー（机上の空論）だ！」、という批判は〝一見〟まともそうですが、よく考えてみると、あらゆる理論は何らかの形で現実を抽象化・形式化することによって成り立っています。現実との距離があるのがダメなら、理論は全部ダメということにならざるを得ない。

　そうすると、相手の理論性を全否定しようとしている「私」は、一体どういう立場を取っているのか？　当然、自分も「理論」に依拠していると認めるわけにはいかない。「現実」そのものに依拠していると言わざるを得ない。といっても、「現実」それ自体がどうなっているかなんて客観的根拠などありません。自分にとっての「感覚的事実」に依拠するしかない。自分が感じた「感覚的事実」に基づいて、理論的に思考しようとしている相手の現実離れを非難する形になる。それが、「イデオロギー暴露」です。

　それに対して、「原理的立場からするイデオロギー批判」というのは、自分自身も何らかの抽象的原理に基づく思考をしていること、冷静に現実を分析しようとすれば、何らかの形で感覚的事実から距離を取り、理論的思考をせざるを得ないことを認めるところから出発します。そのうえで、相手の論理の特徴を明らかにし、それが現実にきっちり対応していないことを指摘するのが、丸山の言う本来の意味での「イデオロギー批判」です。というより、西欧の社会哲学で「イデオロギー批判」と呼ばれているものは、理論と現実の間に緊張関係があることを否定したりしないでしょう。「理論的であること」を否定するのは、哲学・思想にとっての自己否定です。

　しかし、日本だといきなり、「理論＝からごころ」で考えようとするのが悪い、そんな外来の理屈なんて百害あって一利なし、というところに飛躍してしまう。それどころか、外来の理屈に汚染されたせいで、「やまとごころ」が失われたという被害者意識にまで走ってしまう。そして外来の理屈が諸悪の根源だ、という反発の裏返しとして、自分たちが感じている〝あるがままの現実〟はすばらしい、という発想になっていく。そうなると、（自分が）「現実」（と信じているもの）を批判的に見ることなどできなくなりますね。どんなに綿密に構成された理論を示されても、「そんなのは〝現実〟ではない！」、と言って感情的に拒否してしまうので、話にならない。そういう人は、自分にとっての〝現実〟にしがみつき続ける。

こうした理論ぎらいの実感信仰みたいな話は、現代でも、というより、現代でこそ、よく見かけますね。格差社会とかグローバル化とか医療・介護とか、アクチュアルな問題をめぐって議論する時、アカデミックに研究する立場の人に向かって、活動家的な人が、「それは、現実を知らない人の空論だ」と糾弾するのはまだ分からないでもないですが、一応学術的なシンポジウムで、研究者同士で討論しているはずの時でも、「あなたは現場を知っているのか！」とか「こんなに苦しんでいる人たちがいるのに、どうしてそんな空論を……」とか、平気で口にする人がいます。そういうのが出てくると、議論が不可能になり、当事者に同情して、「大変だ！」、という話しかできなくなる。私は、そんなのに対しては即座に、「だったら、こんなところでどこかで聞いたような愚論をぐずぐずと垂れ流さないで、おまえが先ず現場に行け！」、と言うことにしています（笑）。丸山は、国粋主義的な人たちを念頭において、実感信仰の話をしているのだと思いますが、私は、どちらかというと、左翼系の学者のそういう発言を聞いて、うんざりすることが多いです（笑）。『日本の思想』の時代よりも、教養のない左翼学者が多くなったのか、ヒマになった左翼が、日本的な体質を露わにしているのか。右系の人に、自分の鈍い直感だけを頼りにものを言っている人が多いのは言うまでもないことですが。とにかく、現実と距離を取ろうとしない〝理論〟は、「理論」と言うに値しません。

そういう面から考えると、サンデルが「白熱教室」で実践していた参加型の授業は、現実と理論の距離を取るうえで、やはり優れたやり方だと思います。授業の参加者に具体的な問題について自分の直観に従って意見を述べさせ、討論させるわけですが、言いたいように言わせるのではなく、自分がどのような思考の原理に従っているのか自問させ、立場を明らかにさせるわけです。そこが肝心です。それぞれが直観のままにしゃべるのではなく、その直観を意識化し、更には理論化するよう仕向けているわけです。言わば、「相互イデオロギー批判」を演出しているわけです。

一方的に相手のイデオロギー性を暴露・追及して攻めるのではなく、お互いの足場になっているイデオロギーを可視化し、相互理解を深めるような方向に議論を進めていく。強引に「正しい答え」を出そうとはしない。というより、直観的に意見がはっきり分かれてしまうような問題で、無理にすぐ答えを出そうとすると、どうしても、相手の理屈が空論で、自分の方が現実に根差していることを、周りにアピールしたくなる。学校でやる競技ディベートなら、それも戦術としてありですが、哲学・精神史的な理解を深めるための、討論では、そういうのはマイナスです。お互いが、異なる観念体系に依拠していることを認めないと、まともな哲学的論議にならない。

そういうことを日本のサンデル・ファンは全然分かっていないので、議論を活性化させて、〝正しい認識〟へと導くサンデルの司会術を褒めたりする。サンデルの来日講義では、お互いのイデオロギーを認め合うのではなく、感情的に敵対し合うような感じが出ていたような気がします。

本文に戻りましょう。二〇頁から二一頁にかけて、宣長が「からごころ」に浸蝕される以前の日本の「固有信仰」をどう捉えていたか、という話が出てきます。そこには、キリスト教などに見られる、人格神がいないだけでなく、究極の理法のようなものもない。日本神話では、祀られる神が同時に他の神を祀る存在だったりする。決まった教義がなく、信仰の対象も定まっておらず、無構造なわけですね。それで荻生徂徠は、昔は「神道」などというものはなかったと言い切った。そういう風に言われるのは、国学の立場としては不名誉なことではないか、という気もします。しかし、イデオロギー暴露的な戦略を取り、あらゆる「からごころ＝抽象化」を拒否しようとする宣長は、それにのっかる。丸山は、そうした国学的な神道観の逆説を指摘します。

「新しい」思想という病――日本的なイデオロギーについて

> 「神道」はいわば縦にのっぺらぼうにのびた布筒のように、その時代時代に有力な宗教と「習合」してその教義内容を埋めて来た。この神道の「無限抱擁」性と思想的雑居性が、さきにのべた日本の思想的「伝統」を集約的に表現していることはいうまでもなかろう。絶対者がなく独自な仕方で世界を論理的規範的に整序する「道」が形成されなかったからこそ、それは外来イデオロギーの感染にたいして無装備だったのであり、国学が試みた、「布筒」の中味を清掃する作業――漢意《からごころ》、仏意《ほとけごころ》の排除――はこの分ちがたい両契機のうちの前者（すなわち「道」のないこと）を賞揚して後者（すなわち思想的感染性）を慨嘆するという矛盾に必然当面せざるをえない。

「神道」というのは、何でも中に包み込むことができる布筒みたいなものだということですね。形の決まった容器ではないので、融通が利くわけです。それが利点のように見えるけど、容器の形が決まっているわけではないので、これまでの話に出てきたように、中身が構造化されないで、いろんなものが整理されることなく、雑然と放り込まれている。

そういう融通無碍で、決まった「道」がないことを宣長たちは、神道のすばらしさとして賞揚しているわけですが、その一方で、布筒の中に「漢意」「仏意」などの「不純物」が入っているからといって排除しようとする。これは確かに矛盾ですね。本当に融通無碍であるのなら、「漢意」や「仏意」も、元から布筒の中にあったものと混ざってしまって、純粋な「固有信仰」と外来信仰をきれいに区別することなどできないはずですから。融通無碍でありながら、固有の性質を保持している、というのは無理な話のような気がします。

これは一般化すると、「アイデンティティがないことがアイデンティティになるか？」あるいは「特性がないことが特性になるか？」、という問題です。無論、個人に関しても地域や国に関しても、純粋な意味では成り立ちません。何となく、雑多で捉えどころのないアイデンティティあるいは特性というのはありますが、具体的な個人や集団のアイデンティティあるいは特性である以上、何か他と違うところはあるはずです。それが、はっきり認識しにくいだけです。宣長の国学は、日本の神道や神話の無構造性を前提にしながら、固有信仰の在り方を探求しようとするから、自己矛盾に陥ってしまったわけです。そうした矛盾を抱えているせいで、場面ごとに、汎日本主義的になったり、逆に、排他的になったりする、という機会主義的な態度を取ることになる。日本のナショナリズム、超国家主義の原型が出来上がったわけです。

丸山は、国学の儒教批判から生まれてきた、日本的なイデオロギーの五つの特徴を列挙していますね。

(i)イデオロギー一般の嫌悪あるいは侮蔑、(ii)推論的解釈を拒否して「直接」対象に参入する態度(解釈の多義性に我慢ならず自己の直観的解釈を絶対化する結果となる)、(iii)手応えの確な感覚的日常経験にだけ明晰な世界をみとめる考え方、(iv)論敵のポーズあるいは言行不一致の摘発によって相手の理論の信憑性を引下げる批判様式、(v)歴史における理性(規範あるいは法則)的なものを一括して「公式」＝牽強付会として反撥する思考(…)

国学批判というより、〝論争〟好きのはずなのに、理論的な思考を嫌がり、抽象的な理屈をこねる相手を人格的に罵倒する、現代のダメな〝論客〟に対する当てこすりのように聞こえますね。自分が日常的に感じているものを自明の理とし、それを否定する〝論理〟を受け付けないので、話が通じない。現代の自称ネット論客にこういう人多いですね。

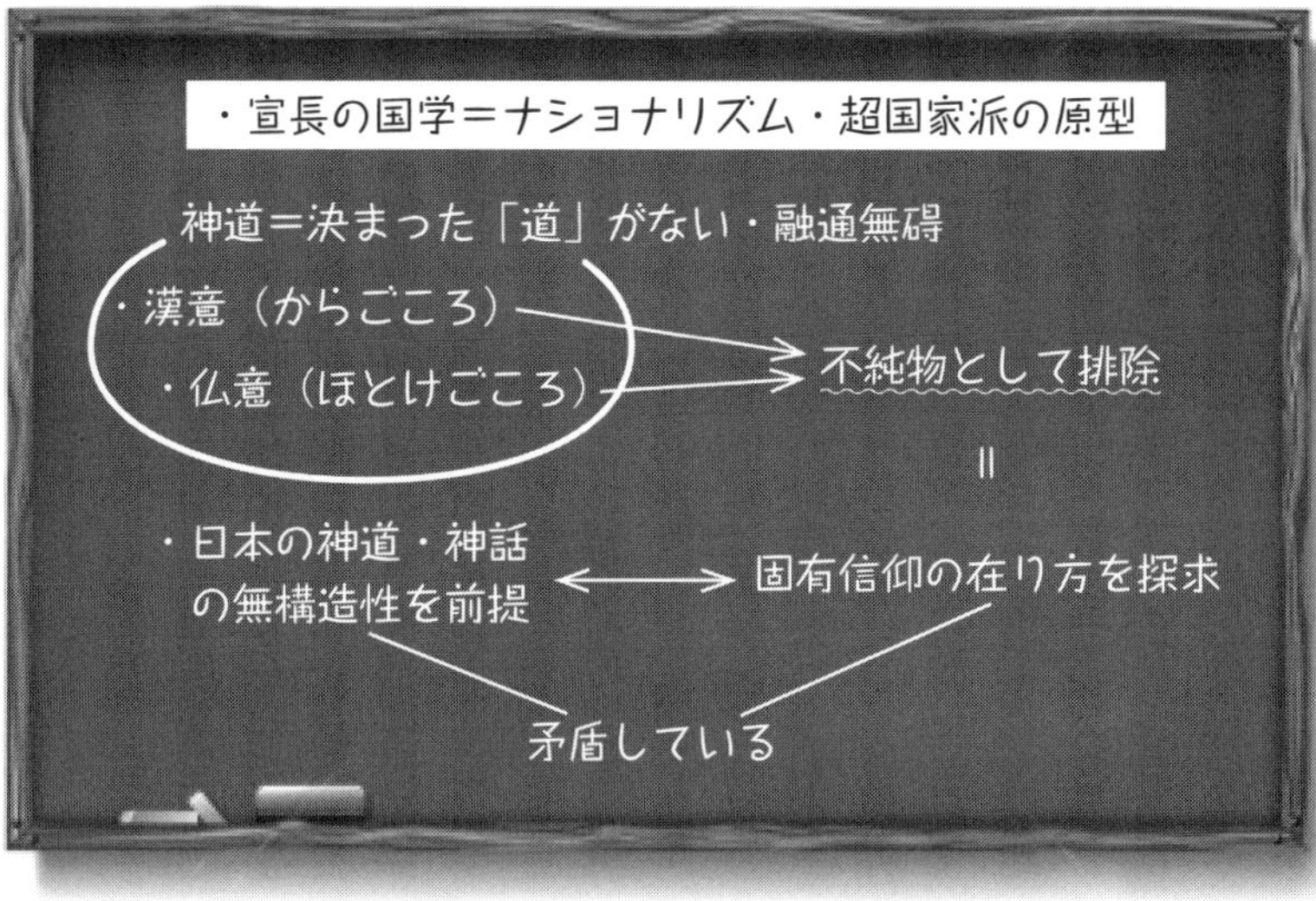

言うまでもないことですが、不勉強・不真面目の極みのような現代のネット論客などと違って、宣長は古典を丹念に読み解きながら〝真に日本的な思想〟を発見しようと真摯に努力した結果、「やまとごころ」という所に行きついたわけで、その学問的な業績は丸山はちゃんと認めています。しかし、無構造で融通無碍に見える〝日本の思想〟の系譜を、自ら理論的に再構造化しようとするのではなく、〝無構造〟のまま記述しようとしたせいで、日本イデオロギーの元祖のような、ヘンな言説を紡ぎ出してしまったわけです。学問的には真摯でも、理論の在り方について反省するメタ理論的な考察が欠けていた。

だからこそ丸山は、そうした〝無構造の精神史〟を総括して、きちんと構造化するために、これを含めていろんな論文を書いているわけですが、こういう試みって、かなり逆説的ですね。何故かというと、「これまでの〝日本の精神史〟は無構造であった……」と認めた時点で、その〝無構造の精神史〟（というイメージ）の再生産に寄与することになってしまうからです。私のこういう解説も、それにほんの少し貢献しているのかもしれません（笑）。これは、二項対立構造の存在を指摘すると、その二項対立の再生産に寄与することになってしまう逆説と同じような図式、あるいは、逆ヴァージョンですね。

無論、「これまで無構造だったから、ここで私が『構造』を与える……」と宣言するという態度もありえますが、それだとまるで神のようですね。そういう宣言のようなものを出したがる人も時々いますが、そこは丸山は謙虚というか慎重ですね。私などは元々そんな宣言ができるような大物ではないですし、イタイ人になりたくもありません（笑）。

二二頁から始まる、次の節のタイトルは「思想評価における『進化論』」ですね。タイトルだけからすると、話がちょっと飛んでいるようにも見えますが、読んでみると、無構造性の問題と密接に関連していることが分かります。この場合の「進化論」というのは、当然、生物学的進化論と同じ意味での「進化」ではないし、明治時代に流行ったスペンサー（一八二〇―一九〇七）の社会進化論のような話とも次元が違います。それらの進化論とのアナロジー（類推）でイメージされる「思想の進化」です。「思想の進化」を単なる類推的なイメージと見るか、社会進化などに由来する実体があると見るのか、というのが問題です。

この場合の「進化」というのは、古い思想よりも新しい思想の方がすぐれている、新しい思想は古い思想の弱点を克服し、より完成度が高いものになっている、という発想です。社会進化によって人間が次第に賢くなり、知識が蓄積されていくのに伴って、時代が進むほど、自然科学や技術は進歩するが、それと同じ様に思想もより完成度が高いものになっている、と何となく考えがちですね。冷静に考えてみると、革命の後に保守主義の思想が台頭してきたり、論破されたと思っていた思想が復活したり、進歩を賞揚する思想が全体主義に奉仕する……など、少なくとも単線的に「進化」が起こっていると断言するのを躊躇させるような現象がいろいろありますね。それでもやはり、人間は賢くなっているはずなので……と考えたくなる。

特に明治維新期の日本の場合、圧倒的な科学技術の優位を誇る西洋の文明を急速に受け入れる過程で、その精神的基盤になったであろう西洋産の——当時の日本人にとっては——新しい思想に初めて接し、しかも、それを受け入れる素地となるはずの、〝日本の思想〟の系譜が無構造のままになっていたわけですから、〝西洋の思想〟全般が〝すごく進歩した思想〟に見えてしまった。そうなると、その〝西洋の思想〟をどれだけ吸収しているかが、思想家としてのすごさの基準になる。丸山の言い方では、「西洋コンプレックスと進歩コンプレックスが不可分に結びつ」いたわけです。

そうやって、とにかく〝最も進歩した思想・哲学〟を、その思想・哲学の属する「精神史」的な文脈抜きで、大急ぎで受け入れようとするので、〝日本の思想〟は余計に雑然とし、無構造性が増していきます。

そして次の段階では、やはり丸山の言うように、「思想相互の優劣」が、「西洋史の上でそれらの思想が生起した時代の先後によって定められる」、という一見まともそうだけど、よく考えるとおかしな現象が起こってくるわけです。イギリス経験論よりも新しいカント主義の方がすぐれていて、カント主義よりも新しいヘーゲル主義の方がすぐれていて、ヘーゲル主義よりも新しいマルクス主義の方がすぐれていて、マルクス主義よりも……という風になっていくわけです。そうやって時代を追って「進化」していくと考えると、何となく、思想史の構造化ができそうな〝感じ〟もしますが、精神史的な文脈と関係なく、時間的前後だけで進化の系図を作ると無茶苦茶な話になりますね。

また少し寄り道になりますが、未熟なくせに自意識だけ大学院生の会話とか、ネット論壇などには、〝最新の理論〟がすごいと無条件で前提にしてしまう困った風潮がありますね。中身を自分の頭で吟味しないで、「君、最新の理論は○○なんだよ。知らないの。まだ△△なんかやっているの？」、という感じのことを物知り顔に言う人いますね（笑）。実験系の自然科学であれば、従来行えなかったような精密な実験によってそれまでの理論が覆されていくことを通して、理論が進化していくという話は理解できないでもありません。科学哲学的に厳密に考えると、その実験自体の実証性をどうやって検証するのか、実験は理論に依拠して構築されるのではないか、といった問題がありますが、あまり難しいことを考えなければ、全般的傾向として〝進んでいる〟と言ってもいいでしょう。

でも、思想の場合、実験に相当するものによって確かめるなんてことできませんね。強いて言えば、社会の現状をより正確に把握し、的確な処方箋を出す、というようなことが、進化の基準になるかもしれませんが、何をもって〝正確な現状把握〟と言えるのかが曖昧です。そもそも、哲学や思想の本来の仕事は、現状分析することではありません。「自由」とか「精神」などの本質を探究したり、定義しようとする哲学・思想にとって、実証性の確かな〝指標〟になるようなものはほとんどありませんし、求めるべきでもありません。

〝進化〟の指標っぽく見える要因を敢えて挙げるとしたら、〝新しい思想〟を標榜する本——大抵は、オビの宣伝文句にすぎませんが（笑）——が爆発的に売れて、従来権威があるとされていたものが売れなくなるとか（笑）。もうちょっとましそうな指標として、〝新しい思想〟の理論家が、〝旧い思想〟の代表格を批判して〝論破〟したとかいうのがありますね。「新進気鋭の○○氏が、権威である△△を論破して、新しい思想の地平を切り開いた」とか。こういう台詞も販促キャンペーンによく使われますね。

そもそも、個々の理論家の頭の良さや機転と、思想自体の優劣は別の話ですし、一般的に文系の学問の論争ではっきり決着付くなんてことありません。歴史学、文献学、社会学などの論争であれば、史料、データなどによって決着が付くこともあります——全論争の種類によっては決着が付かないことも少なくないわけですが。哲学、文学研究、法学、理論社会学、政治思想、経済思想などでは主として解釈をめぐって論争するわけですから、誰が見てもどっちが有利かなんて客観的に判定できません。結局、支持者の数とか注目度とか、あるいはどこかの公的機関や政治家が自分の政策の裏付けのために引用したとかで、勝ち負けの印象が決まります。法学でよく、通説、多数説、有力説、少数説とかいう言い方をしますが、あれは結局、数の話です――厳密に数えているわけでもありませんが。結局、本の売り上げの話と大して変わりません。論壇誌とか文芸誌で、学者や評論家が論争することがありますが、ああいう誌上論争は公平そうに見えて、結局、多くの人の目に届く発言の場を確保している方が、〝勝った〟ことになります。にもかかわらず、「○○論争で、△△が勝利したこと知らないの？」、とか、したり顔で言っている輩は、「学問」をまったく分かっていないことを告白しているようなものです。

話を元に戻しますと、そういうわけで「思想の進化」なんて、おいそれと検証できるはずはないのに、とにかく〝新しい思想〟の方がすぐれていると思い込む人が、〝無構造〟を特徴とする日本の思想業界には多い。進歩派だけでなく、保守派にも、そういう〝進化論〟的な発想が浸透している。二三頁の後半辺りをご覧ください。

しかもこれが必ずしも「進歩の観念」に立つ自由主義者や社会主義者だけでなく、その反対の陣営による批判様式のなかにも頻繁に登場するのである。国粋主義者や反動派がインテリの進歩かぶれを打つ論理もヨーロッパを一巡してかえって来るのが通常で、その際、進歩派のイデオロギーはヨーロッパ（あるいはアメリカ）でももう古いという論法が「伝統的」に用いられる。加藤弘之が進化論をひっさげて天賦人権論の「妄想」を攻撃したのは、その輝ける先駆であった。

少し難しい言い回しをしていますが、要は、節操なく西欧思想の最先端を追っかけている〝進歩派〟を攻撃する側も、「彼らの依拠している○○理論は、その発祥地である西欧諸国においては既に△△によっ

加藤弘之

て論破され、過去の遺物になっている」、とかいう言い方をしたがる、ということです。保守派が、マルクス主義者とかポストモダニストを〝批判〟する時に、こういう言い方をしたがるという傾向は今でもありますね。丸山に関しても、「丸山が依拠している英国の政治理論家の□□の説は、もはや時代遅れになっていて……」、とかいう形で古いもの扱いされることがあります。そういう言い方をするということは、保守派の人たちも、進歩派、左派以上に「思想の進化」という観念に取り憑かれているからだ、と見ることができるわけです。日本の論壇では、保守派もしくは右派は、時代遅れで頭が古いとか、難しい理屈が分からないので「右」になるしかなかった、〝思想の最先端〟を理解できない、勉強不足でフォローしていない、などと見なされることが多いので、「自分たちはちゃんと勉強したうえで批判している。勉強不足は向こうの方だ！」、と言いたいがために、相手の土俵にのってしまうのだと思います。

先ほども言いましたが、進歩／保守の対立する両陣営に限らず、自分の〝頭の良さ〟、相手の〝無知〟を示したくて仕方なくて、前のめりになっている人たちが、「思想の進歩」を前提にしているかのような語り方をしてしまうわけです。思想の無構造状態の中での〝進歩〟なので、何の脈絡もなしにどっちが欧米の最先端を代表しているのか、というレベルの低い張り合いになってしまう。

加藤弘之（一八三六－一九一六）は東京帝大の初代総長になった政治学者で、もともと啓蒙思想家として天賦人権説を提唱していたわけですが、後に、社会進化論の立場から天賦人権説を批判する立場に転向した人です。進化の過程で弱い者が淘汰され、強い者が生き残るはずなのに、全ての人を平等に扱わねばならないというのはおかしい、という理屈です。その際に加藤は、社会進化論こそが西洋の最先端だという態度を取ったわけですね。加藤が天賦人権論から社会進化論へ転向したのは、明治初期の話で、加藤自身はずっと最先端のつもりだったはずですから、保守派が進歩派を時代遅れ扱いするという図式とはちょっと違うような気がしますが、加藤の国家主義を保守思想の起源だと考えれば、この逆転図式の原点と見ていいかもしれません。

各人が思想の優劣についての評価基準を持っていること自体は悪いことではないと思いますが、新しい／古いで判断しようとすると、中身と関係なしに新しいものなら何でもいい、ということになって無節操に次々と思想を取り替えていくことになりますし、それに保守の人が反発して、「ありのままの日本が……」とか、「連中は新しいように見えて……」とか言い出すと、余計にひどいことになる。

時間が来たのでこの辺で終わりにして、次回は、三一頁の「『國體』における臣民の無限責任」の辺りを中心に、国家体制論について検討したいと思います。

Q　お話を伺い、ある程度丸山に賛同なさってお話を進めてらっしゃるのかな、と思いました。私も基本的にそうです。とくに二一頁からの丸山が議論をまとめているところを読んで、先生の解説を伺うと、ある意味実感としてすっと入ってきました。先生の著作を読んでいるからかとも思いますが。自己批判的にそういったものを見てみると、まさにそこがイデオロギーになっていないのかと自分でギクッとする部分もありました。私は歴史学畑出身なのですが、丸山の教養からすれば、私などを遥かに超える量の読書をしているでしょうから、具体的な資料に基づく論証がなくても、おそらく丸山はかなりすごいものを読んでこのような議論をしているのだろうと、ある意味丸山の信用に基づいてすっと読んでしまうのですが、資料的な論証がなくこの部分はすっと書いてしまっていますよね。そういうところに関して、問題はないのか、先生はどのようにお考えか、お伺いしたいと思います。

A　ご懸念はよく分かります。私も話をしながら、そう感じていました。丸山は印象的な所を引用して話を進めていますし、これは厳密な意味での歴史学あるいは思想史学の論文ではありませんので、実証された議論だと即断しない方がいいと思います。特に国学観については、丸山自身がもともと徂徠研究の視点から、本居宣長に関心を持っていた人なので、「人為＝からごころ／自然＝やまとごころ」の対立を必要以上に強調しすぎているきらいはあると思います。

「国学」の自然志向を軸にして記述を進めているおかげで、確かに見通しはいいですし、それは、「日本の思想」に丸山的な構造を与えることにも繋がっているかと思います。そういうことを意識して、戦略的に図式化しているのでしょうが、読んでいる方がそれを無批判的に受け入れてしまうと、またおかしなことになる。彼の戦略的意図を斟酌しながら注意深く読んでいく必要があると思います。

［講義］

第2回 「國體」という呪縛——無構造性、あるいは無限責任

しかしながら天皇制が近代日本の思想的「機軸」として負った役割は単にいわゆる國體観念の教化と滲透という面に尽されるのではない。それは政治構造としても、また経済・交通・教育・文化を包含する社会体制としても、機構的側面を欠くことはできない。そうして近代化が著しく目立つのは当然にこの側面である。(…) むしろ問題はどこまでも制度における精神、制度をつくる精神が、制度の具体的な作用し方とどのように内面的に結びつき、それが制度自体と制度にたいする人々の考え方をどのように規定しているか、という、いわば日本国家の認識論的構造にある。**(丸山眞男『日本の思想』より)**

「たこ壺」化

前回、「精神史」との関連で、思想の座標軸の重要性という話が出てきました。日本の場合は、思想がきちんと構造化されておらず、過去の議論をきちんと清算することなく、その時の雰囲気でどんどん流れていくような感じですが、西欧の哲学・思想、例えば、英米の政治哲学であれば一応、「善vs.正義」あるいは「功利vs.権利」「自由vs.平等」のような対立軸があり、その対立軸が形成されるに至った歴史がきちんとエクリチュール化されている。そうした座標軸があると、新たに議論に参入する人も、自分を適切に位置付けることができます。サンデルの『これからの「正義」の話をしよう』には、以下のような感じで、政治哲学の三つの系譜が紹介されていました。こんな感じでしたね。次の黒板を見て下さい（七九頁参照）。

サンデルの三分法は単純化しすぎだという気もしますが、こういう図式があると、各人が自分の基本的考え方や価値観が、精神史的にどういうところに位置するか確認し、その妥当性を検証しやすくなります。「白熱教室」は、そういう前提で運営されていたわけです。

しかし、〝日本の思想〟は構造化されていないので、少し学派や時代が離れていると、どういう理念的連関になっているかよく分からない。ちゃんとした思想系統図・地図を描けない。思想ではなくて、〝思想家〟の人脈図なら、なくもない、というより、一生懸命そういうのを作っている人ならいます。

こういう風に言うと、思想・哲学の流れがよく分かるチャートが必要だ、という話をしているように聞こえるかもしれません。チャートと言ってもいいかもしれません。ただし、それは、理念と理念の連続性あるいは対立関係が分かるようなチャートでないとダメです。日本の高校の倫理の教科書とか参考書は、見方によってはチャート式ですが、記述の仕方が、「○○国の▽▽時代に□□主義が……」、といういかにも暗記しやすいような感じのもので、□□主義に属する二、三人の思想家を紹介して完結するような感じですね。その□□主義の範囲を超えた理念の繋がりは記述されていない。

例えば、倫理の教科書では、古代世界における最初の本格的な哲学者としてソクラテス（前四六九－三九九）、プラトン（前四二七頃－三四七頃）、アリストテレス（前三八四－三二二）の名前が挙げられ、その思想の中身がそれぞれごく簡単に紹介されますが、プラトン哲学とアリストテレス哲学はどのような関係にあるのかきちんと説明されることはない。通常は、アリストテレスはプラトンの弟子だということと、二人を描いたラファエロ（一四八三－一五二〇）の絵を示して、理念の世界を志向するプラトンと、現実を志向するアリストテレス、という漠然としたイメージを示すだけで終わると思います。近代哲学では、大陸合理論とイギリス経験論を総合したカントの哲学を継承して、フィヒテ（一七六二－一八一四）、シェリング（一七七五－一八五四）、ヘーゲルがドイツ観念論を展開したという話が出てきますが、カント自身はドイツ観念論の一部なのか、違うとすればどう違うのか、といったことはちゃんと説明されていない。カントとヘーゲルはどういう風に繋がっているのか、フィヒテは哲学的にどんなことを言った――勘がいい高校生なら、世界史にもフィヒテが登場することに気が付くかもしれません――のか、といったことは教科書だけでは分からない。その後に、功利主義が出てきますが、功利主義とカント哲学がどういう関係にあるのかもよく分からない。カントが動機重視で、功利主義が結果重視ということが述べられているくらいです。サンデルの講義や本では、「自由」の政治哲学を代表するカント主義と、「幸福」の政治

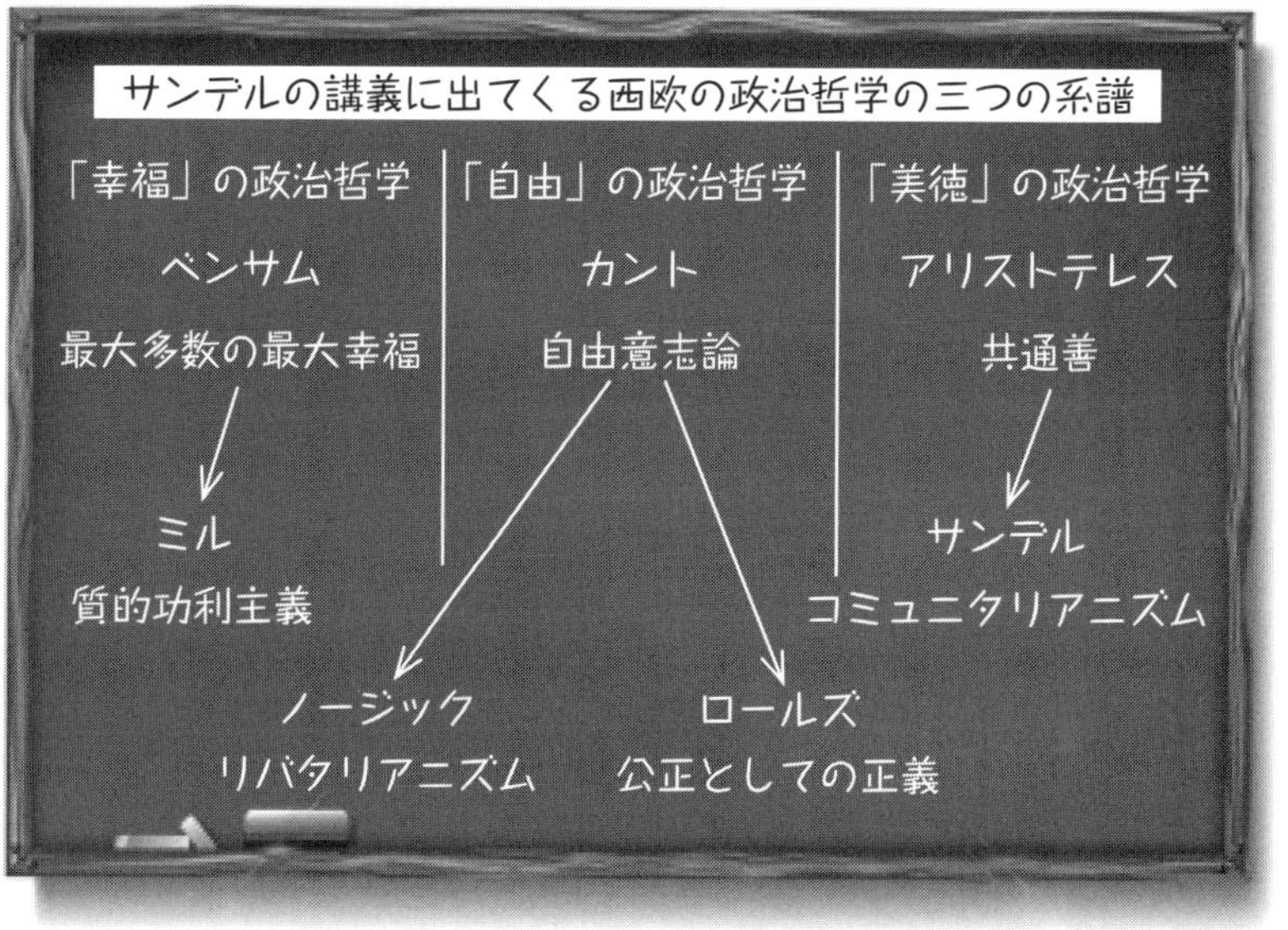

哲学を代表する功利主義が対置されていますが、サンデルを読むことで初めて両者の対立関係が分かった、という人が少なからずいるのではないでしょうか。

高校の倫理の試験や大学受験も、穴埋め問題的なものが多いので、思想家の名前や理論の名称を、意味も分からずに覚えるだけで終わってしまいがちです。よほどの変わり者でない限り、面白いはずがない。高校の倫理の教科書は、数学や英語、物理等と違って、広く浅く知識を提供するような書き方になっているので、中身の理念的連関まで踏み込めないのは仕方ないのかもしれません。

では、大学ではきちんと教えてくれるかというと、そういうわけでもない。大学の倫理学概論や政治思想史だと、個々の学派や思想家についてもう少し突っ込んだことを教えてもらえますが、その分余計に断片的になって、精神史的な連関は見えてこないような教え方になっていることが多いと思います。大学院で倫理学や哲学を専攻している人でも、自分の専門分野以外のことは、どういう繋がりになっているかよく知らない、というのが普通だと思います。カント哲学をやっていると、さすがに、カントと相互影響関係にあった哲学者・思想家や、現代のカント研究者の動向には詳しくなる――無論、研究者になれる可能性が多少なりともある真面目な院生だという前提です――けれど、カント的な考え方と対立する、功利主義の生まれてきた背景とか、ベンサム（一七四八－一八三二）－ミルの後どうなったのか、ミルの自由論はそもそも功利主義なのか、といったことはあまり知らないということがよくあります。精神史的な連関を知らなくても、〝研究者〟であることにあまり支障がないからです。私もあまり人のことばかり言っていられませんが。

哲学、倫理学、思想史、政治哲学、法哲学などを研究する専門家の間でさえ、精神史的な連関についての認識がきちんと共有されていないので、後でまた出てきますが、〝専門家〟のほとんどは、狭い分野の「タコ壺」に入ってしまい、ごく一部の論壇に登場する総合評論家的な人たちが、最先端の流行を追いかけ、〝新しさ〟競争をし、それを一般読者の中の〝哲学ファンがフォロー〟し、誰のフォロワーが最も〝先端〟かと争い合う、という不毛な状況になる。少なくとも丸山が「日本の思想」を書いた五〇年代後半にもそうした傾向が目立っていたわけです。

ねじれた論理――世界史の哲学と近代の超克

前回、保守派が、進歩派の言説を〝もう流行遅れで古い〟、と批判するという逆説について論じられているというところまで行きましたね。二五頁で、その一つの具体例が論じられています。

しかも今日においても、なお戦時中の著名な「世界史の哲学」者が「日本の新憲法は国家的、社会的義務を軽視し、個人の人権を極度に尊重する権利一辺倒の基調においては、実に社会思想発生以前の時代物で宛然としてフランス革命人権宣言時代の主張に立つものである。新しい種類の権利が掲げられていることは、いまだ新憲法の新時代性、進歩性を裏付けるものではない。社会公共福祉のため自由主義的な個人の権利偏重を抑制する義務尊重の社会主義的精神を経過したのちの現段階では、権利と義務とをいかなる程度に調節するかということが、最も進歩的な思想的立場の課題たる筈である。この点より見るとき日本の新憲法は、その思想の基調において、社会主義以前の段階に存する時代錯誤的のものだと評してよい」（高山岩男「戦後日本の精神状況」一二七－一二八頁、『現代宗教講座』Ⅵ、傍点筆者）

日本の新憲法に出てくる人権概念は、フランス革命の人権宣言のレベルであって、社会主義的な精神を通過していないので古い、という主張ですね。フランス革命は一七八九年で、ロシア革命が一九一七年ですから、「社会主義的権利概念の方が一二八年新しい」と言えないことはないわけですが、社会主義を経過すると、個人の権利を抑制して、公共の福利のための義務を尊重するような〝新しい権利〟概念に進化するというのは、少なからず眉唾な感じがしますね。

問題は誰がそれを言ったかです。引用の括弧内の著者名から、高山岩男（一九〇五－九三）の発言だということが分かります。この高山の論文が収められている『現代宗教講座』第Ⅵ巻（創文社）は、一九五五年に刊行されています。

高山岩男は、戦中に『世界史の哲学』（一九四二）を著した人で、いわゆる「近代の超克」論の人です。彼は、西田幾多郎の門下生の四天王の一人です。他の三人は、西谷啓治（一九〇〇－九〇）、高坂正顕（一九〇〇－六九）、鈴木成高（一九〇七－八八）です。四人は京大の教官で、少し若い鈴木以外は、戦争中に教授に就任しています。西田哲学の継承者というイメージが一番強いのは、宗教哲学者の西谷でしょうが、悪名高いのは、「近代の超克論」の中心的な論客だった高坂と高山でしょう。ご承知だと思いますが、高坂は、国際政治学者で、テレビ朝日の番組のコメンテーターもやっていた京大教授の高坂正堯（一九三四―九六）のお父さんです。

「近代の超克」論というのは、文字通り、様々な矛盾を抱えた袋小路に陥っている西欧近代を超えて、（日本を中心とする）新しい文明を確立できる可能性を探求する、あるいは標榜する議論で、戦争中に、京都学派や、日本浪漫派などによって提起されました。当然、「大東亜共栄圏」の構想とかアジア主義などとも通じる、戦争協力的な意味合いを帯びた議論です。「近代の超克」という呼称は、文藝春秋の雑誌『文学界』の一九四二年一〇月号に掲載されたシンポジウムのタイトルに由来しますが、シンポジウム参加者以外でも、京都学派や浪漫派の主要メンバーによる同時期の似たような趣旨の議論をひっくるめて、「近代の超克」論と総称します。シンポジウムの記録と、『文学界』の九月号・一〇月号に掲載されたシンポジウム参加者たちの論文は、竹内好の批判的解説付きで、一冊の本にまとめられて、冨山房から刊行されています（河上徹太郎他『近代の超克』、一九七九）。四天王は、四二年から四三年にかけて、「世界史的立場と日本」というタイトルで座談会を行っており、それらは三回に分けてそれぞれ、「世界史的立場と日本」「東亜共栄圏の倫理性と歴史性」「総力戦の哲学」というタイトルで、雑誌『中央公論』に掲載されています。マルクス主義哲学者の廣松渉（一九三三―九四）が、一連の議論を思想史的に分析した、『「近代の超克」論』（一九八〇、八九）を出しています。

高山の戦前の主要著作である『世界史の哲学』は、ヘーゲルやシュペングラー（一八八〇―一九三六）などの歴史哲学や現実の西洋史を参照しながら、「世界史」の発展法則を描き出し、それに基づいて現状を分析しています。高度の機械技術と、弱肉強食の自由競争を結び付けることに成功した西欧近代諸国は、更なる発展のため植民地主義的膨張政策を取り、西欧中心の世界秩序を作り上げたが、逆説的なことに、

高山岩男

高坂正顕

鈴木成高

西谷啓治

そのことによって、西欧諸国の非西欧に対する依存度が高まると共に、西欧の自由主義の影響を受けたアジア諸国などで、西欧に対する抵抗を引き起こすに至った、といいます。作用と反作用の相克で歴史が展開していくというのは、ヘーゲル＝マルクスの弁証法の発想ですね。その抵抗の先端にいるのが、日本であり、アングロ・サクソンは日本の台頭を阻止しようとしているが、日本はその妨害を打ち破って、東亜に新秩序を打ち立てる使命がある、としています。満州事変や支那事変＝日中戦争も、そうした視点から正当化しています。高坂も、同じ様な論旨で世界史の哲学を構想しています。

　世界史の主導権をめぐる闘いに敗れた者たちの思想は、時代遅れの思想だとすれば、高坂や高山の「世界史の哲学」はまさに敗者の思想であり、今更出る幕はないはずです。しかも、日本を東アジア革命の盟主にしようとしていた彼らは、資本主義だけでなく、社会主義にも敵対していたはずです。もはや出る幕のないはずの高山が、社会主義を最も進歩した思想として位置付け、現行憲法の人権概念を古い、と主張する。高山は社会主義者に転向したかというと、そういうわけでもなく、個人の自由や権利を強調しすぎる戦後の風潮をけん制するために、進歩思想っぽいイメージのある社会主義を利用しているだけです。

　高山は基本的に保守主義者でありながら、古い思想に固執していると思われるのが嫌なので、戦後人権思想よりも、それよりも先を行ってそうなものを引き合いに出す、という捻じれた戦略を取っているわけです。彼の原点である「近代の超克」論自体が、西欧の最新の哲学の論理を利用して、西欧に対する日本の優位を証明しようとする捻れた論理だったと言えます。

丸山のジレンマ――「湿地帯の現実」

そのように、〝新しいもの〟をありがたがる保守派を皮肉っているわけですが、丸山自身はどうしたいのでしょうか？　それに答えるには、丸山の思想全体の総括をしなければいけないので、一言でまとめるのは難しいですが、少なくとも、単純に、「日本の思想」はダメなので、全面的に西欧の精神史と同化することを提唱しているわけではありません。自らの足場をきちんと認識しないまま、他者に同調しようとすれば、これまでのつまみ食い的な思想受容を繰り返すことにしかならないでしょう。また、その逆に、西欧とは異なる「日本の精神史」を自らの手で構築することを目指したわけでもありません。焦ってそういうことをやろうとすると、（進歩主義的な西欧の論理によって西欧を超えようとした）「近代の超克」の轍を踏むことになるのは、目に見えています。彼は早急に答えを出そうとせず、取りあえず、西欧の政治・法・社会思想史の言葉を借り、西欧的な視角から〝無構造な日本〟を見直すことで、〝日本の思想〟の「構造」を徐々に浮き上がらせることを試みているわけです。『日本の思想』は、そうした試みを集約的に表現した著作です。

二六頁では注の形で、日本なりの「進化」観の歪みの一つの現われとして、立身出世主義の問題が取り上げられています。

日本の進化（＝欧化）と立身出世主義とはいろいろな意味でパラレルな関係にある。田舎書生の「進化」の目標は、まさに「日本の中の西洋」である東京に出て大臣大将への「段階」を上昇することにあった。欧化は日本の「立身出世」であり、立身出世は書生の「欧化」である。二つのシンボルは

「洋行」において文字通り合一する。

ここの理屈はさほど難しくありませんね。欧化＝進化であるとすると、日本の中で一番欧化しているところが、一番進化していることになるわけです。そうすると、東京で生活していて、立身出世していく人が、日本における進化の先端ということになるわけです。日本は、官僚組織や軍隊から欧化していったので、商売人になる人よりは、官僚や高級将校になる人が、より立身出世していると見なされる。「書生」が西洋の学問を習得し、更には、欧米に留学して、官僚や高級将校になっていく立身出世の道は、まさに欧化ですね。こういう発想って、現在もかなり根強く残っていますね。

これだけだと、単なる西洋崇拝の話になってしまいそうですが、丸山はこれを脱亜入欧の問題とも関連付けます。

日本の「進歩」の価値規準がヨーロッパの歴史段階の先後に一元化されるとすれば、「えらい」人の規準は官僚制の階層の高下に一元化する。日本の驚異的進歩が「脱亜」いや進んでアジア大陸の「停滞性」を尻目にかけ、むしろ踏みつけながら行われたように、秀才の出世は「むら」からの（しかもしばしば上からの抜擢による）脱出であって、福沢がつとに太閤秀吉の「出世」を例にひいて指摘したように、「譬へば土地の卑湿を避けて高燥の地に移りたるが如し、一身のためには都合宜しかる可しと雖ども元と其湿地に自から土を盛て高燥の地位を作りたるに非ず、故に湿地は旧の湿地にして……」（『文明論之概略』）という反面を持っていた。

欧化された中央へ出て、立身出世するということは、その裏返しとして、自分が生まれ育った遅れた郷里から離脱することを意味します。「書生」というのは、故郷を出て、中央で取り立てられることを夢見て頑張る存在ですね。単に故郷を捨てるだけならまだいいのだけど、出世してからその故郷、あるいはそれに似たような後進地帯に対して情け容赦のない態度を取ったりする。立身出世した元書生たちから成る日本政府は、大都市中心の政策を取って、農村を疲弊させたり、明治維新以前の日本と似たような状態にあったアジア諸国に対して侵略・搾取的な政策を取ったりした。かつての〝自分〟を否定したいわけですね。

その原型が、天下人になるまでの、そしてなった後の豊臣秀吉（一五三七－九八）の振る舞いにある、と丸山、そして彼が参照している福澤諭吉（一八三五－一九〇一）は見ているわけですが、だとすると、そうした自らをルーツから切断しようとする立身出世主義は、進歩史観が入ってきたことによって引き起こされたというよりは、日本にもともとあったメンタリティだということになりますね。

『文明論之概略』（一八七五）が福澤の主要著作で、フランスの政治家で歴史家でもあるギゾー（一七八七－一八八四）や英国の歴史家バックル（一八二一－六二）の「文明史」を参考にして、世界を文明の進歩という視点から捉えた著作だということはご存知ですね。西欧諸国が文明化された状態にあり、アフリカやオセアニアの諸国は未開の状態にあり、日本は他のアジア諸国と共に半開の状態にあるとしたうえで、どうやったら半開から文明の先端へと合流できるかを論じています。丸山には、この『文明論之概略』を精読した『「文明論之概略」を読む』（一九八六）という三巻本の著作があり、『日本の思想』と同様に、岩波新書に入っています。

「湿地帯」という喩えはうまいですね。恐らく、身動きが取れないようにする泥沼のようなイメージでしょうね。その泥沼の外に出て自由になろうとしても、自分で土を盛って足場を作ることなどできそうにない。そもそも乾いた土に手が届かないかもしれない。何とか高い乾いた土地を見つけて、這い上がり、自分が這い上がった後の湿地は放っておくしかない。

そうやって自分だけ湿地帯から抜け出すというのは、自己中心的で浅ましい感じがしますが、いったん外に出ないとどうしようもない、という面もあると私は思います。自分自身の身動きが取れず、状況を改善できないどころか、自分たちの置かれている状況を客観的に把握することさえできないわけですから。学者や知識人が、日本の社会を客観的に把握しようとすると、どうしても西洋的な学問を勉強して、分析の方法を身に付けたうえで、少し上の視点から俯瞰するしかない。丸山も現にそれをやっているわけです。彼自身も恐らくそれは自覚しているでしょう。そこは彼にとっても、ジレンマなんだと思います。敢えてまっとうな態度はどんなものかと言えば、多分、自分がもともと湿地帯の人間であることを否定しようとするがあまり、とにかく上へ上へ、つまり中央へ中央へ＝西欧へ西欧へ、という強迫観念に囚われずに、自分自身も本当のところ完全に離脱したわけではない湿地帯の現実をちゃんと見つめる、という感じになるのではないでしょうか。

「國體」とは何か？Ⅰ——非宗教的宗教と国家体制

次に、二八頁以降の「近代日本の機軸としての『國體』の創出」という見出しが付いているところを見ていきましょう。ここまでは「日本には思想の軸がない」という話だったわけですが、ここから、そのことと「國體」が関係しているという話が出てきます。「國體」という言葉は、ご承知のように、戦前、万世一系の天皇によって統治される国の形、伝統というような意味で使われていた言葉で、特に一九三〇年代半ばから太平洋戦争期にかけて、天皇の統治を神聖視する文脈で使われました。元々、幕末の水戸学に起源があるようです。ただ、明治初期は意味にぶれがあったようです。

例えば、前回出てきた加藤弘之は、『國體新論』（一八七五）で、国学流の「國體」観を否定し、「國體」

とは人民の安寧幸福を目的とする国家の在り方、というような意味で用いています。臣民が天皇に一方的に従属することを自明視する従来の「國體」観は歪んでおり、西欧のように、臣民の権利義務をしっかりと守る「公明正大」な「國體」へと移行すべきだと、と主張してしまいます。ただし、加藤は後にこの見解を撤回し、社会進化論から天賦人権論を批判する立場に移行します。こういう場合の「國體」は、英語の〈constitution〉に近い意味で使われていると考えられます。〈constitution〉という英語は、一番基本的には「構成」あるいは「構成されたもの」という意味ですが、政治学・法学の用語としては、「国家の構成＝国のかたち」あるいは「憲法」という意味で使われます。「国のかたち」がどのように「構成」されているかを示す基本法が、「憲法」だと考えられます。

福澤の『文明論之概略』では、「國體」は英語の〈nationality〉に相当する言葉だと説明されています。福澤の説明によれば、〈nationality ＝國體〉とは、一つの種族に属する人民が、他の人民と自分たちとの違いをはっきり意識し、互いに助け合いながら生活し、他国の政府に支配されることがないよう、独立・自治を維持しようとしている状態、というような意味です。国の法的構成よりも、対外意識に重点があるわけです。

一八七〇年代の後半から、明治政府は「憲法」制定の作業を進めますが、その際に、伝統的な天皇を中心とする「國體」を、憲法の中でどう位置付けるのか、という問題が出てきました。日本は法典としての憲法を知らなかったので、西欧諸国の憲法を学ぶことになりますが、市民の権利や自由の保護に主眼が置かれている英国やアメリカ、フランスなどの憲法をそのままモデルにしたのでは、都合が悪い。そこで「國體」は国ごとに違うという前提に立って、日本の「國體」に合った「憲法」を模索するという方針が固まりました。

一八八八年に枢密院議長だった伊藤博文（一八四一－一九〇九）が、憲法制定の根本精神について表明した所信が引用されていますね。「憲法を制定する」というのは、「国家の機軸を確定する」ことだという話と、西欧諸国の場合は「宗教」が機軸を定めるうえで重要な役割を果たしている、という話が出てきます。それに比べて日本の仏教や神道には、機軸になるだけの求心力がないと断言しています。

> つまり、伊藤は日本の近代国家としての本建築を開始するに当って、まずわが国のこれまでの「伝統的」宗教がその内面的「機軸」として作用するような意味の伝統を形成していないという現実をハッキリと承認してかかったのである。

日本に国家の精神的機軸になるような宗教がないというのは、確かにその通りなのですが、明治の元勲がそう断言するのは少し意外な感じがしますね。では、どうするのかというと、伊藤は「皇室」を機軸にすべきだ、という結論に至った、と述べられています。ちょっとぴんと来にくいですね。「皇室」を機軸にするのと、天皇家の神話を中心にする「神道」を機軸にするのとどう違うのか？

> さきにのべた「開国」の直接的結果として生じた、国家生活の秩序化と、ヨーロッパ思想の「無秩序」な流入との対照は、ここに至って、国家秩序の中核自体を同時に精神的機軸とする方向において収拾されることになった。新しい国家体制には、「将来如何の事変に遭遇するも……上元首の位を保ち、決して主権の民衆に移らざる」(…)ための政治的保障に加えて、ヨーロッパ文化千年にわたる「機軸」をなして来たキリスト教の精神的代用品をも兼ねるという巨大な使命が託されたわけである。

少し分かりにくいですが、要は、国家の精神的機軸になるべき「宗教」と、その機軸を土台として構成される「国家体制 constitution」は密接に関連し、表裏一体の関係にあるけど、別物であるということです。前回、松本清張の森鷗外解釈に即して、そういうお話をしましたね。ドイツ帝国はプロテスタントの信仰を精神の機軸にしようとしたけれど、当然、皇帝の下にある官僚組織と、プロテスタント教会は、相互に独立した組織で、異なる原理によって運営されています。英国では、英国国教会の首長を国王が兼ねていますが、議会や内閣、軍隊などの統治のための組織と、国教会は別組織です。

西欧では、中世から既に、世俗君主の権力と、教会組織は別物だったわけですが、宗教改革以降、「政教分離」の原理が次第に徹底され、「宗教」は「公的領域」における統治には直接関与せず、「私的領域」において人びとの内面を導くようになった。ただ、「私的領域」へと撤退しながらも、人民の精神的統合に寄与し続けている。

国家体制の中心に位置する「皇室」が、ドイツの皇帝や英国の国王と同じ様な存在だとすれば、信仰の対象にはなりえません。伊藤は、そのことを承知したうえで、日本にはキリスト教会のような機軸宗教がないので、皇室に宗教的な役割も担ってもらうことにせざるを得ない、と主張しているわけです。つまり彼は、既成の「神道」を、「皇室」を中心とする「宗教」だとは認識していないけれど、そうであるかのような前提に立って、「憲法」を構成していこうと提案しているわけです。丸山はその矛盾に注意を向けているわけです。

実際、明治国家体制では、天皇は統治機構の中心に位置する、主権者であると同時に、宗教的権威でもあったわけです。西欧諸国が、世俗化することを通して近代化し、国家主権を確立するようになったのとは逆に、明治の日本は、「皇室」を中心とする政教の一体化した体制を構築することによって、近代化を進めたわけです。

西欧近代国家は、「政教分離」と「信教の自由」を起点として、次第に「統治」を「価値中立的」なものにしていきました。宗教や世界観、価値観に基づく争いは「私的」な事柄として扱い、国政に直接持ち込まないようにした。どこかの宗派に露骨に肩入れすると、他の宗派が反発して国家の統合性が揺らぐことになるので、国家は直接に関与しない、というポーズを見せる。ドイツでは、カトリックが人口の三分一いたので、カトリックをないがしろにできない。国家の統治を受け入れる限り、プロテスタントであろうとカトリックであろうと対等に扱うという基本方針を示すことで、市民たちの忠誠心を培う必要がある。プロテスタントの信仰を、国民統合のための精神的機軸として想定しながらも、それはあくまで内面的なことであり、その信仰を国家が、各国民に対して直接強制する政策は取らないよう注意する。カトリックの信仰も認めることで、カトリックの人たちも、自らの信仰と市民としての権利義務を調停しながら生きるようになるわけです。

そうした政教のバランスの上に、西欧的な近代国家は成り立っていたわけですが、日本はむしろ、天皇が、再度政治の中心であると同時に宗教的権威でもある存在、祭政一致体制の象徴になったわけです。このように言うと、明治国家が天皇家を中心とする新しい宗教を創設したという話に聞こえるかもしれませんが、丸山はそれを本当の宗教だとは見ていなかったようです。三二頁に、「非宗教的宗教」という矛盾した表現が出てきます。

> 「國體」という名でよばれた非宗教的宗教がどのように魔術的な力をふるったかという痛切な感覚は、純粋な戦後の世代にはもはやないし、またその「魔術」にすっぽりはまってその中で「思想の自由」を享受していた古い世代にももともとない。しかしその魔術はけっして「思想問題」という象徴的な名称が日本の朝野を震撼した昭和以後に、いわんや日本ファシズムが狂暴化して以後に、突如として地下から呼び出されたのではなかった。日本のリベラリズムあるいは「大正デモクラシー」の波が思

想界に最高潮に達した時代においても、それは「限界状況」において直ちにおそるべき呪縛力を露わしたのである。

数年前ちょっとした昭和史ブームになった時、一九三〇年代半ばに国体明徴運動が台頭してくる頃までは、大正デモクラシーの影響もあって、一定の言論の自由はあり、必ずしも、国体を絶対神聖視することを強制される、暗黒時代ではなかった、という議論がありました。田原総一朗さん（一九三四－　）なんかも、そう言っていました。この箇所を見る限り、丸山は、国体を神聖視するイデオロギーはその時期になって急に浮上してきたわけではなく、憲法制定過程で皇室が国体の機軸に据えられた時点で、「國體」による呪縛が始まったと見ているわけです。少し後で丸山自身による説明が出てきますが、問題は、「國體」が宗教化したことではなくて、政教分離の「政」の性格を持ちながら、「教」としての力も持つようになったことです。西欧諸国におけるカトリック教会やプロテスタント教会、あるいは、何らかの新しい宗派が社会的な影響力を拡大し、政治にも間接的に影響を及ぼすようになる、というのと全然話が違います。

この辺の問題は、「超国家主義の論理と心理」で詳しく論じられています。西欧近代国家は、統治における価値中立性を少なくとも建前にすることで、市民たちを統合しようとする。内面的信条のことは、私的領域における、「個人」と各教団の関係に任せて、国家がどういう宗教がいいとか、どういう信条を持っていきなさいとか、国家自体の暴力によって押し付けないようにする。それを崩したのが、イタリアのファシズムやドイツナチズムですが、これらの運動が台頭してきたのは、一九二〇年代以降です。しかし日本では、一九世紀の八〇年代に「國體」が構成される段階で既に、統治の中心である天皇家が、宗教的な役割を担い、個人の内面に直接働きかけ、正しい方向へ導くようになった。

しかも、皇室を中心とする精神的価値の体系、あるいは、それを教義化したものとしての国家神道は、

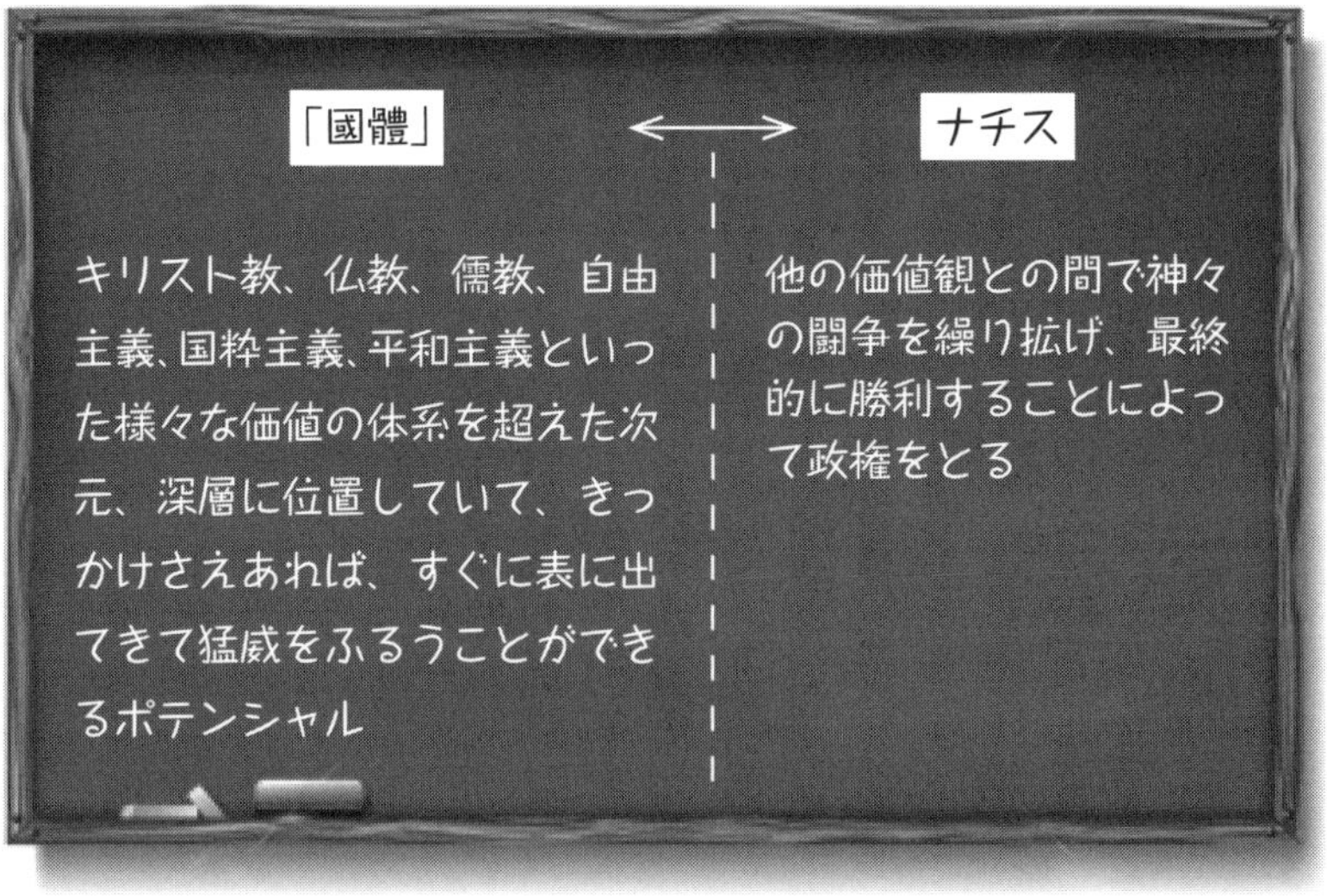
「國體」
ナチス
キリスト教、仏教、儒教、自由主義、国粋主義、平和主義といった様々な価値の体系を超えた次元、深層に位置していて、きっかけさえあれば、すぐに表に出てきて猛威をふるうことができるポテンシャル
他の価値観との間で神々の闘争を繰り拡げ、最終的に勝利することによって政権をとる

通常の意味での「宗教」を超えたものとして想定されていたので、「國體」を信奉している限りで、私的領域における「信教の自由」も認める、というヘンな体制になっていたわけですね。そういう意味でも「非宗教的宗教」です。大正デモクラシーの時代には、かなり広範に言論活動の自由が認められるようになったけど、それはあくまで、天皇を中心とする「國體」を受け入れたうえでの話です。西欧諸国における「思想・信条の自由」というのは文字通り、各人は、公的領域では民主主義的な決定に従わねばならないが、私的領域では、何を考えよう、信じようと完全に自由であり、誰からも干渉されないということですが、戦前の日本では、天皇家の精神的権威を共通の前提にした、思想・信条の自由しかなかったわけです。

ドイツで、ナチスが他の価値観との間で神々の闘争を繰り拡げ、最終的に勝利することによって政権を掌握したのと異なって、日本の「國體」イデオロギーは最初から、キリスト教、仏教、儒教、自由主義、国粋主義、平和主義といった様々な価値の体系を超えた次元、深層に位置していて、きっかけさえあれば、すぐに表に出てきて猛威をふるうことができるポテンシャルを持っていたわけです。

先ほどの引用の最後に出てきた「限界状況」というのは、ヤスパース（一八八三―一九六九）の用語ですが、ここでは特にヤスパースの実存哲学を意識しなくても、文字通りの意味で理解していいと思います。ヤスパース自身、この言葉を日常的な用法に近い意味で使っていますし。

「國體」とは何か？Ⅱ――個人の能力、義務の限界を超えた〈無限責任〉

西欧諸国の通常の国家主義には見られない、「國體」の呪縛力の例として丸山は、エミール・レーデラー（一八八二―一九三九）の日本体験を参照しています。レーデラーは、オーストリアに属していた、チェコのボヘミア地方に生まれた経済学者で、ドイツのハイデルベルク大学などで教鞭を執っています。一九二三年から二五年まで客員教授として東大で教えています。経済学と社会学を融合したインターディシプリナリーな研究を進めたことで知られています。マルクスと、同じオーストリア出身の経済学者シュンペーター（一八八三―一九五〇）から影響を受けており、市場の自由への介入が必要という立場を取っていました。社会民主党の党員でユダヤ人だったため、ナチス時代に大学での教授としての職を停止され、日本経由でアメリカに亡命しました。アメリカで、大衆国家から全体主義が生まれてくる可能性について論じた、『大衆の国家』（一九四〇）という本を出しています。

かつて東大で教鞭をとっていたE・レーデラーは、その著『日本＝ヨーロッパ』（E. Lederer, *Japan-Europa*, 1929）のなかで在日中に見聞してショックを受けた二つの事件を語っている。一つは大正十二年末に起った難波大助の摂政宮狙撃事件（虎ノ門事件）である。彼がショックを受けたのは、この狂熱主義者の行為そのものよりも、むしろ「その後に来るもの」であった。内閣は辞職し、警視総監から道すじの警固に当った警官にいたる一連の「責任者」（とうていその凶行を防止し得る位置にいなかったことを著者は強調している）の系列が懲戒免官となっただけではない。犯人の父はただちに衆議院議員の職を辞し、門前に竹矢来を張って一歩も戸外に出ず、郷里の全村はあげて正月の祝を廃して「喪」に入り、大助の卒業した小学校の校長ならびに彼のクラスを担当した訓導も、こうした不逞の徒をかつて教育した責を負って職を辞したのである。

社会主義を信奉していた難波大助（一八九九－一九二四）が当時摂政・皇太子だった昭和天皇（一九〇一－八九）を暗殺しようとした虎ノ門事件は、日本史の教科書に載っている有名な話なのでご存知だと思いますが、レーデラーが驚いたのは、事件自体ではなく、難波本人だけでなく、関係していそうな人たちの多くが「責任」を問われた、あるいは自主的に責任を取った、ということですね。引用の中の丸括弧で丸山が指摘している「とうていその凶行を防止し得る位置にいなかった」という点が重要です。

レーデラー

近代法では、誰かに「責任」を問う場合、その人が問題になっている行為や出来事を積極的に引き起こしたか、そうでなかったら少なくとも、その出来事――通常は、負の出来事です――を防止すべき、かつ防止できる立場にいたことが前提になります。刑法、法哲学、分析哲学の心の哲学などで、「他行為可能性」とか「結果回避可能性」と言います。選択の余地があるのを知っていて、道徳的に非難されるべき方を自分の意志で選んだから、「責任」が問われるわけです。例えば、私が誰かに押されて、別の人にぶつかってしまい、その別の人が崖から落ちるなどして死んでしまったとしても、私自身も押されて体が動いてしまうことを咄嗟に止めることができなかったのだとしたら、法的責任は問われない。車の前に人が急に飛び出してきて、どうやっても避けることができなかった時も責任は問われない。責任論では、現実的な他行為可能性と、それを自分の意志でやったのかという「自由意志」論を組み合わせて論じることが多いです。「心の哲学」では、例えば、私の心を特定の方向に誘導する装置のようなものがあって、それによって選択肢が事実上ないような場合はどうするのだ、その装置に自分が操縦されていると知っている場合と知らない場合で違うのか、とかといろいろなケースを設定して、「責任」の本質について考えようとします。法学ではそういうところまでは考えませんが、「自由意志」と「他行為可能性」を前提に、「責任」を論じるのが普通です。

それから、丸括弧の中で丸山が指摘しているように、「責任」には「立場」という要素もありますね。自分とは何の関係もない人に、自分が全然感知しない出来事が起こっても、「責任」を問われることはありませんが、その人や場所に対して特別な「責任」を負っている人であれば、起こったことに対して責任を問われることがあります。上司が部下のやったことに対して責任を取るとか、警備の責任者が、事故を防止できなかったことに対して責任を取るとか。

責任ある立場にいて、その事態が起こらないように防止することが可能でなかったら、責任を問われる謂れはなさそうなものなのに、現場からずっと遠いところになる警視総監や内閣まで責任を取らねばならない、という事態にレーデラーは驚いたわけです。

加えて、難波に関係する人たち、広い意味での〝身内〟までも責任を取らされることにも驚いた。西欧でも、身内が社会を騒がせるような悪いことをすれば、世間の風当たりが強くなるということはありますが、父親だけでなく、彼を教育した学校の先生や、村全体が具体的な形で責任を取るというのは、奇異な感じがする。学校の先生は卒業した後まで責任取れないし、村の人がどうにかできるわけではない。江戸時代だったら、連座制があったし、理解できないでもない。西欧世界にも、前近代には連座制的な集団責任の論理はありました。しかし、日本は既に、個人責任を原則とする近代国家になっているはずです。にもかかわらず、一人前の大人になっている難波がやったことに対して、彼の行動を管理することなどできない人たち、彼の生育過程にちょっとでも関係のあった人たちが責任を取らされている。

レーデラーは、ドイツ語圏、少し前までオーストリア＝ハンガリー帝国だった国の出身で、ドイツで教鞭を執っていた人です。ご承知のように、伊藤博文は、ドイツやオーストリアの憲法学者から憲法について学び、プロイセンの憲法を参考にするようアドバイスを受けます。同じくらいの時期に、君主を中心とする統一国家を形成し、遅れた近代国家としての歩みを始めた点で、似ているようなイメージがあります。そのドイツ語圏の人間から見ても、たとえ皇太子に対する暗殺未遂という大事件とはいえ、個人の責任の範囲を確定しないまま、責任の範囲がここまで広がってしまうこと、責任を押し付けられた人たちが、抵抗らしいそぶりを見せないのは、おかしいわけです。陳腐な言い方になってしまいますが、「個人」という概念が確立していないように見えるわけです。

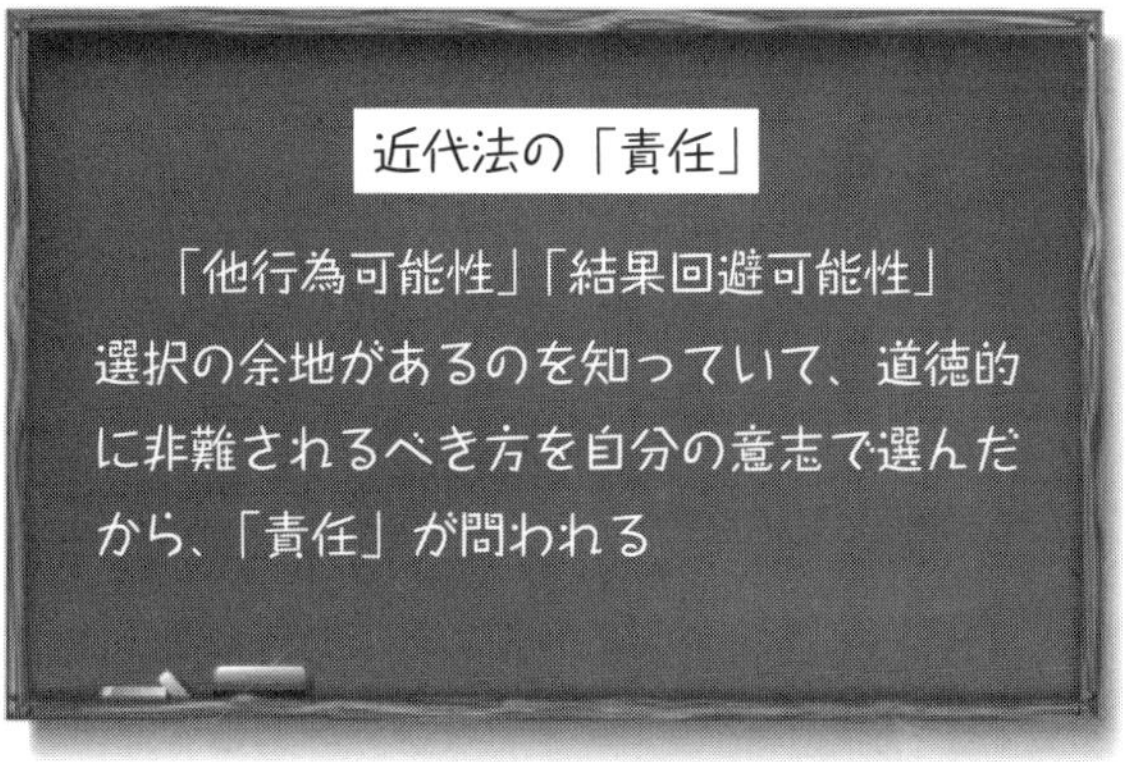
近代法の「責任」
「他行為可能性」「結果回避可能性」
選択の余地があるのを知っていて、道徳的に非難されるべき方を自分の意志で選んだから、「責任」が問われる

この後に、「御真影」についての話も出ていますね。「御真影」の話は、日本史の教科書にも出ているので、皆さんご存知だと思います。

> もう一つ、彼があげているのは（おそらく大震災の時のことであろう）、「御真影」を燃えさかる炎の中から取り出そうとして多くの学校長が命を失ったことである。

当たり前ですが、「御真影」は天皇の写真もしくは肖像画であって、天皇そのものではありません。忠誠心ゆえに天皇自身を身を挺して守るのなら理解できなくもないが、何故写真を命をかけて守ろうとするのか理解できない、ということです。少なくとも、天皇に親しみを抱かせるためにあちこちに出回っている、単なるイメージではなくて、写真自体に何か実体的価値があると考えないと説明できない。何か宗教儀礼に使う祭具、神の依り代のような役割を果たしているような感じですね。キリストの血と肉が聖餐の時のパンとブドウ酒において「(再)現前化」するように、「御真影」に天皇が「(再)現前化」するみたいな。実際、戦前の天皇は人びとの前に滅多に姿を現わさないし、その声を聞くこともできない神秘的存在でした。「御真影」による表象のポリティクスについては、写真批評家の多木浩二さん(一九二八-二〇一一)の『天皇の肖像』(一九八八、二〇〇二)でコンパクトに論じられています。ドイツ帝国や、オーストリア=ハンガリー帝国、大英帝国なども君主の写真や肖像による表象のポリティクスを展開しましたが、「御真影」のように、君主の表象媒体にまで宗教的な意味を持たせるのは、近代国家ではあまり例がない。

丸山は、このように、まるで宗教的共同体のように、個人の能力や義務の限界を超えて「責任」が拡がっていく日本の「國體」を、ロシアのツァーリズムと対比しています。「ツァーリズム」は、ロシアの皇帝(ツァーリ)による専制支配体制のことです。ロシアではかなり長いこと封建的支配体制が続き、農奴解放令が出されたのは一八六一年です。近代化が遅れ、近代化のための財源として農奴からの搾取を強化するという矛盾した政策が取られたりしました。専制支配の中心である皇帝は神格化されていました。反政府的な運動に対する取り締まりも厳しかった。ドストエフスキー(一八二一-八一)が若い時に空想的な社会主義運動のサークルに参加して、処刑されかかり、減刑されてシベリア流刑になった話は有名ですね。『死の家の記録』(一八六二)や『悪霊』(一八七一)はその時の体験がもとになっているとされています。憲法が一応制定され、議会に当たるドゥーマが開設されるのは、日露戦争中に第一次ロシア革命（一九〇五）の後のことでした。

日本の天皇制はたしかにツァーリズムほど権力行使に無慈悲ではなかったかもしれない。しかし西欧君主制はもとより、正統教会と結合した帝政ロシアにおいても、社会的責任のこのようなあり方は到底考えられなかったであろう。どちらがましかというのではない。ここに伏在する問題は近代日本の「精神」にも「機構」にもけっして無縁でなく、また例外的でもないというのである。

「正統教会」はロシア正教会のことです。正教会は国教として位置付けられ、王の権威を宗教的に裏付ける役割を担わされていました。皇帝を意味する「ツァーリ」という言葉は語源的には、ラテン語のカエサル（Caesar）にまで遡ります。中世の東ローマ帝国の皇帝は、キリスト教、具体的にはギリシア正教を守る使命を担う者として、正教会から帝位を授けられていました。一四五三年に東ローマ帝国が滅亡して、正教会を守る者がいなくなったので、正教会の信仰を持っていたモスクワの大公が、その役割を買って出て、「ツァーリ」を名乗るようになり、モスクワを第三のローマと位置付けました。それと連動して、ロシアの正教会が、旧東ローマの総主教の管轄から独立したのが、ロシア正教です。ピョートル一世（一六八二−一七二五）の時に、皇帝の下に権力を集中させるため、モスクワ総主教座を空位とした他、教会の免税特権も廃止し、皇帝の任命した官吏と、主教たちから成る聖務会院（シノード）という組織によって正教会を運営する仕組みを作りました。ドストエフスキーの小説にも、正教会の話がよく出てきますね。しかし当然のことながら、皇帝はキリストではないし、教義上特別の存在でもないのだから、信仰の対象ではありません。

過酷な専制支配を行って、農民や労働者の反感を買い、革命運動が拡がる原因を作ってしまったツァーリズムと比べると、日本の国体政治はそれほど過酷とは言えないけれど、国体の神聖さを守るために、個人の限界を超えて、〝責任〟を拡張するという窮極の政教一致政治を展開しました。戦前の日本には、建国以来、国家と宗教が密接に結び付いていたロシアでさえ考えられないような、皇室に対する無制限の〝責任〟概念が通用していたわけです。

次に、三三頁の「『國體』の精神内面への滲透性」というタイトルが付いた節に行きましょう。臣民の内面にまで浸透する「國體」イデオロギーがどのような性質を持っていたかという話です。

「國體」とは何か？Ⅲ──無構造性と曖昧さ

しかもこれほど臣民の無限責任によって支えられた「國體」はイデオロギー的にはあの「固有信仰」以来の無限定的な抱擁性を継承していた。國體を特定の「学説」や「定義」で論理化することは、ただちにそれをイデオロギー的に限定し相対化する意味をもつからして、慎重に避けられた。

興味深い性格付けですね。先ほど見たように、「國體」は臣民に対して、個人の限界を超えた無限責任を要求するという話が出てきましたが、では、その〝國體イデオロギー〟というのはキリスト教やマルクス主義などよりも遙かに厳格な教義を持っていたかというと、そうではない、むしろその逆だというわけです。これまでの「日本の思想」がそうであったように、〝國體イデオロギー〟も無構造で、いろんな内容を詰め込むことができる、というわけです。「日本の思想」全般の無構造性の話が、「國體」論とちゃんと繋がっているわけです。

現代の日本人である私たちは、個人の内面を強く支配するイデオロギーと聞くと、すぐにものすごく厳しい教義を持っているようなイメージを抱きがちですが、丸山は逆に、無構造でいろんな要素を詰め込むことができるからこそ、そういう支配力を発揮できた、と見ているわけです。というか、「國體」が無限の力を発揮できるよう、為政者たちがわざと、「学説」や「定義」によって限定しないようにしていた、と見ているわけです。わざとそうしたのか、成り行きでそうなったのかは、見方が分かれるところだと思いますが、大事なのは、無限責任を生み出す、「國體」自体は無限定のままだった、ということです。信仰の中心点を曖昧にしていた方が、信者の内面を強く支配できるという論点は、国体論に限らず、宗教を理解する上で重要だと思います。オウム真理教事件が起こった時に、教義のいい加減さと、信者の内面への支配のアンバランスが話題になったことがありますが、これは、国体論とも通じる問題なので、もっと本格的に議論されてしかるべきだと思います。

> それは否定面においては――つまりひとたび反國體として断ぜられた内外の敵に対しては――きわめて明確峻烈な権力体として作用するが、積極面は茫洋とした厚い雲層に幾重にもつつまれ、容易にその核心を露わさない。治安維持法の「國體ヲ変革シ」という著名な第一条の規定においてはじめて國體は法律上の用語として登場し、したがって否応なくその「核心」を規定する必要が生じた。

これは分かりやすい理屈だと思います。積極的に「國體」の本質とは何かと言うと茫洋としていて分からないけど、何か反国体的なものが出て来た時には、はっきりした形を取って現われてくる。ナショナリズムとか愛国主義などは、外敵が現われた時にはっきりした形を取るという話はよく聞きますね。「國體」も〝自己〟防衛の時に姿を現わす。それまでは、法的な位置付けさえ曖昧だった「國體」が、治安維持法において防衛すべきものとして規定される。
ご承知のように、治安維持法が施行されたのは大正時代の終わりに近い一九二五年で、普通選挙法とほぼ同時です――第一回普通選挙は、二八年です。大正デモクラシーの盛り上がりで、一般庶民の政治参加の範囲を広げざるを得なかったものの、それに乗じて、国体を転覆しようとするような勢力が大きくなったら、困る。そこで、国体の変革や、私有財産の廃止を掲げることを禁止し（第一〇条）、そういう勢力を取り締まるために、治安維持法を制定したわけです。マルクス主義をはじめとする、露骨な敵対勢力に対抗して、それまで厚い雲に覆われていた「國體」が自らの姿を現わし始めた第一段階が、治安維持法だった。この丸山の理解からすれば、大正デモクラシーが、国体が具体的に実体化するきっかけであったとも言えるでしょう。

過激社会運動取締法案が治安維持法及びその改正を経て、思想犯保護監察法へと「進化」してゆく過程はまさに國體が、「思想」問題にたいして外部的行動の規制――市民的法治国家の法の本質――をこえて、精神的「機軸」としての無制限な内面的同質化の機能を露呈してゆく過程でもあった。それは世界史的にも、国家権力が近代自由主義の前提であった内部と外部、私的自治と国家的機構の二元論をふみこえて、正統的イデオロギーへの「忠誠」を積極的に要請する傾向が露骨になりはじめた時期と一致していた。

反体制運動が勢いを増すにつれて、反体制的な思想を取り締まる法がどんどん厳しくなるというのは、いかにもありそうな話ですが、それを丸山は、挑戦を受けていると感じる「國體」がその姿を次第に具体的に現わし、国民に内面的同質化を強いるようになる過程と見ているわけです。

国民の内面的同質化を図るのは全体主義の特徴です。ナチスやソ連のスターリン主義などの全体主義の本質とその歴史的発展については、ハンナ・アーレントが『全体主義の起源』で詳しく論じています。「内部と外部、私的自治と国家的機構の二元論をふみこえて、正統的イデオロギーへの『忠誠』を積極的に要請する」というのは、西欧的な自由民主主義を〝超克〟しようとした全体主義の共通の特徴だと考えていいでしょう。私的自治と国家的機構の二元論というのは、前回お話しした、「公／私」二分法のことです。「公／私」二分法を解体しようとする思想が登場してくるのは、世界史的趨勢だったわけです――高山や高坂の議論にも一理あったわけです。

「國體」とナチス――世界観vs.抱擁主義

ただ、日本の「國體」思想は、ナチスなどと肝心なところが違います。どう違うかというと、ナチスは独自の世界観を掲げる世界観政党として出発し、支持者を増やしていった。政権を取ってから、自分たちの思う通りの国家を作り上げ、国民全てをその世界観に帰依させるようなプロパガンダ政策を展開した。それに対して、日本の「國體」は、全体主義が台頭するずっと以前に、その形を明確にしないまま、日本の国家体制＝憲法の中心に位置付けられた。国民は、取りあえず「國體」を受け入れるように要請されたものの、万世一系の天皇が統治する国であるということ以外は、曖昧だった。マルクス主義やアナーキズムなど、明確な世界観を持った党派・運動と対峙する中で、「國體」が自己の本質を具体化せざるを得なくなった。イデオロギーの中核に位置する「國體」を肉付けする世界観が後から形成されたことが、日本の特異性だった。そういう、「國體」を中心とする世界観の事後的形成のことを、丸山は「進化」と呼んでいるわけです。

日本の「國體」はもともと徹底的に内なるものでもなければ、徹底的に外面的なものでもなかったので、こうした「世界史的」段階にそのまま適合した。日本の「全体主義」は権力的統合の面ではむしろ「抱擁主義」的で（翼賛体制の過程や経済統制を見よ）、はなはだ非能率であったが、少くもイデオロギー的同質化にはヒットラーを羨望させただけの「素地」を具えていた。ここでも超近代と前近代とは見事に結合したのである。

「徹底的に内なるもの」ではないというのは、国体が完全に宗教ではなかったので、国民に対して、キリスト教などと同じ様に、特定の教義への信仰を要求したわけではない、ということでしょう。先ほどからお話ししているように、「國體」概念の中身は曖昧模糊としていた。「徹底的に外面的なもの」ではないというのは、だからといって、西欧近代との対比で言えば、統治あるいは政治の概念とも言えず、「御真影」の問題がそうであるように、「個人」の限界を超えた、内的コミットメントを要求しているように思えるところもある、ということです。どちらにもとれる非常に曖昧なものだったので、公私二元論を超えようとする全体主義に移行しやすかったわけです。

「抱擁主義」というのが少し分かりにくいですが、これは、ナチスのように党と総統府を中心として一元的な権力機構を作るのではなく、様々な政府機関、政党、運動団体、企業などを、新たな理念や目標を明示しないまま、風呂敷みたいに包み込んでしまうような感じです。例えば、大政翼賛会というのは、既成政党が自主的に解散して、理念を擦り合わせないまま一つの団体に合流しただけのもので、旧党派が内部で主導権争いを続けたようです。今の民主党や自民党もそういうことやっていますね。その傘下に、自主解散した労働組合から作られた大日本産業報国会とか、各種の婦人運動団体が合同した大日本婦人会、青年運動団体である大日本青少年団などが入りました。元老・重臣と政党政治家、内閣と軍、陸軍と海軍、

・「公／私」二元論の克服・解体
・西欧的な自由民主主義の超克

↓

全体主義

「内部と外部、私的自治と国家的機構の二元論をふみこえて、正統的イデオロギーへの『忠誠』を積極的に要請する」

日本：国体イデオロギー

全体主義が台頭するずっと以前に、その形を明確にしないまま、日本の国家体制＝憲法の中心に位置付けられた。万世一系の天皇が統治する国であるということ以外は、曖昧だった。世界観の事後的形成

様々な政府機関、政党、運動団体、企業などを、新たな理念や目標を明示しないまま、風呂敷みたいに包み込んでしまう

近代の個人主義を超克すべく、ある意味、前近代的な集団主義、没個性的な忠誠心の世界に回帰。単純に回帰するのではなく、国家の目的のために臣民たちを総動員するための「素地」を着々と準備

ドイツ：ナチス

独自の世界観を掲げる世界観政党として出発し、支持者を増やしていった。政権を取ってから、自分たちの思う通りの国家を作り上げ、国民全てをその世界観に帰依させるようなプロパガンダ政策

党と総統府を中心とした一元的な権力機構

軍の内部でいろいろ対立があって、うまくまとまっていなかった話は、歴史の本によく出てきますね。そうやって、様々な経緯で生まれてきた、いろいろな組織、団体を寄せ集めて組織化したので、組織として非能率的になってしまったけど、それでも、「國體」への無限の忠誠心をテコにして、臣民たちを帝国の目的実現のために動員することができたわけです。

そういう意味で、国体を中心とする国家体制は「前近代」と「超近代」を包含していた。つまり、近代の個人主義を超克すべく、ある意味、前近代的な集団主義、没個性的な忠誠心の世界に回帰するわけですが、単純に回帰するのではなく、国家の目的のために臣民たちを総動員するための「素地」を着々と準備していたわけです。その意味で、単なる先祖返りではない。前回は思想における「前近代」と「超近代」の話が出てきましたが、ここではそれが、「國體」という形で実体化しているわけです。「國體」を中心とする翼賛体制は、ナチス・ドイツのような党組織中心の体制と比べて、一見不便だけど、内面における皇室への忠誠心を、政治的動員のために活用できるところが強みです。

カール・シュミットと丸山――規範と権威、そして決断

三五頁の注の部分で、「國體」をもう少し理論的に突っ込んだ形で、性格付けすることが試みられています。

権威と規範、主体的決断と非人格的「伝統」の拘束が未分化に結合し、二者択一を問われないところにまさに「家」・同族団あるいは「郷党社会」(伊藤博文)とリンクした天皇制イデオロギーの「包容性」と「無限定性」の秘密があった。幾重もの皮膜をひきむいて最後の核を定義しなければならなかったのは天皇制の悲劇であるが、この窮地をきりぬけると、つい昨日まで「独伊も学んで未だ足らざ

る」真の全体国家と喧伝されたのに、いまや忽ち五カ条の御誓文から八百万神の神集いの「伝統」まで「思い出」されて、日本の國體は本来、民主主義であり、八紘為宇の皇道とは本来universal brotherhoodを意味する（極東軍事裁判における鵜沢博士の説明）ものと急転した。

「権威」と「規範」という対比は、やや唐突な感じがしますが、これは、ドイツの法哲学者カール・シュミット（一八八八―一九八五）の発想から来ているのでしょう。シュミットはナチス政権時代のベルリン大学の国法学の教授で、ナチスを正当化するようなことをやっていたので、戦後評判が悪くなりましたが、彼の法理論は近代の法治国家や自由民主主義の弱点を鋭く突いているので、リベラルや革命的左派の立場の人たちもしばしば引用します。丸山も「超国家主義」論文などで、シュミットの議論をしばしば参照しています。

「規範と権威」というのは、法秩序をどう理解するか、という問題です。「規範」というのは、正義とか公正とか信義とかいった、（アプリオリに妥当する）規範を中心に法秩序が形成される、という考え方です。規範を守るために、秩序が形成される、という見方だと言ってもよい。それに対して、「権威」というのは、何らかの抗いがたい宗教的あるいは政治的「権威」を持った人格の主体的決断によって、法秩序が創出されるという考え方です。その意味で、権威と決断は不可分に結び付いています。

シュミットの思想は、「決断主義」思考にあるとされています。ワイマール期の彼の代表的著作の一つ『政治神学』（一九二二）の冒頭で、「主権者とは、例外状況について決定を下す者である」、と言っています。それまで妥当していた規範が通用しなくなる、「例外状態＝非常事態 Ausnahmezustand」、言わば、規範ゼロの状態にあって、自らの決断によって新たな法秩序を生み出すわけです。「超国家主義」論文で丸山は、シュミットの議論を念頭に置きながら、次のような言い方をしています。

「真理ではなくして権威が法を作る」というホッブスの命題に於ける権威とはその中に一切の規範的価値を内包せざる純粋の現実的決断である。主権者の決断によってはじめて是非善悪が定まるのであって、主権者が前以て存在している真理乃至正義を実現するのではないというのがレヴァイアサンの国家なのである。

（『増補版　現代政治の思想と行動』、一七頁）

本当の意味での、主権者による「主体的決断」は、自らの意志以外のいかなるものにも——他人の意志にも、規範にも、真理にも——拘束されることなく、いわば「無」から決断することができる点にあるわけです。シュミット自身の立場が本当に「無からの決断」なのかについては、研究者の間でも意見が分かれるところで、専門的な研究者の間では、無からの決断というより、その国や民族がそれまで生きてきた「具体的秩序」に対応する決断だという見方が有力であるような気がしますが、ここでの本題ではないので、立ち入らないことにします。『日本の思想』のこの箇所での議論でポイントになるのは、そういうホッブズ－シュミット的な意味での「主体的決断」と、「非人格的『伝統』の拘束」が結び付いているということです。「非人格的『伝統』」というのも分かりにくいですが、「超国家主義」論文では、日本の天皇は、無から決断したのではなく、皇祖皇宗の遺訓に基づいて統治するよう、神話的伝統によって拘束されていた、と論じられているので、そのことを指していると思っていいでしょう。ご先祖の遺訓に従うことを、「非人格的」と言うのは、日本語の語感からすると少し違和感がありますが、この場合は、非個人的で、必ずしも歴代の天皇の内の誰か一人の意志に基づくわけではない、というような意味で理解すればいいでしょう。

天皇は、皇室の伝統の中にあり、その伝統の価値を継承・具現しているからこそ、権威があるわけです。無から決断する権能を持っているのが真の主権者だとすれば、天皇は、決してそうではない。臣民との関係だけで考えれば、臣民との契約関係（社会契約）に縛られないどころか、絶対的な忠誠を受けている天皇は、絶対主権者に見えますが、皇祖皇宗の伝統との関係では、その遺訓に背くことのできない受動的な存在です。

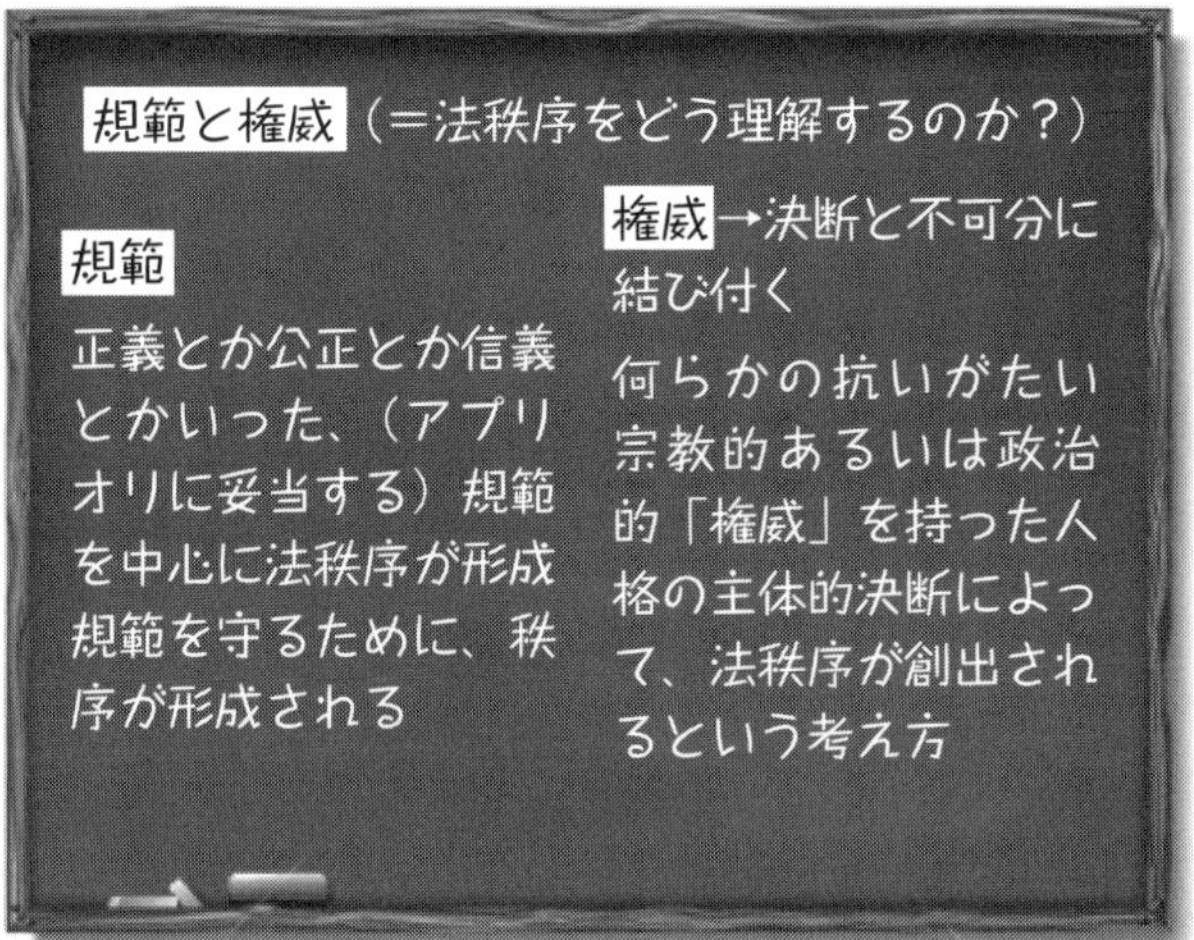
規範と権威（＝法秩序をどう理解するのか？）
規範
正義とか公正とか信義とかいった、（アプリオリに妥当する）規範を中心に法秩序が形成
規範を守るために、秩序が形成される
権威→決断と不可分に結び付く
何らかの抗いがたい宗教的あるいは政治的「権威」を持った人格の主体的決断によって、法秩序が創出されるという考え方

だから、天皇が遺訓から外れないように、側近である元老・重臣、内閣、軍が補佐するし、国体信奉者の中から、現状を憂えて、「今上天皇が遺訓に従っておられないのであれば、退位して頂いて……」、と考える人も出てくるわけです。こうした意味で、天皇は、全ての規範を自らの意志で作り出せる絶対君主や、ヒトラーに比べて立場が弱く、「國體」とか、皇統の伝統という曖昧なものに縛られているわけですが、だからこそ、臣民から無限の忠誠を引き出せる、神秘的な権威の〝源泉〟になれるのです。

皇統の中での天皇の位置付けを、各地域に残っている、「家」・同族団や「郷党社会」とリンクさせたものが、伊藤が構想した天皇制を核とする国体です。全ての日本人の家長であり、伝統を背負っている天皇による支配と、各家や地域の伝統を背負っている家長や地域の顔役たち

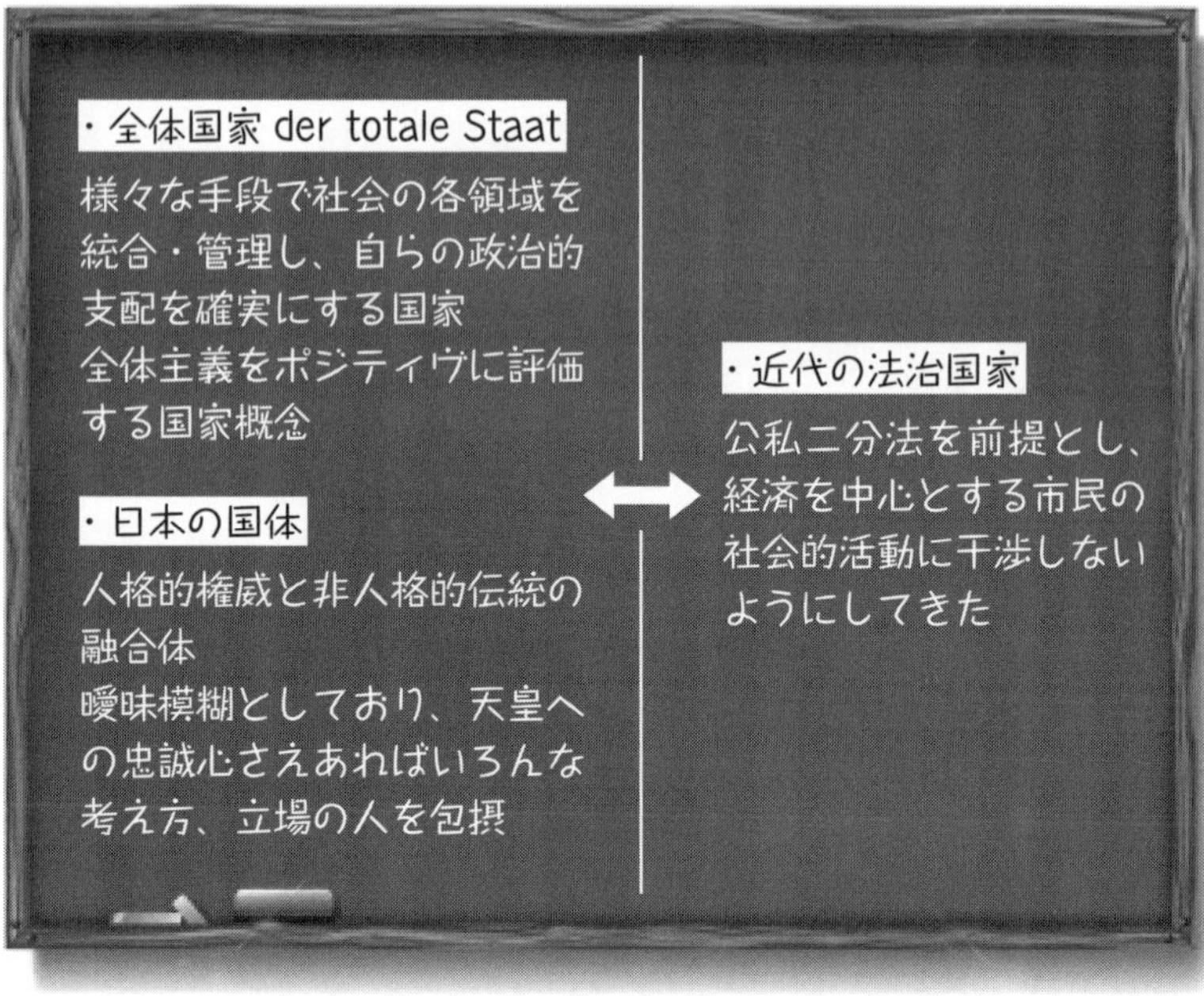
・全体国家 der totale Staat
様々な手段で社会の各領域を統合・管理し、自らの政治的支配を確実にする国家
全体主義をポジティヴに評価する国家概念
・日本の国体
人格的権威と非人格的伝統の融合体
曖昧模糊としており、天皇への忠誠心さえあればいろんな考え方、立場の人を包摂
・近代の法治国家
公私二分法を前提とし、経済を中心とする市民の社会的活動に干渉しないようにしてきた

の支配を、神話や教育勅語などによって結び付け安定化させるわけです。上から下まで、権威——伝統の中の位置付けから見て、えらい人——による決断によって全てが決まっているように見えて、その権威者が、どういう構造になっているのかよく分からない伝統に縛られている、という不思議な体制が出来上がった、ということです。

「全体国家 der totale Staat」というのは、シュミットの用語で、公私二分法を前提とし、経済を中心とする市民の社会的活動に干渉しないようにしてきた近代の法治国家と違って、様々な手段で社会の各領域を統合・管理し、自らの政治的支配を確実にする国家ということです。簡単に言えば、全体主義をポジティヴに評価する国家概念です。ドイツやイタリアは統一的な支配機構を作り出すことで、それを実現しようとしたけれど、日本は、人格的権威と非人格的伝統の融合体である「國體」観念のおかげで、ちゃんとした組織がなく、理念的にも固まっていないにもかかわらず、それを効果的に実現した。

極東軍事裁判で、日本の国体は民主主義であるというかなり牽強付会な議論をした鵜沢博士というのは、軍事裁判で弁護団の団長を務めた鵜沢總明（一八七二―一九五五）のことです。曖昧模糊としており、天皇への忠誠心さえあればいろんな考え方、立場の人を包摂できるので、民主主義であると言えなくもないわけです。元々日本人でなかった人も、天皇への忠誠心を示せば、臣民として認められたので、まるっきりでたらめでもない。

フーコーと丸山――制度と精神と統治心性

> しかしながら天皇制が近代日本の思想的「機軸」として負った役割は単にいわゆる國體観念の教化と滲透という面に尽されるのではない。それは政治構造としても、また経済・交通・教育・文化を包含する社会体制としても、機構的側面を欠くことはできない。そうして近代化が著しく目立つのは当然にこの側面である。（…）むしろ問題はどこまでも制度における精神、制度をつくる精神が、制度の具体的な作用し方とどのように内面的に結びつき、それが制度自体と制度にたいする人々の考え方をどのように規定しているか、という、いわば日本国家の認識論的構造にある。そういう観点に立てば、前節にのべた、思想における「伝統」と「欧化」で触れた問題も、天皇制国家のダイナミズムとあらためて関連させて考察することが必要になってくる。

ここは比較的分かりやすいですね。「國體」が融通無碍だという言い方をすると、観念的なもののように聞こえますが、そうではなくて、その観念に対応するように「経済・交通・教育・文化」の各領域における「制度」も徐々に形成されていった。「國體」観念をはっきりと教義化しないので、制度との対応関係も最初のうちははっきりと分かりにくかったけど、国体明徴運動から国家総動員体制に向かう時期にはっきりしてきて、目に見える効果をあげるようになった、ということですね。

今読み上げたところの後半部で、「制度」それ自体だけでなく、それを作る「精神」、あるいはその中で作用する「精神」との相関関係を指摘している点は、現代思想的にも重要です。後期のフーコー（一九二六–八四）に、「統治性 gouvernementalité」という概念があります。統治のための機構や制度が、人々に具体的行動を取るよう指示したり、禁止したりするだけでなく、そうした操作を通して、人々の振る舞い方、考え方を規定し、それを当たり前のことにしていく作用を意味します。人々が制度によって規定された振る舞い方を身に付けると、今度はそれが新たな制度形成へとフィードバックしていくわけです。〈-mentalité〉の部分が、精神性あるいは心性を意味する〈mentalité〉にかけているようにも見えるので、「統治心性」と訳すこともあります――フーコーの専門家の中には、フーコーがそういう言葉遊びをしていることを否定する人が多いようですが、専門的なフーコー解釈を離れた、思想史の用語としては「統治心性」と理解する方が、分かりやすいですね。

丸山もそれと同じ様に、制度と精神（心性）の相互作用・規定という視点から、天皇制国家を理解しようとしているわけです。「認識論的構造」というのは、人々が、「國體」の諸「制度」を自らの日々の活動の中で実践的に認識し、その認識を反映する形で「國體」が具体化していくというような意味合いでしょう。天皇制国家は、最初に与えられた理念通りに一気に現実化したのではなく、制度と精神の弁証法的相互作用を通してダイナミックに発展したわけです。

フーコーが分析しているように、西欧の近代国家も実は、抽象的な法・政治「制度」に見えるものを通して、統治しやすいメンタリティ、思考様式を創出してきたのかもしれません。しかし、それは表に出してはいけない。統治機構は、中立性、精神的生活への不介入の原則を装わねばならない。そうでないと、市民たちが露骨に反発し、体制が不安定化する。しかし日本は、近代化のプロセスの最初から、「國體」を中心に統治心性的なものを作り始めた。そのプロセスの〝成果〟が三〇年代にはっきりした形で現われてきた。まさに、西欧諸国が本音では求めていた「超近代」と、建前としては否定せざるを得なかった「前近代」の結合ですね。

「天皇制における無責任の体系」

次の節のタイトルは、「天皇制における無責任の体系」ですね。恐らくこの本全体で最も有名な箇所です。最初に「近世の認識論の構造と近代国家の政治構造との密接な関連」が、E・カッシーラーやC・シュミットによって思想史的に解明されたとありますが、シュミットの方は先ほど出てきたカール・シュミットです。カッシーラー（一八七四－一九四五）は新カント派の哲学者で、人間の精神活動における言語や記号、神話などの象徴的なものの役割を論じた『シンボル形式の哲学』（一九二三－二九）で有名です。最初に、その密接な関連の分かりやすい例があげられています。

たとえばヨーロッパにおいて大陸の合理主義が絶対君主による政治的集中（官僚制の形成）を前提とした法治国家（Rechtsstaat）の形成と相即しているとすれば、イギリスの経験論には地方自治の基盤の上に自主的集団の論理として培養された「法の支配」（rule of law）の伝統が照応している。

ドイツ的な「法治国家」と、イギリス的な「法の支配」が、それぞれ大陸合理論と、イギリス経験論に対応しているというわけですね。合理論、経験論は高校の倫理の教科書にも出てくるのでご存知だと思いますが、「法治国家」と「法の支配」の違いは、あまりなじみがないかもしれません。これについては次回お話しします。その少し後で、伊藤博文と森有礼との間の憲法と人権の関係をめぐる論争が紹介されています。これも、日本の「國體」、憲法体制の特殊性を理解するうえで興味深い論点ですね。

■質疑応答

Q 国体や天皇についてのお話でしたが、藤田省三さん（一九二七－二〇〇三）も、丸山さんと同じように「天皇制」について考えておられました。先生は、丸山と藤田さんの、その国体論の違いについて、どうお考えでしょうか？

A 二人とも、「天皇制」とそれを支えた「國體」観念を擁護する立場の人ではなく、批判的に検討した政治思想家で、しかも師弟関係にあるわけですから、基本的に同じだと見ていいんではないですか。中央の官僚制と、地方の祭祀共同体を結ぶような形で、天皇制の支配が機能した、という丸山の視角を、史料によって実証し、体系的・具体的に描き出したのが藤田だ、というのが普通の理解だと思います。

強いて違いらしきことを言うと、丸山が、幕末から昭和前期までの思想家、政治家たちの「國體」論を思想史的に整理するだけではなく、「國體」というマジック・ワードが日本の精神史の中で演じた独特の役割を哲学的に分析し、ポストモダン的な「究極の決定主体」の不在をめぐる問題に繋がるような興味深い議論を展開します。それに対して、藤田は、主著である『天皇制国家の支配原理』（一九六六、七三、九六）を見る限り、「國體」という抽象的な概念にはそれほど重きを置いてないように見えます。むしろ、「絶対主義的政治国家」の建設のための戦略としての天皇制の二元性を制度論的に解明しようとしています。手堅いので、歴史学をやっている人には好まれそうですが、その分だけ哲学的な「遊び」にかけていると思います。

Q 現代思想の勉強で参考にするには、藤田より丸山を読んだ方がいいということですか？

A　どういうレベルでの「参考」かによると思います。藤田には、ベンヤミン（一八九二―一九四〇）の『写真小史』（一九三一）を批判的に検証したうえで、独自の写真論を展開した『「写真と社会」小史』（一九八三）という著作もありますし、『全体主義の時代経験』（一九九五）で、アーレントの全体主義論に、自前のそれを対置したりしているので、そういうのを読むと、現代思想の勉強にもなります。堅いイメージのわりに、サービス心がある人だという印象を受けます。後期デリダの「決断」論とか「法」論など、ポストモダン系の政治哲学に関する論文を書いている人にとっては、地味な思想史のテーマを、政治哲学の原理的問題へと巧みに繋げていく丸山の書き方が参考になると思います。地味に見えて、要所要所で意外な飛躍を見せているところがいい。

［講義］

第3回　フィクションとしての制度——「法」や「社会契約」を、ベタに受けとらない

明治憲法において「殆ど他の諸国の憲法には類例を見ない」大権中心主義（美濃部達吉の言葉）や皇室自律主義をとりながら、というよりも、まさにそれ故に、元老・重臣など超憲法的存在の媒介によらないでは国家意思が一元化されないような体制がつくられたことも、決断主体（責任の帰属）を明確化することを避け、「もちつもたれつ」の曖昧な行為連関（神輿担ぎに象徴される！）を好む行動様式が冥々に作用している。「輔弼」とはつまるところ、統治の唯一の正統性の源泉である天皇の意思を推しはかると同時に天皇への助言を通じてその意思に具体的内容を与えることにほかならない。さきにのべた無限責任のきびしい倫理は、このメカニズムにおいては巨大な無責任への転落の可能性をつねに内包している。

（丸山眞男『日本の思想』より）

京大入試カンニング問題で考える日本の「責任」

前回読んだ『『國體』における臣民の無限責任』という節で、エミール・レーデラーが、当時の日本社会において個人責任の原理が確立されておらず、責任の範囲がどこまでも無限に拡がっていきそうに見えることに驚いたという話が出てきました。近代市民社会における責任は、個人の権利・義務、能力と結び付いています。責任が問われるのは、その人が、少なくとも当該の負の出来事を阻止すべき立場にあり、かつ、それが可能であったはずなのにしなかった場合です。そうした立場や可能性と関係なく、無限に「責任」が拡がっていくのは、レーデラーには理解しがたかったわけです。

最近、私から見てこれと関連しているように思える事件が起こりました。二〇一一年二月末に京大や早稲田で、試験中にインターネットの掲示板「Yahoo! 知恵袋」に入試問題を投稿し答えを求める形でのカンニング事件が起こって、大騒ぎになりましたね。カンニングした受験生は逮捕されましたが、その後、逮捕は行きすぎだとする人たちの間から京大の監督責任を問う声が大きくなっています。カンニングさせてしまった大学の方が悪いというわけです。そのことにかなり違和感を感じています。私は結構長いこと大学に勤めていて、期末試験の監督は当然のこととして、入試の試験監督も何回か担当しているので、どうしても監督をする側に立って、いろいろな事情を考えてしまいます。大学側に絶対カンニングさせないようにする責任があるのかどうかというのは、かなり難しい問題です。私が気になるのは、テレビやネットで「大学の責任放棄だ！」と言っている人たちが、試験会場とその実施体制について現状を無視して、適当なことを言っていることです。試験の実施なんて、そんなに複雑な仕組みではないのですが、それでも分かっていない人が多いような気がします。

一番ヘンだと思うのは、テレビのコメンテーターたちの「何故、試験会場に携帯を持ち込めるのか？禁止しないのがおかしい」、という類のコメントです。携帯電話が世の中に出回り始めた頃から、ほとんどの大学では、「携帯電話を持っている人は電源を切ったうえで、鞄などに入れて荷物置き場に置いて下さい」と注意し、使用を禁じていました。家から持ってくること自体禁じるべきだと言っている人も結構いましたが、私物の携帯を禁じる権限など大学にはありません。相手は、もうじき高校を卒業する年齢以上だし、そもそも自分のところの学生でもありません。仮に家に置いていけという指示を出していいとしても、黙って持ってこられたら防ぎようがありません。実効的に防止しようとしたら、金属探知機を設置するしかありません。それは金と時間がかかりすぎますし、身体検査をやったら人権問題になるでしょう。禁止しないで、妨害電波を出すというアーキテクチャ的手法も考えられますが、これはもっと金と時間がかかるうえ、電波法などの法律に抵触する恐れがあります。これらの方法は、物理的にも法的にも社会道徳的にもハードルが高すぎて、実現困難でしょう。

現実的なのは監督体制を強化することでしょうが、監督員を増やすと、監督を担うためより多くの教員に研究時間を犠牲にさせるか、代わりのアルバイトの学生を増やすしかありません——大学の教員は授業のない時は遊んでいるかのように思い込んでいる人もいますが、まともな教員は、ほぼ毎日何らかの形で研究、教育、あるいは、学内行政の事務仕事に携わっています。

仕方ないので、教員に余分な仕事をさせ、アルバイト費を増やすにしても、完全に監督し切ることは不可能です。試験場は監獄ではないからです。監督員は基本的に、受験生が机の上でやっている動作しかコ

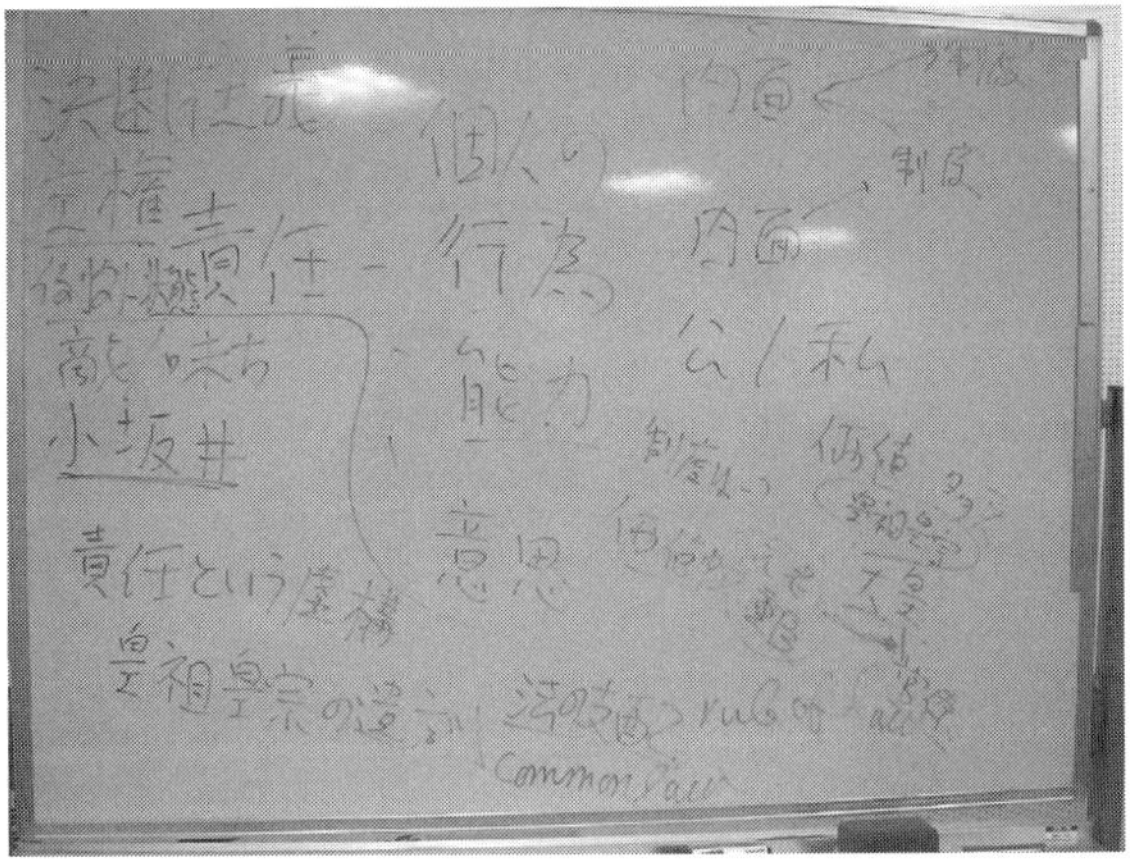

ントロールできません。受験生が机の上で、指示事項に反する妙な動きをした時、注意する責任が監督員にあることは確かです。京大などの監督員が怠慢で、それを見逃していたかどうか分かりませんが、もしそうだとしたら、大学側の責任は大きいでしょう——大学側がドジだからといって、カンニングする受験生自身の責任がなくなるわけではないのは勿論ですが。ただ、監督員がいくら受験生の動作に気を付けても、完全に受験生の動きをコントロールすることはできないと思います。

今回の事件では、股の間に携帯を入れて片手で操作していたと報道されましたが、試験中に片手を机の下とか、ポケットの中に入れている人は結構います。それを禁止して、常に手を机の上に出して、監督員からはっきり見えるようにすべきか？　禁止するとしたら、結構、窮屈な感じの試験場になります。完全に禁止できないとしたら、監督員の印象で長いこと手を引っ込めている人に、手を出すように注意しないといけません。そういう風にすると、今度は受験生から苦情が出て大きくもめるかもしれません。今回の騒ぎの影響で、来年度はそういうことがある程度容認されるかもしれませんが、完全を期そうとすれば、それだけでは不十分でしょう。「袖をまくりなさい」「コートを脱ぎなさい」とまで言わないといけないかもしれない。そんなことしていたら、セクハラが問題になりそうですね。因みに、今回の騒ぎの前から、多くの大学で「コートを着たままでいいのか？」が問題になっています。女の子で、ひざかけを使わせてほしいという子が結構いますが、あれもかなり問題になります。男性の監督員は、「ひざかけを取って、見せなさい」なんて言えません。服装チェックを強化すれば、大混乱必至です。

完璧に防止しようとしたら、政府に必要な立法措置を講じてもらい、大学ごとに金属探知機とか妨害電波などのアーキテクチャを完備したうえで、机を透明なプラスチック製に替え、着てくる服の種類を指定する。袖は、腕がよく見えるところまでまくりあげる。障害などがある学生を除いて、手は絶対に机の表面より上に挙げておく……完全防止をしようとすると、そういうかなり非現実的な話になります。そんなことを無理に実現しようとしたら、莫大な費用がかかり、それが授業料に跳ね返ってきます。

また、京大が警察に相談したのは、教育機関としての責任放棄だと、あまり考えないで非難していた評論家もいましたが、あれも考えていない人のかなり〝無責任〟な発言です。答案をチェックしただけで、誰がやったか分かると思いますか？　分かるはずありません。採点する大学教師は、文章鑑定のエキスパートでも、サイコメトラーでもありません。京大がYahoo! に問い合わせてすぐに、投稿者の情報を開示してくれると思いますか？　今回のケースは、大きな社会問題になったので、警察が問い合わせなくてもいつか開示してくれたかもしれませんが、ぐずぐずしていたら、合格発表の時期に来てしまいます。合格発表を遅らせろ、とまで言う人もいるでしょうが、そんなことしたら、他の受験生の進路にどれだけ迷惑かけるか分かりません。現行のインターネット関係の法律の下では、警察を介して、投稿者を特定しない限り、どうしようもありません。〝批判〟している人たちは、「京大＋警察」を権力の象徴と見て反発しているのでしょうが、その権力が行使されなかったら、どれだけ多くの真面目な受験生に迷惑をかけるか、全く想像できていないとしか思えません。

現状で大学に出来ることといったら、監督員の見回り業務を厳密にすることくらいです。しかし、あまり厳密にしぎると、センター試験の監督マニュアルのような話になってしまいます。センター試験の監督マニュアルは総計で一〇〇頁以上もあり、細かい部分で辻褄の合わないところも出てくるので、監督員が混乱して、かえってミスを犯しがちになります。

あまり状況を把握しないまま、「京大が悪い、カンニングして逮捕された受験生こそ被害者だ！」、などと言っている人は、恐らく「京大は東大に次いで二番目に権威がある大学なんだから、たかがカンニングぐらいどうにかしろよ」、というような感覚なんだと思います。これは、「あんた偉い人だろう。偉いんだったら、責任があるはずだ。どうにかできないんだったら、偉そうにしている資格はない」、という、ヘンな〝庶民感情〟の一種だと思います。マスコミの事件報道でしばしば、事情がよく分からないうちから、取りあえず、関係者の中で〝偉そうに見える人〟の責任を追及し、事件を引き起こした張本人であっても〝気の毒な境遇にありそうな人間〟は、むしろ被害者扱いする傾向がありますね。今回の事件でも、問題の受験生の家庭環境が恵まれていないと分かると、急に、「恵まれない境遇で追いつめられて出来心でやってしまった子を警察に逮捕させる京大って……」、という感じの声が盛り上がりましたね。大金持ちとか国会議員あるいは高級官僚のどら息子が、遊び半分でやっていても、同じような反応だったでしょうか？　具体的な他行為の可能性はあまり関係ない。ああいうのを見ていると、日本社会で「責任」って言われているものって一体何だろう、と考えてしまいます。

現代日本の「無限責任の体系」――スケープゴートのメカニズム

丸山が『日本の思想』で中心的に論じている、天皇を中心とする無限責任の体系は現代日本ではさすがにかなり崩れていると思います。ただ、他行為可能性や職務の管轄範囲を考慮し、個人に責任を帰属させる、という考え方は定着しておらず、当事者の社会的な立場――厳密な意味での立場ではなくて、「偉い」か、「偉くない」かレベルの話です――や、マスコミやネットでの雰囲気によって、〝何となく責任者らしい人あるいは集団〟が名指しされているような気がします。

回り道ついでに、「責任」という概念についてもう少し考えてみましょう。フランスで仕事をしている社会心理学者の小坂井敏晶さん（一九五六－　）が、『責任という虚構』（二〇〇八）という本を出されています。丸山は、日本では西欧世界のように、主体としての個人が自分が意識的に引き起こした事態に対して責任を負うという発想が定着していないように見えることを問題にしていたわけですが、小坂井さんはむしろ、そうした責任概念が生まれてきたのは近代に入ってからであり、前近代では、責任の帰属のさせ方はもっと曖昧で、動物裁判や植物裁判、魔女裁判など、自由意志の存在や因果関係などとは関係なく、〝責任〟を帰属させていたということ、その意味で「責任」は自然なものではなく、虚構性が高いことを例証しています。レーデラーの日本体験のことも——丸山からの孫引きの形で——例として取り上げられています。

小坂井さんの議論を私なりにまとめると、「責任」概念の起源は、ある共同体において、秩序が破られ、メンバーの間に激しい怒りや悲しみの感情が広がった時、その犯罪を象徴する何かあるいは誰かを、スケープゴートとして破壊する儀礼にある、ということです。破壊することで、秩序の存在を再確認する。「責任」は、そのスケープゴートの割り当てにすぎない、というわけです。近代の個人主義的な「責任」概念は、そのスケープゴートを、具体的な行為者に限定するロジックであるけれど、その背後には、象徴的な処罰によって秩序を回復しようとするスケープゴートのメカニズムが働いている。凶悪犯罪が起こった時に、その身内にまで非難が及んだり、飲酒運転などで学校の教員が逮捕された時に、校長が謝罪会見などするのは、その現われだというわけです。小坂井さんの現状認識だと、現代日本では新自由主義の影響で個人の自己決定が称揚されているように見えるけど、それと反比例するように、秩序の回復のためにスケープゴートを求める風潮がかえって強まっているということです。

小坂井さんは、個人主義的な「責任」概念が虚構であるのと同様に、その根拠としての「自由意志」も理論的な虚構ではないか、と示唆しています。これは刑法と法哲学の境界領域でしばしば指摘されたことです。動物のように物理的因果法則によって動く存在ではなく、「自由意志」を持った自己の行動を制御できる「主体」であるからこそ、「責任」を問うことができるというのが、近代法の前提です。心神喪失の人は、自由意志を喪失したまま――ある意味、動物のように――違法行為をしてしまったので、「責任」を問うことができないわけです。しかし、そうは言っても、本当に私たちの内に「自由意志」があるのか、よく考えてみると、疑問です。

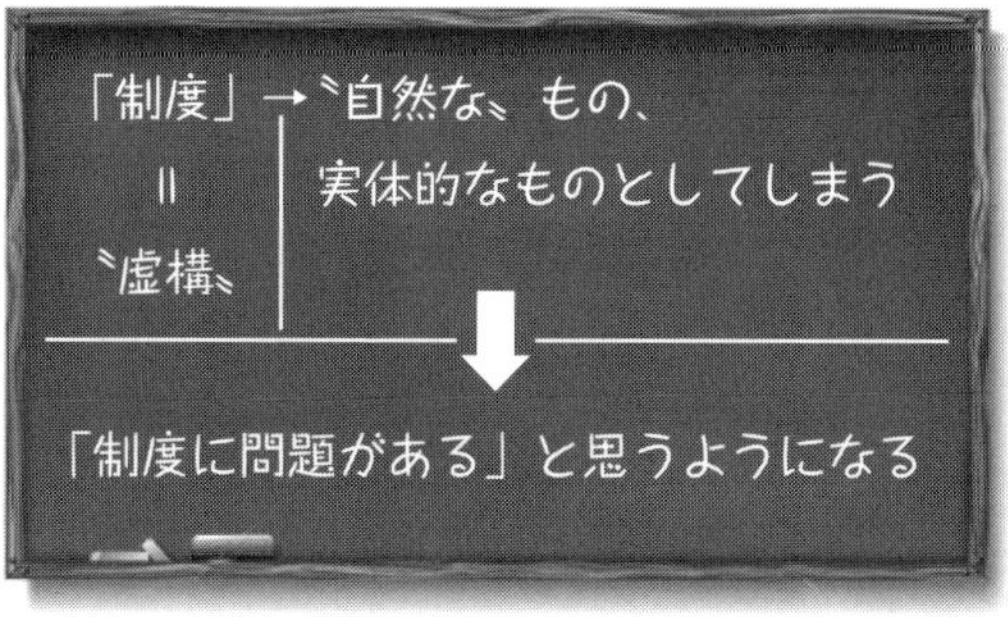

　西欧哲学で、個人の「自由意志」を最も徹底して追求した哲学者は、カントです。カント研究者として有名な中島義道さん（一九四六－　）は、『後悔と自責の哲学』（二〇〇六）で、カントが言っている「自由意志」というのは、実在するものではなく、事が終わった後で、「こういう風にやっていればよかった。実際、そうできたのではないか？　どうしてあいう選択をしてしまったのか？」という後悔の念によって、過去に投影される形で生み出される「虚構」ではないか、と示唆しています。実際には、その瞬間にはいっぱいいっぱいになっていて、理性的に考える余裕もなくそういう行動を取ってしまったかもしれないのに、後から、他行為が可能であったかのように想像してしまう。その「自由意志」の虚構に基づいて、「責任」概念が制度化されるようになった、というわけです。

　そういう風に考えると、丸山は西欧近代が作り出した「虚構」を実体視して、持ちあげすぎているのではないか、という気がしてきますが、四二頁でも述べられているように、丸山は、西欧的な制度を支える諸概念が「虚構（フィクション）」であることを十分に意識しています。それどころか、「虚構」であることをはっきり自覚してはじめて、「制度」をちゃんと運営することができるようになる、ということを示唆しています。「制度」が「現実」に完全には合致しないことを分かったうえで、両者の緊張関係を保持していくことが重要です。むしろ、虚構性を意識しないで、制度的な諸概念を〝自然な〟ものと見做す態度、実体視してしまう態度こそ問題である、というのが丸山の立場です。

いずれにしても、「個人」の「責任」の範囲を厳密に規定しようとする、西欧式の制度的虚構は日本社会にはうまく定着せず、前近代的なものを感じさせる独自の〝責任〟観が作用している、ということですね。これは、丸山だけでなく、いろんな人が指摘している問題です。割と最近の議論としては、柄谷行人（一九四一－　）が『倫理21』（二〇〇〇）で、大事件の犯人の「親の責任」が追及され、しかも、その親が子供を擁護することが許されない空気が生まれることを、日本的な倫理の問題として言及しています。

「法治国家」と「法の支配」

この辺で、『日本の思想』の本文に話を戻しましょう。三三頁からの「『國體』の精神内面への滲透性」という節では、公私二分法の論理に囚われることなく、内と外の双方に影響を及ぼす「國體」の存在によって、全体主義への移行がスムーズにいったということが述べられていますね。「國體」が外的制度であると同時に人々の精神を規定する内面的なものであるため、制度と精神の間で相乗作用が起こり、相互に強化し合った。それは、後期フーコーの言う「統治性」のすぐれた例ではないか、ということを前回お話ししましたね。「統治性」を私なりに簡略化して説明すると、法制度によって特定の行動を禁止するだけでなく、一定の振る舞い方、考え方へと人びとを誘導し、秩序形成に繋げるメカニズムということです。

政府が細かく命令を出さなくても、人びとの考え方、認識の仕方が「國體」志向になり、〝自然〟と「國體」中心の権力構造を支持するような体制が出来上がったわけです。

三七頁からの「天皇制における無責任の体系」という節は、近代哲学の認識論の構造と近代国家の政治構造との間にパラレルな関係があることが、カッシーラーやシュミットの仕事によって明らかになった、という話から始まっていました。

前回お話ししたように、シュミットは、「例外状態についての決断」という視点から「主権」を定義したことで知られており、彼の国家論は丸山もしばしば参照しています。「例外状態」を意味する〈Ausnahmezustand〉は、「非常事態」とも訳せます。シュミットが活躍したワイマール期のドイツの憲法には、「非常事態」が起こった時に、大統領が基本的人権の一部を停止するなど大権を行使できることが規定されています。ワイマール憲法は、世界で初めて社会権という考え方を取り入れ、極めて民主的な憲法だったとされていますが、現実の政治においては、小党が乱立して政権がしょっちゅう交替して政策が定まらず、中央政府と州政府が対立したり、極右や極左による武装蜂起が起こるなど、不安定な状態が続きました。シュミットは、大統領には、国家が非常事態にあることを認定したうえで、大権を行使して、憲法秩序を維持する責任があるという立場を取りました。そうした「非常事態＝例外状態」においてこそ、国家の主権の本質が現われると考えたわけです。

シュミットは、『政治神学』などの著作で、国家を構成する原理と、その国家を構成する人びとが抱いている形而上学的世界観が対応していると論じています。その例として、大陸とイギリスの対比が出ていたわけですね。前回の最後に読み上げたところをもう一度見ておきましょう。

たとえばヨーロッパにおいて大陸の合理主義が絶対君主による政治的集中（官僚制の形成）を前提と

した法治国家（Rechtsstaat）の形成と相即しているとすれば、イギリスの経験論には地方自治の基盤の上に自主的集団の論理として培養された「法の支配」（rule of law）の伝統が照応している。

「法治国家」と「法の支配」は何となく同じことのように思われがちですし、実際、法学系のテクストでもほぼ同義に扱われることが少なくないわけですが、法思想史的には、異なる系譜に属するものとされています。「法治国家」の方は、括弧内にドイツ語表記があることからも分かるように、ドイツ系です。一九世紀初頭にドイツ諸邦で、「警察国家 Polizeistaat」の対概念として生まれてきた概念です。「警察国家」というのは、官僚を中心に運営される国家の権力機構が、秩序維持の名目の下に、市民の思想・信条の自由や政治活動に恣意的に干渉し、制約することが当然視されている国家ということです。「法治国家」においては、国家の権力行使は全て、「憲法 Verfassung」及び、「憲法」に適合するように制定された「法律 Gesetze」によって拘束されます。国家権力によって侵害を受けたと思う市民は、法による保護を求めて、裁判所に訴えることができます。『人倫の形而上学』（一七九七）などで展開されたカントの法論がその原型になったとされています。

「法治国家」は必ずしも、人民主権あるいは議会主権を前提にしていません。「憲法」や「法律」に基づいて、主権者である君主が権力行使すれば、「法治国家」ではあるわけです。一九世紀初頭のドイツは、いくつもの領邦国家に分裂していたので、統一的な法体系はなく、ほとんどの国は君主国で、人民主権の自由民主主義国家と言うには程遠い状態にありました。市民社会も、英国やフランスほど発達していませんでした。プロイセンをはじめとする有力国家では、大学で法律を勉強した官僚たちが近代化において中心的な役割を果たしたので、「法治国家」は事実上、官僚を中心とする合法的な国家運営を意味していたわけです。プロイセンで憲法が制定されたのは一九世紀半ばのことですが、それは当然、元首としての国

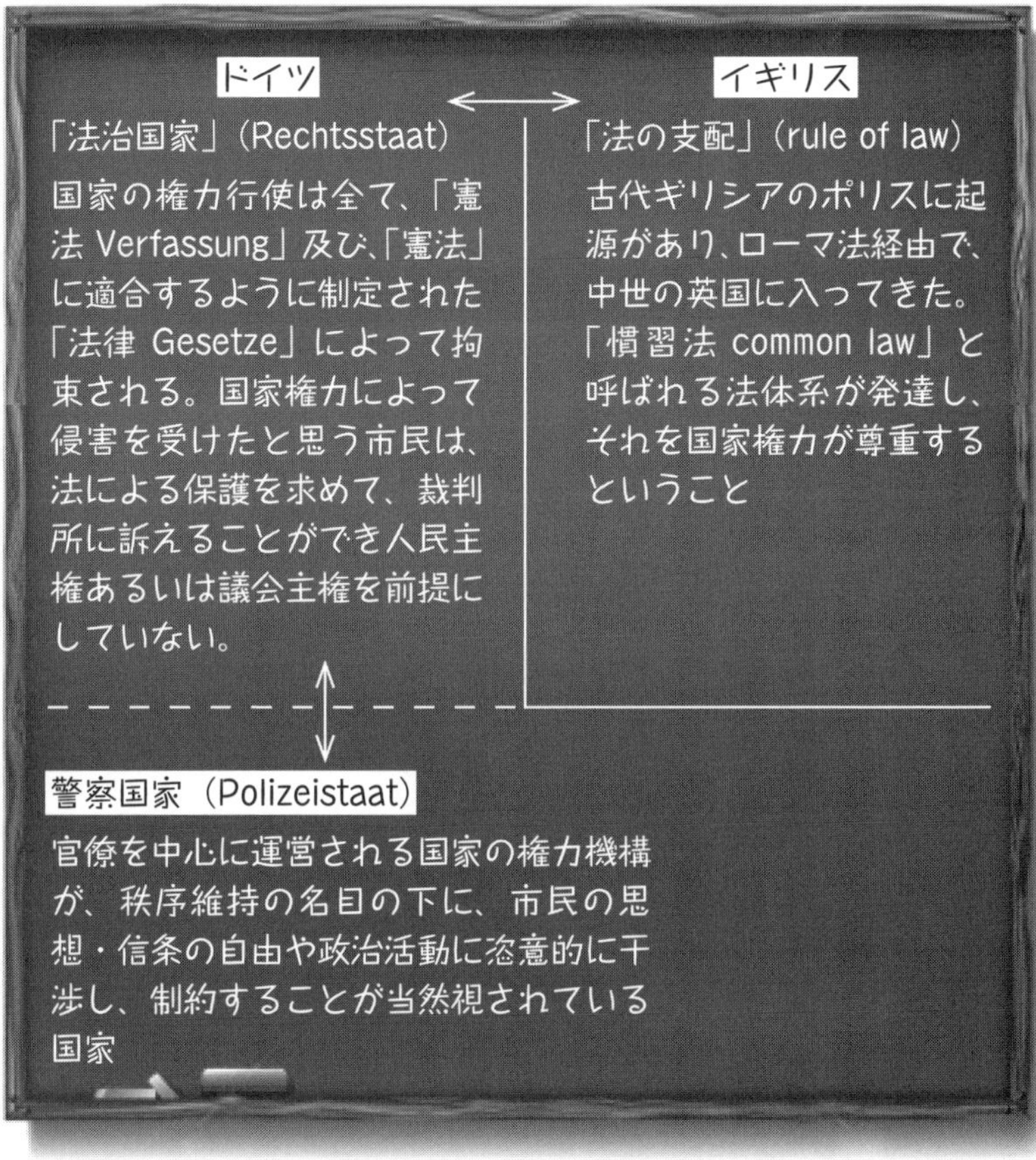
ドイツ
イギリス
「法治国家」（Rechtsstaat）
国家の権力行使は全て、「憲法 Verfassung」及び、「憲法」に適合するように制定された「法律 Gesetze」によって拘束される。国家権力によって侵害を受けたと思う市民は、法による保護を求めて、裁判所に訴えることができ人民主権あるいは議会主権を前提にしていない。
「法の支配」（rule of law）
古代ギリシアのポリスに起源があり、ローマ法経由で、中世の英国に入ってきた。「慣習法 common law」と呼ばれる法体系が発達し、それを国家権力が尊重するということ
警察国家（Polizeistaat）
官僚を中心に運営される国家の権力機構が、秩序維持の名目の下に、市民の思想・信条の自由や政治活動に恣意的に干渉し、制約することが当然視されている国家

王に大きな権力を付与する内容になっていました。王に大きな権力を与えることは、事実上、王を支える官僚たちに広範な権限を与えることを意味します。一九世紀後半、官僚主導の上からの近代化が進められ、中央集権的な君主国家が出来上がったことを、丸山は、演繹思考の大陸合理論に関係付けて理解しているわけです。

これに対して、「法の支配」は、括弧内で英語表記されていることからも分かるように英国系の概念です。古代ギリシアのポリスに起源があり、ローマ法経由で、中世の英国に入ってきたとされています。一七世紀の初頭、ジェームズ一世（一五六六－一六二五）の時代頃から、現在の〈rule of law〉という表現が使われるようになり、一九世紀に、公法学者のA・V・ダイシー（一八三五－一九二二）によって厳密に概念化されたとされています。元々、王の権力を「法」によって制約するところに重点があったので、「法治国家」とあまり違わないとも言えるのですが、英国の方は一二世紀のマグナ・カルタ（大憲章）以来、権利請願、権利章典、人身保護法など、公権力の恣意的行使を制約する様々な「法」が制定されていき、一九世紀には、「憲法 constitution」――ご存知だと思いますが、英国にはまとまった憲法典はないけど、大憲章や権利章典など、国家体制や市民の権利に関わる基本的な法の総体が「憲法」を構成する、とされています――がかなり整備されていました。国王は実際の政治にはあまり口を出さず、議会によって選出される内閣が政治の執行を担当する議院内閣制になっていましたし、その議会の立法には、「憲法」による制約がかかっていて、人民の権利を侵害するような法律は制定されにくくなっていました。また、社会・経済の近代化が民間主導で既にかなり進んでいたこともあって、官僚制はドイツほど発達していませんでした。

更に言えば、英国では、各地の裁判所での判例の積み重ねに基づいて次第に体系化された、「慣習法 common law」と呼ばれる法体系が発達し、それを国家権力が尊重するということが慣例化していました。

大憲章や権利章典なども、「慣習法」の現われと見ることができます。

言ってみれば、慣習の積み重ねによって出来上がった「法」それ自体が、英国を「統治」していたわけです。英国の植民地であったアメリカも、そうした英国的な「慣習法」や「法の支配」を継承しています。経済学者で社会哲学者のハイエク（一八九九－一九九二）は、「自生的秩序」として進化してきた、英国的な「法の支配」の伝統を極めて高く評価しています。

「慣習法」はそれぞれの地域ごとの慣習に対応しながら発達したものですし、スコットランドや北アイルランドでは、イングランドやウェールズとは異なった法体系が支配しています。英国以上に地方自治の伝統が発達しているアメリカでは、州ごとに刑法や民法など市民社会の基本に関わる法が異なっていて、それに対応して政治体制も異なっているのは有名ですね。丸山は、慣習の積み重ねに基づいて法・政治制度が地域ごとに自生的に形成されていることが、英国経験論に対応していると指摘しているわけです。経験論の哲学者として知られるヒューム（一七一一－七六）は、法哲学者・倫理学者としては、社会契約論を批判し、人びとの習慣的黙諾（convention）を基盤として社会が形成されると主張しましたが、そうした彼のスタンスに、経験論と英国的な「法の支配」の繋がりが象徴的に現われていると見ることもできるでしょう。

この独英の比較を受ける形で、日本における制度と思想の対応関係について次のように述べられています。

「天下は天下の天下なり」——日本では、制度と思想はどう対応するのか？

同じ儒教の自然法思想が中国の場合には規範的・契約的性格が比較的強く現われ、日本ではむしろ権威（恩情）と報恩の契機が表面に出るのも、たんに学者の解釈の差ではなく、封建制あるいは家産官僚制の内面に滲透してその現実的な作用連関を構成している「精神」なのである。

同じ儒教文化の国でも、中国の方が契約・規範という西欧的・水平関係的な側面が強いのに対し、日本の方が御恩と奉公のような封建的な君主と家臣の上下関係がベースになっていて、そうした制度を動かしている「精神」が、「日本思想」と連動しているというわけですね。

「家産官僚制 Patrimonialbüirokratie」というのはマックス・ウェーバー（一八六四－一九二〇）の用語です。ウェーバーが、支配の三類型として「伝統的支配 Traditionelle Herrschaft」「カリスマ的支配 Charismatische Herrschaft」「合法的支配 legale Herrschaft」を提起したことはよく知られていますが、その「伝統的支配」の一種として、「家産制 Patrimonialismus」を挙げています。「家産制」というのは、家父長的な性格の強い支配者、君主が、領土と人民を「家産」、つまり「家」の財産を扱うように、支配するということです。[支配＝家政（Hauswirtschaft）」になるわけです。小さな部族社会では、族長が、大きな家としての共同体の財産を管理するというのは当たり前のような感じですが、個人が自立して経済活動するようになった近代において、君主が国家全体を家産として扱うことには無理がありますね。そこで国王を、家長に見立てて、それを正当化するのが「家産制」です。そうした「家産」的なシステムを運営するために、官僚や軍隊が組織化されていることを、「家産官僚制」と言います。丸山は、幕藩体制のような武家支配の仕組みを、家産官僚制と見たのでしょう。

「天下は天下の天下なり」という幕藩制に内在した「民政」観念が幕末尊攘思想において「天下は一人の天下なり」という一君万民理念に転換したことが、維新の絶対王政的集中の思想的準備となったにもかかわらず、こうして出現した明治絶対主義は、当初から中江兆民によって「多頭一身の怪物」と評されたような多元的政治機構に悩まねばならなかった。これもむろん直接には維新の革命勢力が、激派公卿と西南雄藩出身の「新官僚」との連立のまま、ついに一元的に組織化されなかった社会的事情の継続であるが、そこにも、世界認識を合理的に整序せずに「道」を多元的に併存させる思想的「伝統」との関連を見いだすに難くない。

「天下は天下の天下なり」というのは、ちょっと禅問答めいていますが、古代中国の兵法書である『六韜』から取った徳川家康（一五四三－一六一六）の遺訓、「天下は一人の天下にあらず乃ち天下の天下なり」の後半部です。幕藩体制は実際には、家産官僚制だったけれど、「天下」を将軍や大名の私物とは考えず、天下に生きている全ての民のものだと考えよ、という趣旨の戒めですね。単なる建前のような気もしますが、ポジティヴに解釈すれば、領地・領民を領主個人の私物ではなく、幕府や藩という「大きな家」の公的所有物と捉えようとしていたのかもしれません。

それに対して、吉田松陰（一八三〇－五九）など、幕末の尊王攘夷運動の志士たちは、「天下は一人の天下なり」という「一君万民」を唱えたわけです。君主にだけ本来の権威があり、それ以外の万民は基本的に平等である、という考え方です。その理念を受け継いだ維新政府を、天皇を絶対的君主とし、その下に権限を集中することで、平等な市民たちから成る社会を形成しようとした。

中江兆民

それで本当なら、プロイセンのようなタイプの君主国家が出来上がるはずだったのですが、実際には、「多頭一身」の怪物のように、多元的な権力構造になってしまった。中江兆民（一八四七－一九〇一）は、ルソー（一七一二－七八）

の『社会契約論』（一七六二）を翻訳したので有名な、自由民権運動の理論的指導者です。彼自身の著書としては、民主主義者で平和論者である洋学紳士と帝国主義者の豪傑君、常識的で中道の南海先生の三者が、日本の将来について語り合うという設定の『三酔人経綸問答』（一八八七）が有名ですね。

明治国家が、「多頭一身」になったのは、元々公家、薩摩、長州、土佐などの寄り合い所帯だったということもあるけど、「日本の思想」が布筒のように無構造的にいろんなものを取り込んでしまうところに、その大本の原因があったと丸山は見ているわけです。

「〜を神輿としてかつぐ」という思考

明治憲法において「殆ど他の諸国の憲法には類例を見ない」大権中心主義（美濃部達吉の言葉）や皇室自律主義をとりながら、というよりも、まさにそれ故に、元老・重臣など超憲法的存在の媒介によらないでは国家意思が一元化されないような体制がつくられたことも、決断主体（責任の帰属）を明確化することを避け、「もちつもたれつ」の曖昧な行為連関（神輿担ぎに象徴される！）を好む行動様式が冥々に作用している。「輔弼」とはつまるところ、統治の唯一の正統性の源泉である天皇の意思を推しはかると同時に天皇への助言を通じてその意思に具体的内容を与えることにほかならない。さきにのべた無限責任のきびしい倫理は、このメカニズムにおいては巨大な無責任への転落の可能性をつねに内包している。

ここでの議論は、「超国家主義」論文を敷衍した内容になっています。前回この関連でお話ししたように、天皇は本当の意味での「決断主体」ではなく、皇祖皇宗の遺訓によって統治しなければならないとい

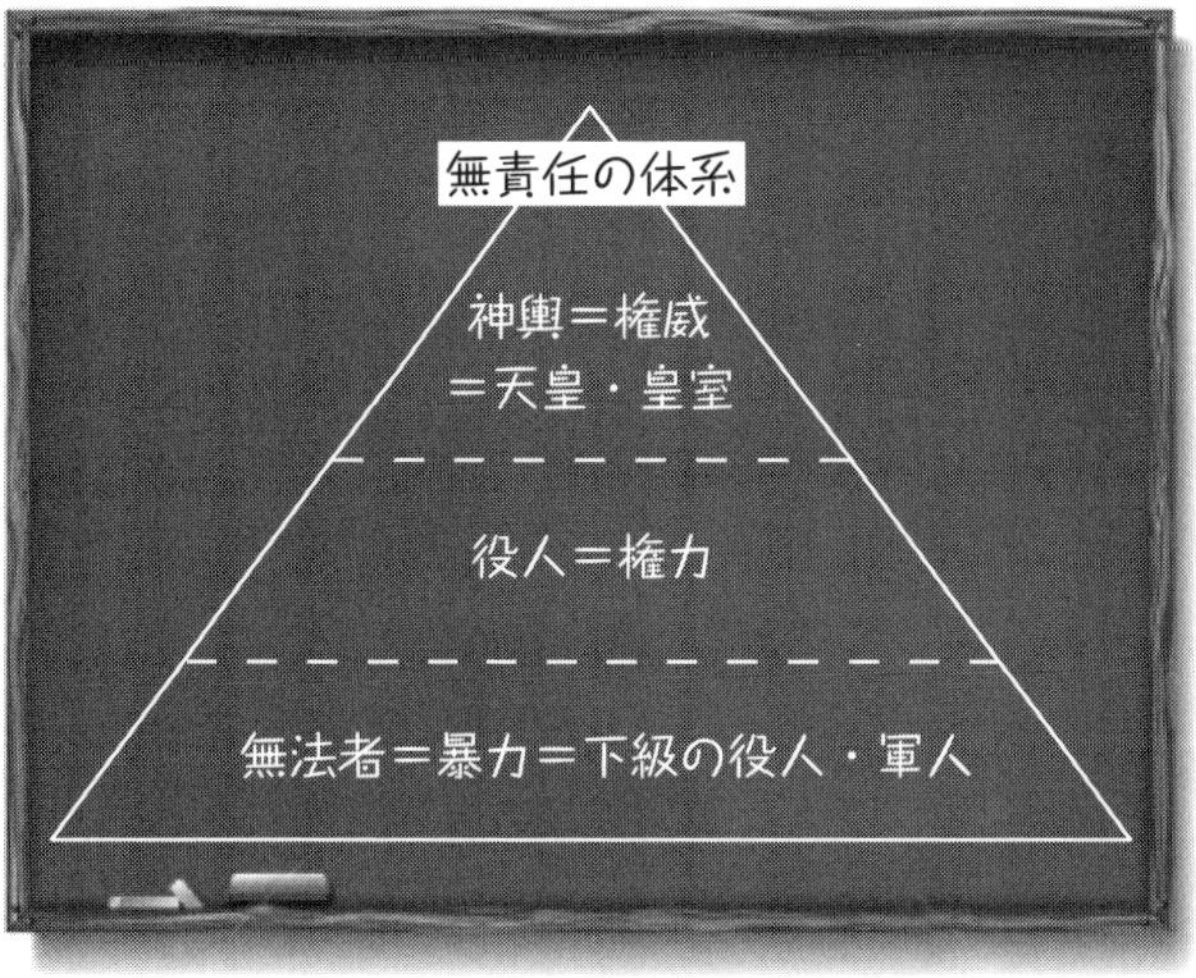

う制約を受けています。元老・重臣や内閣が、天皇が遺訓からズレないように「輔弼」――実際には、路線修正あるいは矯正――するわけです。

元老・重臣に「超」をつけているのは、彼らの役割が憲法自体においては規定されていないけれど、憲法にその役割が定められている内閣や議会、軍などを超えた役割を果たしているからです。彼らが、天皇の下にある「多頭一身」の国家の諸機関や勢力の意向を取りまとめ、天皇との間を仲介しないと、一つの「国家意思」を形成することができない。憲法に書かれていない〝機関〟が、君主である天皇に代わって「国家意思」を表象する役割を果たしていたわけです。非効率的な感じがしますが、その方が実質的な決断主体が誰か分からなくなり、責任の帰属が曖昧になるという点で便利でもあったわけです。

「神輿担ぎ」という比ゆがここで唐突に出てきましたが、これは、『現代政治の思想と行動』に収められている第三論文「軍国支配者の精神形態」（一九四九）の「むすび」の箇所に出てきます。この論文で丸山は、日本のファシズムの指導者たちの精神を、「無責任の体系」という視点から記述することを試みています。その無責任の体系は、神輿＝権威、役人＝権力、無法者＝暴力の三つの層によって構成されている、としています――ドイツ語だと、「権力」も「暴力」も〈Gewalt〉という言葉で表現されます。神輿というのは天皇・皇室のことで、無法者というのは、権力機構の末端で粗野に振る舞う下級の官吏や軍人などのことでしょう。

実際の神輿がそうであるように、権威としての天皇は自分から主体的に動くことができず、操られる存在です。政界用語で「〜を神輿として担ぐ」というのがありますが、神輿にのせられている人は、自分で自由に動けず、担いでいる人に任せるしかありません。勝手に動こうとすると、落ちてしまいます。

では、中間にいる権力者である役人が全て決めているかというとそうではない。暴力的な無法者たちが最初に行動を起こして、それに権力者たちが引きずられ、その行動を事後的に承認することが多い。では、その無法者たちが、帝国日本を動かしている主体かというと、そうでもない。彼らは明確な権力への意志を持っているわけでもなく、彼らはただ無責任に暴れて、周りから喝さいを受けて満足しているだけ。誰が責任主体なのか分かりません。満州事変（一九三一）や国体明徴運動などは、まさに、下の動きに上が引っ張られた感じですし、五・一五事件（一九三二）や二・二六事件（一九三六）では青年将校によるクーデター自体は失敗したけれど、これらの事件を契機に、軍国主義化の動きが加速されたとされていますね。

決断主体でも責任主体でもなく、ただ担がれているだけの天皇は、彼を担いでいる元老や重臣たちによって「輔弼」されている。「輔弼」というのは、厳密に言うと、内閣を構成する国務大臣の役割です。大日本帝国の五五条一項に、「国務各大臣ハ天皇ヲ輔弼シ其ノ責ニ任ス」と規定されています。ここでは、皇祖皇宗の遺訓に基づいて統治している天皇が意志している〝はず〟のことを、天皇自身が口にする前に慮り、それを具体的に表現する行為のことを、「輔弼」と表現しているわけです。本当は、元老・重臣が天皇の代わりに判断しているんだけど、名目上は、神聖な現人神として神輿にのっている天皇の意志を慮っていることになっているわけですね。意志の発信源であるはずの天皇が、自分が〝意志〟することを決められないという奇妙な構造になっている。

「権威」である天皇に対して不敬な事態が生じると、西欧的な意味での「責任」概念の限界を超えて、広範に〝責任〟が追及されるのに、その天皇の〝意志〟は直接的に表明されることがほとんどなく、周りにいる人が勝手に解釈し、伝達している。まるで神のお告げのようになっている。「国家意思」として何事かが決まっても、それが本当に天皇の意志だったのか、権力もしくは暴力機構の一端を担う〝誰か〟がそれをねつ造して、天皇の名による正統性を利用しただけなのか、はっきりしない。近代的な国家であるように見えながら、その中核に、神話的な起源をもつ「國體」があり、神々のお告げのようなものによって動いているわけですから、最終的に曖昧になるのは当然ですね。それが、「無限責任」が「無責任」に転化するということです。

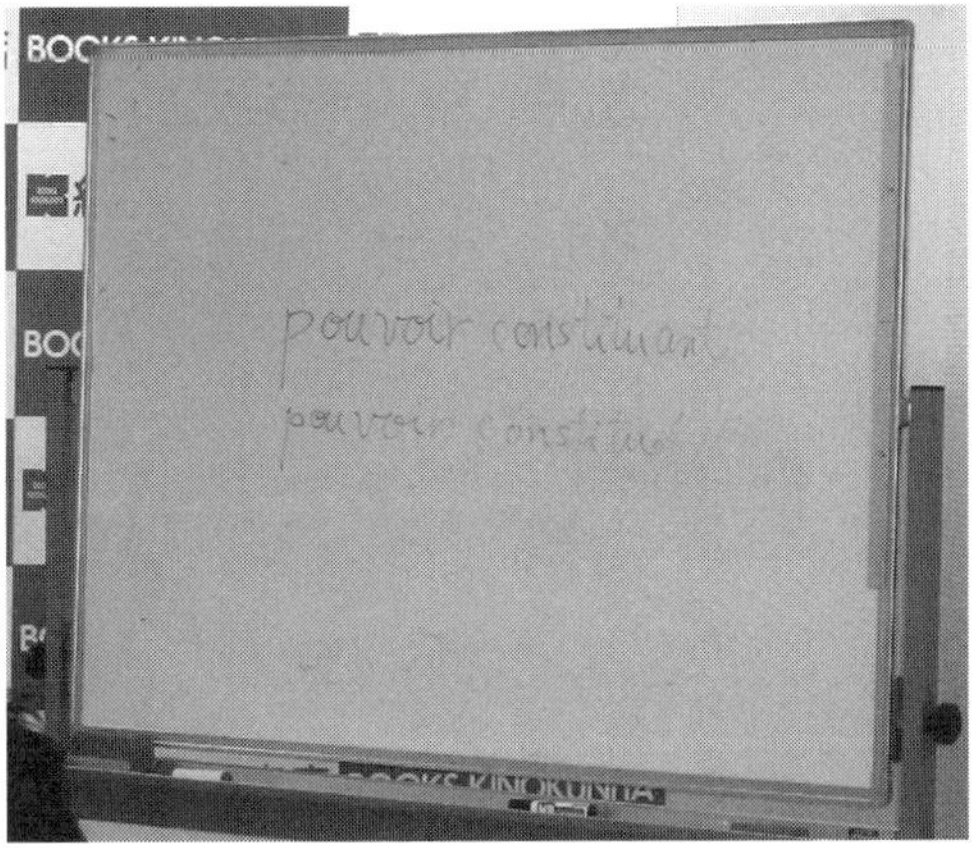

ナチスの場合は、ヒトラーが最終的決断主体であり、ヒトラーから与えられた役割分担によって各部署で命令が出されていた――ドイツ史の専門的研究では、本当にヒトラーに一元的に権力が集中していたと言えるのか議論があるところですが、日本との比較なのであまり細かいことを言わなくてもいいでしょう――わけですが、日本では、誰が決定し、その帰結に対して誰が責任を負うのかよく分からない構造になっていたわけです。

人民主権をめぐる「構成的権力／構成された権力」

三九頁の「明治憲法体制における最終的判定権の問題」というタイトルの見出しのところに行きましょう。

シェイエス

> 政治構造の内部において主体的決断の登場が極力回避される反面、さきの伊藤の言に表われているように、この「一大器械」に外から始動を与える主体を絶対的に明確にし、憲法制定権力についていささかの紛議の余地をなくしたのが、天皇制の製作者たちの苦心の存するところであった。明治憲法が欽定憲法でなければならぬ所以は、けっして単に憲法制定までの手続の問題ではなく、君権を機軸とする全国家機構の活動を今後にわたって規定する不動の建て前であったのである。この「近代」国家において憲法制定権力の所在が誰にあるかという問題は、これ以後もはや学問的にも実際的にも「問われ」る余地がなかった。

「憲法制定権力」というのは、法哲学・憲法学の用語ですが、元々フランス革命の指導者の一人であるシェイエス（一七四八－一八三六）が、『第三身分とは何か』（一七八九）で使った用語です。フランス語で〈pouvoir constituant〉ですが、これは「構成する権力」とも訳せます。政治哲学やポストモダン系の文脈では、英語の〈constituent power〉に合わせて「構成的権力」と訳すことが多いです。語の作りから説明すると、〈constituant〉は「構成する」という意味の〈constituer〉という動詞の現在分詞形です。これを名詞にした〈constitution〉は、「国家の構成」ということで、「憲法」という意味で使われます。従って、〈pouvoir constituant〉は、国家を構成する権力＝憲法制定権力という意味になります。

〈consituer〉の過去分詞形は〈constitué〉ですが、〈constituant〉を〈constitué〉に置き換えて、〈pouvoir constitué〉とすると、「構成された権力」あるいは「憲法によって制定された権力」という意味になります。この〈pouvoir constitué〉も、『第三身分とは何か』で、〈pouvoir constituant〉と対にする形で使われ

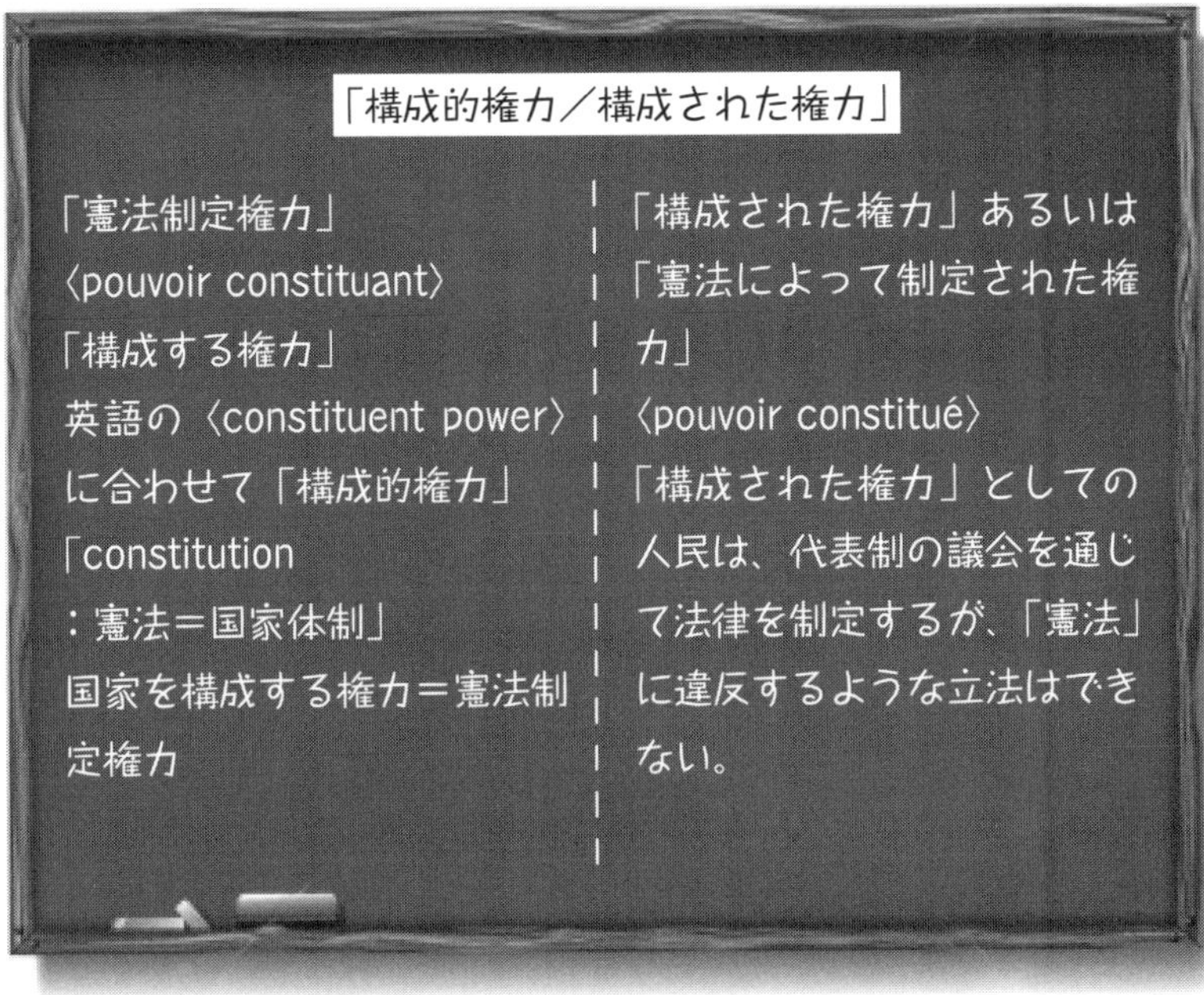
「構成的権力／構成された権力」
「憲法制定権力」
〈pouvoir constituant〉
「構成する権力」
英語の〈constituent power〉
に合わせて「構成的権力」
「constitution
：憲法＝国家体制」
国家を構成する権力＝憲法制定権力
「構成された権力」あるいは
「憲法によって制定された権力」
〈pouvoir constitué〉
「構成された権力」としての人民は、代表制の議会を通じて法律を制定するが、「憲法」に違反するような立法はできない。

ています。（政治的）権力には、「構成する権力／構成される権力」あるいは、「憲法制定権力／憲法によって制定された権力」の二面性があるわけです。

　この哲学的な響きのある言葉遊びは、多くの場合、人民主権の国家における人民の権力の二面性を示すために使われます。主権者である人民は、国家体制を創出し、その表現として憲法を制定する力を持っています。この意味で人民は「構成的権力」で、他のいかなる力にも拘束されません。しかしいったん国家体制が「構成」され、法に基づく統治が行われるようになると、主権者としての人民は、自らの「構成的権力」をいったん封印し、「憲法」によって自らを拘束することになります。それが「構成された権力」です。「構成された権力」としての人民は、代表制の議会を通じて法律を制定しますが、「憲法」に違反するような立法はできません。現行の「憲法」と矛盾するような法律を制定しようとするのであれば、眠らせていた「憲法制定＝構成的権力」を発動させ、新しい国家体制を「構成」しなければなりません。

シュミットは、例外状態や、大統領の非常大権との関連で、「構成的権力」について詳細に検討していますし、アーレントやイタリアのポストモダン系政治哲学者ネグリには、構成的権力論の系譜について論じた『構成的権力 ＝ potere costituente』（一九九二）という著作もあります。彼らが「構成的権力」に関心を持つのは、それが秩序、規範、法を生み出す根源的かつ生産的な暴力性を秘めているからです。

先ほどの丸山の記述だと、明治憲法の場合、制定権力を持っているのは人民ではなくて、天皇であった、ということですね。制定権力者であるということは、憲法を超えた存在であることを意味しているように思えます。この点をめぐって、明治の終わりから昭和初期にかけて論争がありました。美濃部達吉は、国家を一つの法人と見なし、天皇をその機関と見なす「天皇機関説」を主張しました。主権者は、国家それ自体であり、天皇は国家の最高機関として、国家の意思を決定する立場になる、というわけです。それに対して、美濃部と同じ東大の教授だった上杉慎吉（一八七八－一九二九）は、天皇自身が主権者であり、天皇はそうした憲法による制約を超えた存在であるとする天皇主権説を唱えました。一九二〇年代から三〇年代にかけては、天皇機関説の方が国家公認の学説になっていましたが、国体明徴運動の前後から、機関説は不敬であるということで批判を受け、弾圧されるようになり、消滅することになります。

神学論争のような話ですね。これは私のかなり主観的な意見ですが、二つの立場は別に矛盾するわけではなく、少なくとも理論的には両立可能だったのではないか、と思います。人民主権をめぐる「構成的権力／構成された権力」の類推で考えれば、天皇は元々憲法制定権の保持者であるけれど、いったん憲法を制定した後では、その憲法の規定に従って自らの権能を限定し、「憲法によって制定された権力」になる、という風に説明できそうな気がします――天皇主権説の立場の人は、これでは納得しなかったでしょうが。

「臣民」の権利

話を元に戻しましょう。伊藤を議長とする憲法制定会議は、天皇を憲法制定権力の保持者にすることを大前提にしていましたが、そのことと「臣民の権利義務」についての規定をどのように辻褄を合わせるかをめぐって、伊藤や、伊藤の側近で憲法草案を起草した一人である井上毅（一八四四–九五）と、森有礼（一八四七–八九）の間で論争があった、ということですね。

急進的な洋化主義者であり、日本で初めて契約結婚したり、英語の国語化を主張した森には、何となくリベラルなイメージがありますね。森の方が臣民の権利義務を憲法に明記すべきだと強く主張しそうな感じがありますが、そうではなかった。森は臣民の権利義務を明記することに反対します。丸山はその理由に関心を向けます。

第二章の「臣民の権利義務」の項の審議に入ったとき、森が突如原案に重大な異議を挾んだ。それは、権利義務という字を憲法に記載するのは不穏当である、臣民というのは「サブジェクト」であり、したがって臣民は天皇に対しては「分限」と「責任」を有するのみで、権利ではない、故にこれを悉く「臣民ノ分際」と改むべし、というのである。

森有礼

〈subject〉という英語には、「主体」と共に「臣民」という意味もあります。現代思想系の議論でよく出てくる話です。〈subject〉の語源は、「下に投げ出されているもの」という意味のラテン語〈subjectus〉で、そこから「臣民」という意味の方が先に生まれてきて、それが一九世紀以降、「主体」という意味に転じました。

森の理屈ははっきりしていますね。「臣民」は定義からして、天皇に従属している（be subject to 〜）存在である。その「臣民」が、「権利」を持っているというのは、「臣民」の定義に合わないというわけです。西欧近代的な意味での「権利」というのは、その人だけに属するもので、その人の自由にでき、他者からの干渉を排除できる排他的性質を持っているはずです。しかし「臣民」は、主権者である天皇に従属する存在です。たとえ〝権利〟に似たものがあるとしても、主である天皇の意向で、今すぐにでも無条件に取り上げられる可能性がある。それは「権利」とは言えないので、そのような矛盾したことを憲法に書くべきではなく、「臣民」に相応しい表現、例えば、「臣民の分際」というような言い方にすべきである。そういう言い分ですね。

「臣民」を「奴隷」に置き換えて考えてみれば、もっと分かりやすくなると思います。文字通りの意味での「奴隷」がいるとしたら、彼あるいは彼女は、主の完全な所有物なので、その所有物が何かの権利を持つというのは論理的にヘンですね。それは、犬や猫が権利を持っていると言うのと同じことです。ルソーも、『社会契約論』で、奴隷の〝権利〟や契約を結ぶ能力をめぐる問題を論じています。

森の考え方は論理的にはすっきりしていますが、伊藤はそれではダメだと言って、「臣民の権利」を擁護します。

> 伊藤は直ちに森を反駁した、曰く「森氏ノ説ハ憲法学及国法学ニ退去ヲ命シタルノ説ト云フヘシ。抑憲法ヲ創設スルノ精神ハ、第一君権ヲ制限シ、第二臣民ノ権利ヲ保護スルニアリ。故ニ若シ憲法ニ於テ臣民ノ権理《ママ》ヲ列記セス、只責任ノミヲ記載セハ、憲法ヲ設クルノ必要ナシ……臣民ニハ無限ノ責任アリ、君主ニハ無限ノ権力アリ、是レ之ヲ称シテ君主専制国ト云フ。……蓋シ憲法ヨリ権利義務ヲ除クトキニハ、憲法ハ人民ノ保護者タル事能ハサルナリ。」

伊藤が言っていることも、ここに引用されている箇所を見る限り、ちゃんと筋が通っていますね。「憲法」というのは歴史的に見て、君主の権力を制限し、臣民の権利を守るために制定されるようになったわけだから、一番肝心の「臣民の権利」を外してしまったら、憲法を制定する意味がない、ということですね。君主が臣民に対して無限の権力を行使できて、臣民は君主に対して無限に責任を負っているのだったら、近代立憲政治〝以前〟の専制君主制を確認しただけになってしまう。西欧諸国から対等の相手と見なしてもらうべく、進歩の指標である「憲法」を制定しようとしているのに、肝心なところを骨抜きにしたら仕方ない。それが伊藤の立場です。

「人民」とか「国民」と言わないで、あくまでも「臣民（＝天皇の臣下としての民）」と言っているところはひっかかりますが、憲法の目的論としては間違っていなさそうですね。たとえ、主権者として主体的に政治を動かす人民ではなく、「臣民」という不完全な〝主体〟にすぎないとしても、西欧諸国の市民の「権利」に近いものを保障してやるのが、憲法制定の趣旨に即しているのではないか、という考え自体は穏当であるように思えます。それに比べると、森の方が、完全に自立した市民＝主体の権利でないのなら、「権利」とは言えないので、そんな中途半端な規定は要らない、という杓子定規な発想をしている感じですね。オール・オア・ナッシングですね。

まことに堂々として「進歩主義者」伊藤の面目を現わしているように見える。それにしては、かつて公議所に廃刀令を提案して以来、政府部内随一の開明派として知られた森は何とここでは「反動的」になっているのだろう。

「進歩主義者」と「反動的」がそれぞれカギ括弧付きになっているのは、当然丸山がベタにそう思っているからではなく、両者についての一般的に流布しているイメージと違っているという意外感を強調するためです。案の定、丸山はこのすぐ後に、森の言い分を詳しく参照し、両者のイメージを再逆転させます。

しかし森には森の考えがあった。彼はこたえる――「臣民ノ財産及言論ノ自由等ハ人民ノ天然所持スル所ノモノニシテ、法律ノ範囲ニ於テ之ヲ保護シ、又之ヲ制限スル所ノモノタリ。故ニ憲法ニ於テ此等ノ権理《ママ》始テ生シタルモノヽ如ク唱フルコトハ不可ナルカ如シ。……又臣民カ天然受クヘキ所ノ権理ヲ無法ニ取扱ヒ、徒ラニ王権ヲ主唱シテ民権ヲ保護セサルモノヲ称シテ専制ト云フ。且ツ内閣ハ臣民ノ権理ヲ保護スル為メ働クヘキモノナレハ、仮令ヒ爰ニ権利義務ノ字ヲ除クトモ、臣民ハ依然財産ノ権利及言論ノ自由ハ保持スルモノナリ。」

漢字仮名交じり文なので少し取っつきにくいですが、漢字をちゃんと読めば、それほど難しくはないですね。要は、臣民（あるいは市民）の所有権や言論の自由は、自然権であって、わざわざ憲法で保障するまでもない自明の理だということです。憲法が、「●●に■■の権利があることを認める」という形を取ると、まるで憲法制定以前には、その権利はなかったかのように聞こえる。しかも、大日本帝国の場合、●●は臣民です。主である天皇が一方的な温情で、「臣民」に対して、■■の権利を与える形になる。そんな不確かな〝権利〟は、主の気ままでいつ取り上げられるか分かったものではない。奴隷の〝権利〟と同じです。そういうややこしいことになるくらいなら、基本的な権利のことは憲法には書き込まず、自明の理扱いし、実務的には、民法とか行政法、刑法、刑事訴訟法、などの個別の法律に基づいて、内閣の責任において保護するようにしたらいい、というのが森の考え方です。

森の考え方は、現代日本人である我々にはピンと来にくいところがあるので、また少し寄り道して、憲

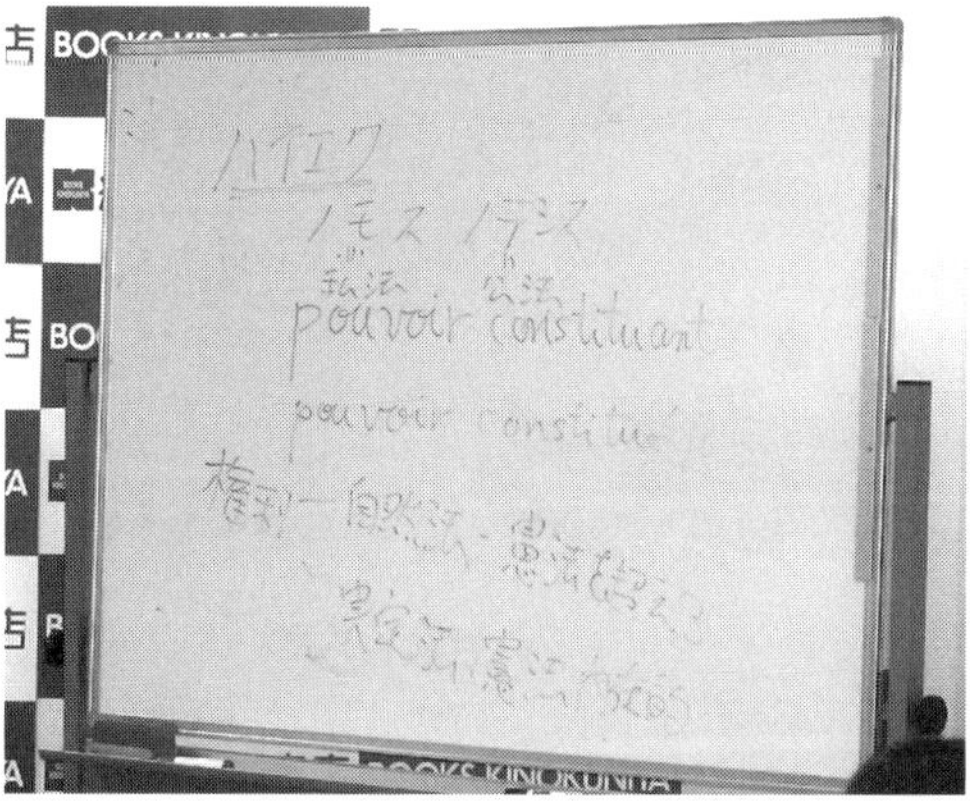

法と基本的人権の関係について考えてみましょう。
　中学や高校の公民の授業で、憲法によって基本的人権が保障されている、ということを習いますね。あまりにも当たり前っぽい話なので、ほとんどの人は疑問を抱かないと思います。ところで、基本的人権というのは、憲法によって保障されるまでもなく各人に自然に備わっているものか、それとも憲法によって創出されるものでしょうか？　自然権としての人権があるけれど、その個別具体的内容については解釈の幅があるので、国家が保障すべき人権の範囲を、憲法で明示している、というのが常識的な理解でしょう。では、憲法で明示されていない人権については、どのような保障があるのか、あるいは、一番基本的な人権は憲法で明示されているので、大きな問題はないと見るべきか？　これは憲法学や法哲学にとって、かなり難しい問題です。自己決定権、プライバシー権、環境権などの新しい人権については、憲法一三条の幸福追求権の一部と見なすことによって辻褄を合わせていますが、それで理論的問題が解決するわけではありません。「新しい人権」をどんどん取り込んでいく幸福追求権とはそもそも何なのか、「新しい人権」は元々憲法によって保障されるべきものだったのか、それとも想定されていなかったのか、新しい人権は自然権なのか、憲法に明記されている人権と「新しい人権」はいずれが優先されるべきか——「表現の自由 vs. プライバシー権」の対立が典型的ですね……といった疑問がどんどん出てきます。
　憲法等の基本法で具体的人権のリストを列挙すると、そういうややこしい理論的な問題が出て来てしまいます。理論上の問題に留まればまだいいけど、そうした議論に刺激されて、憲法上のリストにのっていない権利は、絶対保護されねばならないというものでもない、というような政治的主張をする人が出てくるかもしれない。それならいっそのこと、各人の基本的権利は憲法を超えた妥当性を既に有していると見なし、憲法に基本的人権リストを敢えて入れない方がいい、という考え方もあり得るわけです。例えば、経済学者で法理論家でもあるハイエクは、そういう見解を示しています。実際、それでうまく行っている国もあります。成文憲法のない英国には、当然、憲法上の基本権のリストはありませんが、だからといって、日本より人権が守られていない、ということはないですね。森もそれに近い考え方をしているわけです。

スピノザとホッブズの自然法思想

> 森の説はスピノザからホッブズにつらなる自然法思想にきわめて類似し、公的な権力関係と個人の不可侵な自然権との二元論に立っている。憲法は前者の規律であり、その限りで日本の「國體」の特殊性を森はここに集中的に盛込もうとする。しかし人間に固有な自由権は、いかなる実定法にも、いかなる権力体系にも包含されぬ事実上の権利として主張されるのである。かつて明治五年アメリカで『日本における宗教の自由』（英文）をあらわし、いかなる政治権力も、人間の内面性の自由を侵す事は出気ぬと鋭く論じた青年森有礼の思想はなおここに生きのびているわけである。

近代自然権思想の起源として、スピノザとホッブズを引き合いに出していますね。実際には、ホッブズのほうが一世代以上年長なのですが、ホッブズは国家が成立した時点で、各人は自らの自然権を主権者に譲渡するという仮定で議論を進めており、必ずしも自然権に重点を置いていないので、自然権をより重視するスピノザの方を先に置いたのでしょう。スピノザも社会契約論に基づく国家論を展開しますが、国家は自然権、特に内面の自由を保障するために存在するという立場を取っています。

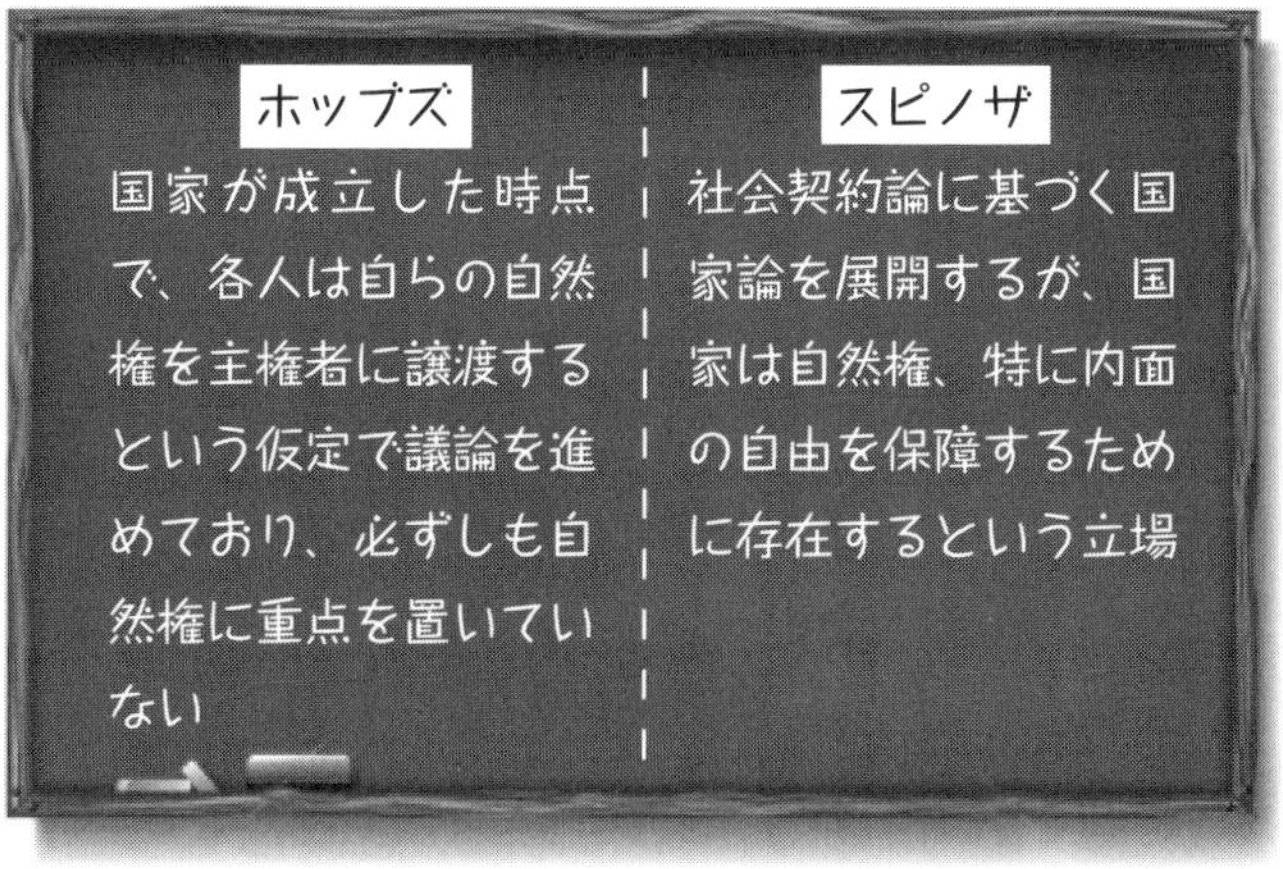
ホッブズ
国家が成立した時点で、各人は自らの自然権を主権者に譲渡するという仮定で議論を進めており、必ずしも自然権に重点を置いていない
スピノザ
社会契約論に基づく国家論を展開するが、国家は自然権、特に内面の自由を保障するために存在するという立場

森－丸山の理解では、スピノザを起点とする自然権思想の系譜においては、公的な権力関係、統治を規制する法としての憲法と、個人の不可侵な自然権が、法の二つの源泉になっていると考えるわけです。憲法は、統治のための法だと言うと、ひっかかる人がいるかもしれませんが、アメリカの憲法の本体は元々統治機構と、連邦と州の関係についての規定だけから成っていました。人権についての規定は、修正条項という形で随時追加されていきましたが、全ての基本的人権が網羅的にリストアップされているわけではありません。フランスの憲法も、本体は統治機構についてのみ規定していて、基本的な人権や市民としての権利は、フランス革命の時の「人及び市民の権利宣言」で明らかにされた、ということになっています。ハイエクは、憲法は、統治機構としての政府を組織し、その権力を制限するための法（＝テシス）であると明言しています。――この辺りのことについては、拙著『いまこそハイエクに学べ』（春秋社、二〇一一）で論じました。

「憲法」にあまり多くのことを期待せず、人間あるいは市民としての基本的権利は、その社会の構成員たちが主体的に発見あるいは創出するものであり、政府はそれを保障するために権力を委託されているだけである。そういう考え方は、西欧のリベラル系の政治・法哲学ではそれほど珍しいものではありません。それに対して、日本では、西欧諸国に倣って、憲法をはじめとする諸法を制定し、整備していく中で、[自然法―自然権]思想もほんの少しずつ――あまり役には立たない、非常に抽象的で高尚な理念として――知られるようになったわけですから、「憲法を超えたところにある人権」のようなことを言われても、我々にはなかなかピンと来ませんね。

ただし、丸山は森の自然権論を無条件に高く評価しているわけでもないようです。丸山は再度、伊藤の議論の優れたところを強調します。

他方、伊藤は自由権をまるごと憲法の胎内にとりこもうとする。自由はここでは実定法上の自由に解消する。憲法の与えた権利義務関係の外に絶対の自由者として立つものは、この憲法の制定権者としての天皇のみである。この場合、森の二元論の問題は、君民相互の権利の境界を最終的に決定するもの――すなわち非常事態において判定を下すものは君主なのか人民なのかという疑問に答えていない点にある。社会契約説が人民主権を弁証した歴史的意義はまさにここにあった。その意味では欽定憲法の原則と君主主権主義をとる限り、**最終判定権**の問題があいまいに残される森よりは、伊藤の説の方が首尾一貫していることは疑いない。

森の議論は二元論であるだけに、一貫性のある議論ができないという弱点があるわけです。大日本帝国憲法で「臣民」と呼ばれているところの人民に自然権があるとして、自然権に基づく彼らの自由と、憲法上彼らの主である天皇の意志とが衝突した時、どうなるのか分かりません。自然権の妥当する範囲と、君主の憲法上の主権が及ぶ範囲の境界線を定めるにしても、どちらが定めるのか？　最終的決定権を持つのが誰か分からない――「非常事態において判定を下す」というフレーズは明らかにシュミットを意識した言い方ですね。

「社会契約説が人民主権を弁証した」というのは少し難しい感じのする言い方ですが、ここでの「弁証」は、単純に、論理的に正当化するというような意味でしょう。ただ、少しばかり深読みして、国家主権（正＝テーゼ）と人民の自然権（反＝アンチテーゼ）の対立・葛藤の中から、社会契約に基づく人民主権の国家（合＝ジュンテーゼ）が生まれてくる、という弁証法の図式で考えると、話の繋がりが分かりやすくなると思います。自然権の保護を目的とする社会契約によって、人民自身が主権者となり、公権力を行使するようになれば、一元的な法体系ができるはず、ということになります。森の議論は、人民主権ではなく、君主主権を前提にしているので、自然権としての人権を守り切る最終的な保障がない。

伊藤の方が、欽定憲法を全ての法の源泉にしているので、「臣民の権利」の位置付けははっきりしている。ただし、それは天皇から与えられた〝権利〟にすぎないので、完全な保障ではありません。

精神としての「國體」

> しかしながらこの憲法によって「保護」された良心と思想の自由は、「國體」が自在に内面性に滲透して人民を「保護監察」しうる精神としての側面を持つ限り、容認の範囲の問題ではあってもついに原理的な保障ではあり得ないのである。

ここでまた「國體」の話が入ってきますね。これまでお話ししてきたように、「國體」には制度的な側面だけでなく、精神的側面もあるわけですが、精神的なものであるがゆえに、「臣民」の内面に入り込んでくる。そして、彼らが精神的にヘンな方向に行かないよう「保護観察」しようとする。「臣民」の最も重要な〝権利〟は、「良心と思想の自由」だと考えられますが、それは恐らく、「國體」イデオロギーに対抗し得るものとしては想定されていない。「國體」イデオロギーを受け入れているという前提の下での、言い換えれば、「國體」イデオロギーと両立し得る限りでの、〝良心と思想の自由〟にすぎない。「國體」イデオロギーが比較的曖昧模糊としている時期だと、〝臣民の良心と思想の自由〟の余地はそれなりに広いけど、国体明徴運動のようなものが起こり、国体護持が叫ばれると、急速に狭まる。

近代の人権・憲法思想の歴史において、「良心と思想の自由」と言う時、それは、国家が個人の内面に干渉せず、内面の問題に関して中立性を保つことを意味します。特定の宗教を依怙贔屓しないだけでなく、自らが国家主義的なイデオロギーを押し付けることもしてはならない。国家は、各市民に対して、みんなで決めた法や政治の制度に外的に従うことを義務付けることはできるけれど、現在の国家体制がすばらしいものだとか、その国家を支えている国民的伝統を愛するよう要求してはならない。教育基本法の改正に際して、「愛国心」教育の導入に多くの憲法学者が懸念を表明しました。復古主義に対する反発が大きかったと思いますが、理論的背景として、「良心と思想の自由」は、国家を神聖視するイデオロギーからの自由をも含意している、ということがあったと思います。

明治憲法下での「國體」は、「臣民」の精神の「保護観察」というパターナリスティックな名目の下に、「臣民」の内面に介入してくる。表面的には〝良心と思想の自由〟を認めながら、まるで親が子供のことを心配するような教育的態度で介入してくるので、かえってやっかいですね。

これにたいして一方における君権の法的絶対性、他方においての市民権の事実的絶対性という森の二元論はリアリスティックであるだけにむしろイデオロギー的粉飾性はすくないだろう。この二元論はちょうど「よしやシビルはまだ不自由でもポリチカルさえ自由なら」とうたって、私的領域における自律——社会的底辺における近代的人間関係の確立——よりも参政権の獲得に熱中した自由民権運動家の論理とうらはらの関係にある。

カギ括弧の中は、明治時代の土佐の民権運動で、民衆に運動の理念を伝えるために「よさこい節」にのせて歌われた「世しや武士（よしや節）」という民権歌の中のフレーズです。作詞は安岡道太郎（一八四七-一八八六）という高知新聞の記者をやっていた民権運動家です。「シビル civil」と「ポリチカル political」の区別が少し分かりにくいですね。西欧の政治哲学や市民社会論では同じ意味で使われることもありますが、ここでは、「シビル」が「私的領域における自律」、「ポリチカル」が公的領域における政治、公権力への参加を意味していると考えたらいいでしょう。明治初期の自由民権運動は、私的領域において個人として不自由であっても、参政権を得て、政治的に自由な活動ができればいい、というような発想をしているところがあったわけです。これは、憲法上の天皇主権を認めながら、私的領域において、自然権としての人権を確立しようとした森の発想とちょうど逆ですね。

西洋の自由主義系の政治哲学では、私的自律があってはじめて公的領域での政治参加が可能になるという発想が強いので、明治の民権運動はその標準からかなりズレていたわけです。ハーバマス（一九二九—）も、私的領域における個人の権利と、公的領域における民主的政治への参加は等根源的、つまりお互いに相互作用しながら生じてきた、という立場を取っています。私的生活において思想や良心の自由、信教の自由、日常生活における行動の自由などがないのに、政治で自由な活動ができるというのは考えにくいことですが、明治初期の日本の政治思想ではその辺がまだクリアでなかったわけですね。そこに「國體」が入り込んでくる余地があったわけです。

ただ森にも多くの民権論者にも、いわんや伊藤にも等しく欠けていたのは、私的＝日常的な自由を権力の侵害から防衛するためにこそ全権力体系の正当性を判定する根拠を国民が自らの手に確保しなければならぬという発想であった。

先ほども出てきたように、自然権を守ることを目的とする社会契約に基づく人民主権へと至らない限り、私的領域における権利保障は不完全なわけですが、森も伊藤も土佐などの民権運動家たちもそういう発想には至らなかったわけですね。ただ、それは彼らが分かっていなかったというより、天皇を中心に近代化を進めるのが既定路線になっていたので、なかなか思いきれなかった、というのが実情でしょう。

「制度」の虚構性とデカルト－カント・ラインの「コギトの原理」

憲法制定の話はここでいったん終えて、次の「フィクションとしての制度とその限界の自覚」という見出しのところに行きましょう。ここには、「自然」それ自体ではなく、「人為」的に構築された「制度」の虚構性に注目する丸山の社会理論の特徴がはっきりと出ています。

憲法その他の法的＝政治的制度を、制度をつくる主体の問題からきり離して、完結したものとして論ずる思考様式は、思想や理論を既成品として取扱う考え方とふかく連なっている。近世ヨーロッパにおいては、唯一絶対の神による世界秩序の計画的創造という思考様式が世俗化されて、自由な責任の主体としての絶対君主による形式的法体系や合理的官僚制さらに統一的貨幣制度の創出への道を内面的に準備した。その論理的媒介をなしたのが、精神を物体からきり離し、コギトの原理に立って経験世界の認識主体（悟性）による構成を志したデカルトにほかならない。

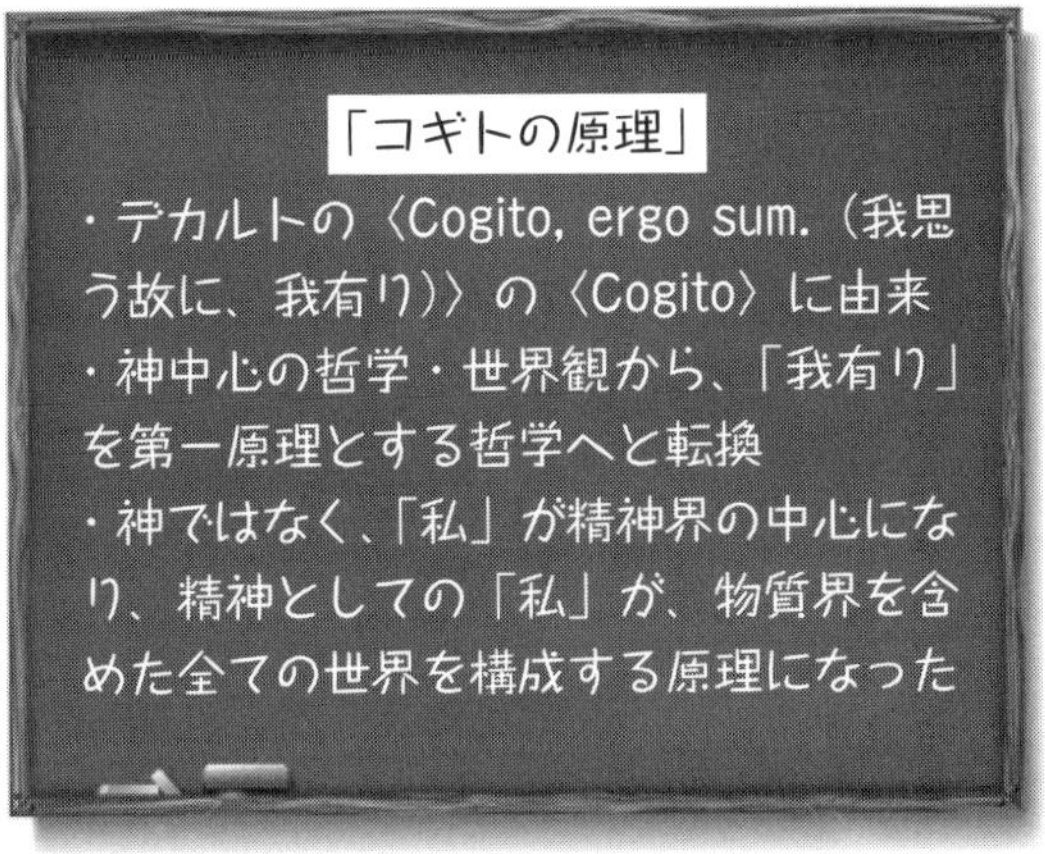
「コギトの原理」
・デカルトの〈Cogito, ergo sum.（我思う故に、我有り）〉の〈Cogito〉に由来
・神中心の哲学・世界観から、「我有り」を第一原理とする哲学へと転換
・神ではなく、「私」が精神界の中心になり、精神としての「私」が、物質界を含めた全ての世界を構成する原理になった

哲学的で難しそうな感じがしますが、ポイントは簡単です。西欧近代では、制度は人間が主体的に「作り出す」ものであるという考え方が次第に定着し、法・政治思想の中核に位置付けられるようになったが、日本は、そうした西欧の制度を既に「完結したもの」、出来上がっているものとして受容したので、「作る」ということ――専制君主によるのであれ、人民によるのであれ――がよく理解されていなかった、ということですね。

「コギトの原理」というのは、現代思想系の文章によく出てくる言い回しですが、デカルト（一五九六―一六五〇）の〈Cogito, ergo sum.（我思う故に、我有り）〉の〈Cogito〉に由来します。神中心の哲学・世界観から、「我有り」を第一原理とする哲学へと転換したわけです。

「精神を物体からきり離し〜」というところが少々哲学っぽくて取っつきにくいですが、要は、精神界に属する「コギト」が、物質界から自立し、物質界を外側から客観的に認識できる主体として想定されるようになった、ということです。「精神と物体を切り離す」と言うと、精神／物質の二元論的な世界観が確立された、という話のように聞こえますが、精神と物体自体はキリスト教の世界観の基本です。近代になって変化したのは、神ではなく、「私」が精神界の中心になり、精神としての「私」が、物質界を含めた全ての世界を構成する原理になった、ということです。

「経験世界の認識主体（悟性）による構成を志したデカルトにほかならない」という部分も分かりにくいですね。経験世界というのは、認識主体である「コギト」によって「経験」される物質界ということです。コギト自体は精神界に属しているけれど、身体は、物質界に属していて、「私」は身体を通して物質界の現象を経験している。「コギト」は、その経験に基づいて、世界を自分の中で再構成するわけです。括弧の中の「悟性」というのは、厳密な意味で使っているのではないと思いますが、恐らくカント用語でしょう。カントの場合、感性的刺激に基づいて対象を構成するのは、「悟性 Verstand」の働きです。狭義の「理性 Vernunft」は、その「悟性」の働きが逸脱しないよう制御したり、経験世界を超えた道徳法則について思考したり、自由意志によって私たちの行為を方向付けたりします。

デカルト―カント・ラインの近代哲学は、そうしたコギトの原理によって、「私」が自らを取り巻く世界を構成すると想定してきたわけですが、「～による構成を志したデカルト」という言い方は、デカルトたちがそうしたコギトの想定によって、（神中心の前近代的な世界観に代わる）近代的な世界観を確立し、社会的に流布させたということを示唆しているわけです。そのことと、「自由な責任の主体としての絶対君主による形式的法体系や合理的官僚制さらに統一的貨幣制度の創出」が、論理的に繋がっている、というわけですね。レベルが違うような気がしますが、丸山が言いたいのは、悟性の「主体」としての「私」が、自然界から入ってくる情報をそのまま受け止めるのではなく、自分にとって認識可能なように対象へと再構成するのとパラレルに、神から自由になった君主が、あるがままの社会を受け入れるのではなく、自らの合理的な構想・設計図に合わせて、再構成するというようなことでしょう。

これでもまだピンと来なかったら、近代人が自らの認識した物質界の法則を利用して、科学・技術を発展させ、自分の環境を再構築するということを間に挟んで考えて下さい。主体は、認識によって得た知を、自らの環境、世界、社会の再構築のために利用しているわけです。私達は、物質的な世界の諸物を認識・再構成するのと同様に、社会を認識・再構成する。市民革命以降は、人民全体が「社会契約」に基づいて社会を再構成するという話になりますが、その前段階として、（神に取って代わって絶対的権威になった）絶対君主が、社会の再構成を企図するようになったわけです。それはある意味、神の世界創造を象徴的に模倣する行為です。

ちゃんと説明しようとすると、こういう風に結構長い話になりますね。丸山は、それを四行ちょっとに圧縮して書いているので、難しい感じがするわけです。因みにハイエクは、自然法則を利用した科学技術で物理的環境を改造するのと、社会を再構成することを連続的に捉えることを、設計主義と呼んで批判しています。

そうした「コギト」の原理による再構成を前提とする近代的世界観と違って、中世的な世界観において、人間は神によって創造された秩序の中に位置付けられていて、能動的に動くことはできませんでした。

中世自然法と国家理性〈raison d'état〉

中世自然法――そこでは自然が超自然に従属し、自然秩序の各部分がそれぞれ恩寵の光被をうけて有機的な階層秩序を構成する――によって弁証されていた教会・貴族・ギルドなどの封建的身分の自主的特権を解体して、これを統一的な主権に平等に服する国家構成員たらしめた絶対君主の歴史的事業は、一方、権力のロゴスの自覚（国家理性の問題）となり、他方、厖大な人間的エネルギーを教会的自然法の拘束から解き放った。

「超自然」というのは、自然を超えた存在である神、もしくは神の創造の法則や秩序を指しています。「恩寵」というのは、当然、神の恩寵（Gnade）です。哲学・神学では、人間自身に生得的に備わっている、自然界の事物を認識する「自然の光 lumen naturale」と、啓示によって導かれて、（自然の背後にある）神について認識する「恩寵の光 lumen gratiae」が、しばしば対置されます。中世キリスト教世界では当然、「自然の光」は「恩寵の光」に従属していたわけですが、近代に入って、「自然の光」が自立化し、我々が自然科学と呼んでいるものが成立したわけです。

中世自然法の世界では、自然界の諸事物はバラバラに存在しているわけではなく、神の摂理＝自然法によって秩序付けられていたわけですが、それに対応して、教会、貴族、ギルドの封建的諸「身分」がそれぞれ「特権」を与えられていた。彼らが身分的特権を得ていたことも、自然法に基づくこととされていたわけです。

近代の始まりに台頭してきた絶対君主、つまり統治に関しては教会の権威に縛られることなく、貴族などの特権身分を完全に家臣化することに成功した君主は、身分制をいったん解体し、自分以外の人びとを臣民として平等に扱うようになりました。無論、官僚とかブルジョワジーを優遇したわけですが、そうした絶対君主による中央集権化によって近代化が推進され、人民主権への道が開かれたわけです。

絶対君主の統治の特徴として、「権力のロゴスの自覚」あるいは「国家理性」がキーワードになっていますね。「権力のロゴス」というのは、神のロゴス（理法）から独立した権力独自の論理ということでしょう。マキャベリ（一四六九－一五二七）が、『君主論』（一五一三）で展開した権力論のようなものを考えればいいでしょう。『君主論』それ自体は、現代人が読むと、かなり単純素朴な権謀術数の本のような感じがしますが、神学とか中世自然法などと関係なく、「権力とは何か？」、その本質を問うマキャベリの思考は、中世から近代への移行期にあっては、斬新だったわけです。マキャベリは思想史的には、ルネサンス後期において、政治的な存在としての「人間」の本性を探究した、市民的人文主義者（civic humanist）として位置付けることができます。

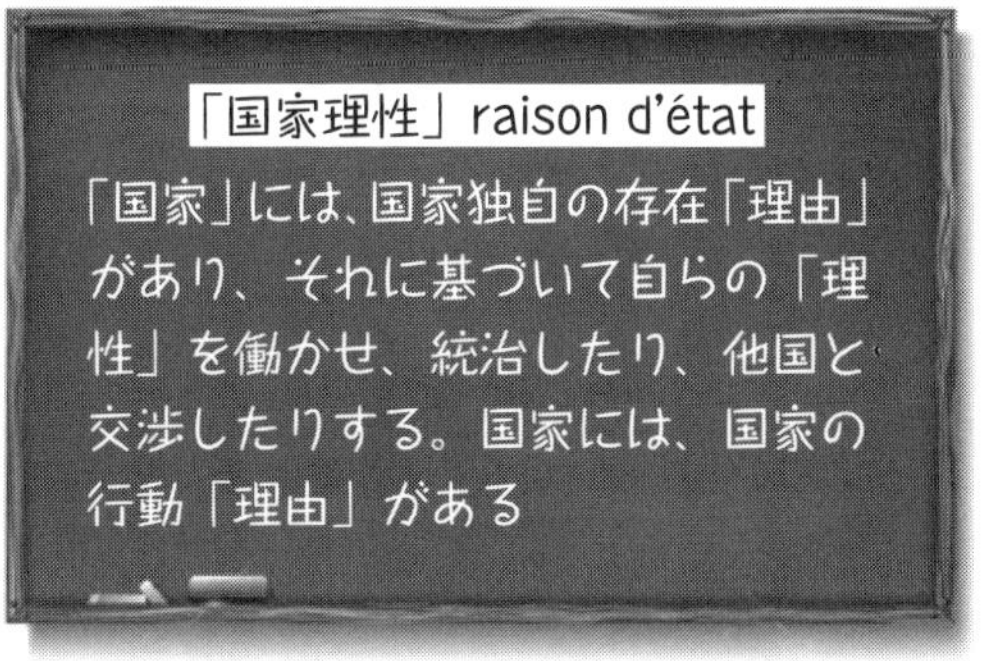
「国家理性」raison d'état
「国家」には、国家独自の存在「理由」があり、それに基づいて自らの「理性」を働かせ、統治したり、他国と交渉したりする。国家には、国家の行動「理由」がある

「国家理性」というのは、政治思想系の本でよく見かける表現ですね。フランス語で、〈raison d'état〉といいます。英語でも、このフランス語をそのまま使います。〈raison〉は英語の〈reason〉と同じで、「理性」と共に「理由」という意味があります。「国家」には、国家独自の存在「理由」があり、それに基づいて自らの「理性」を働かせ、統治したり、他国と交渉したりする。国家には、国家の行動「理由」があるわけです。それを一まとめに表現するのに、〈raison d'état〉という言い方をするわけです。

神や教会の権威から解き放たれた、世俗の権力が「国家」を形成するようになると、（神学や中世自然法に依拠しない）国家独自の行動原理を確立する必要が出てきます。君主が行き当たりばったりに支配していたのでは、「国家」として立ち行かなくなります。「国家理性」という問題が出てくるわけです。「国家理性」という概念は、マキャベリから始まるとされることが多いですが、マキャベリ自身はこの言葉は使っていません。「国家理性」という言葉を最初に使ったのは、マキャベリの影響を受けたイタリアの哲学者ジョヴァンニ・ボテロ（一五四四－一六一七）です。彼の主著のタイトルがまさに、『国家理性 Della ragion di stato について』（一五八九）です。国家が自分の存在に関する「理由」

を持っているわけです。

しかもその際きわめて重要なことは、E・トレルチが指摘しているように、「それは教会との闘争で、自己の世俗的権力についての鋭く明確な意識を学んだ国家であるが、それと同時に生の充溢を支配しえず、またすべきでないという感覚をもっていた」(E. Troeltsch, *Gesammelte Schriften*, IX, S. 302) という点である。

E・トレルチ(一八六五―一九二三)は、マックス・ウェーバーと同時代のドイツのプロテスタント神学者、宗教社会学者で、ルネサンスや宗教改革の意義をめぐる議論で有名です。カギ括弧の中の部分は、「近代精神の本質 *Das Wesen des modernen Geistes*」(一九〇七)という論文からの引用です。「生の充溢を支配しえず、またすべきでない」というところが難しそうですね。「生の充溢」というのは、先ほど出てきた、教会的自然法から解き放たれた「厖大なエネルギー」に対応しています。中世においては、教会が人間の生をすみずみにわたって全面的にコントロールすることが、自然法に適った、当然のことだというイデオロギーが支配的でした――歴史学的には、教会が生のコントロールにのり出したのは、中世と近代との境目くらいからですが、思想史的な議論なので、そういうことは厳密に考えなくていいでしょう。近代国家が形成され、国家理性が目覚めていく中で、絶対君主は教会から、政治的権力を奪っていったわけですが、各人の「生の充溢」、つまり自分の幸福をとことん追求し、充足しようとする人びとの活力を、全面的にコントロールすることはできないと悟った。公的領域で法制度を作り、それに従うよう強制することはできるけど、(私的領域での)生き方、欲望までもコントロールすることはできない。フーコーだと、それを敢えて間接的にコントロールしようとする「生権力 bio-pouvoir」が形成されてきた、と言う

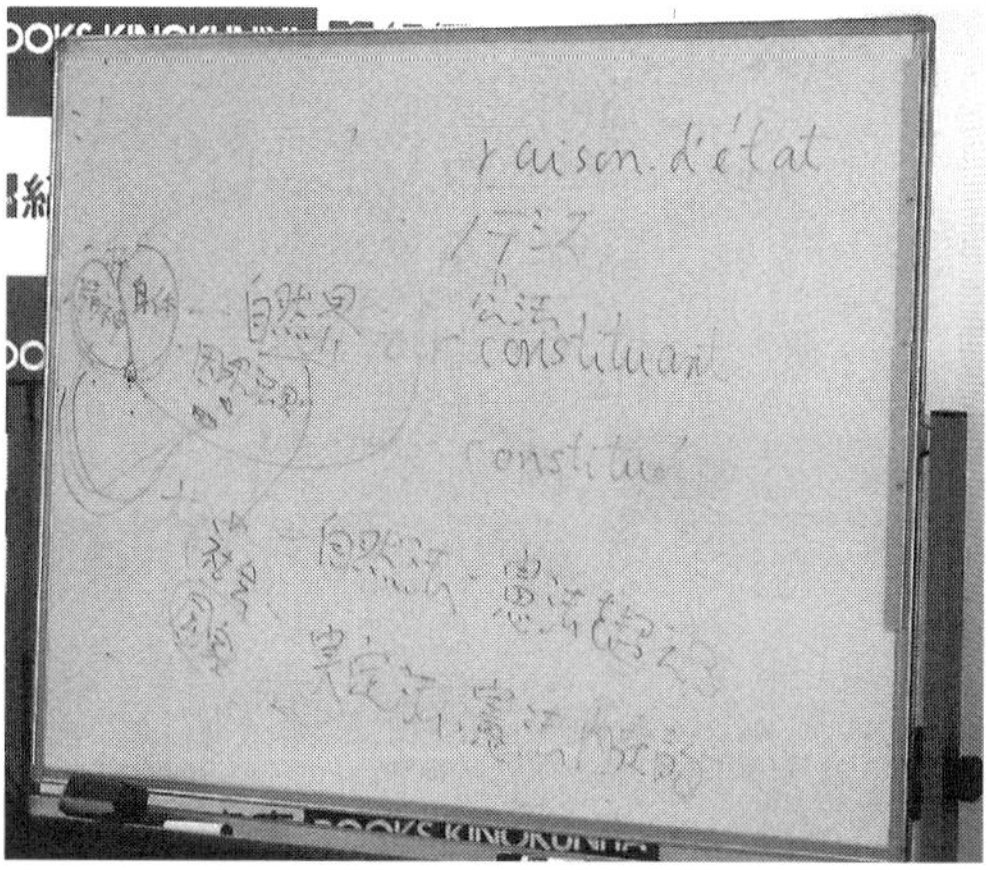

かもしれないけど、トレルチ–丸山は、近代国家は少なくとも原則的、建前的には、生のコントロールを放棄した、という前提で話をしているわけです。

“フィクション”であるという自覚——制度とナマの現実は全面的に対応しているのか?

そこで、「フィクションとしての制度の自覚」が重要になってくるわけです。

> フィクションとしての制度の自覚は、同時にフィクションと生の現実との間の鋭い分離と緊張の自覚でもあったのである。この自覚はむしろヨーロッパ近代が完成し、もろもろの制度がオートマティックな運転を開始するに当って、しだいにうすれ、そこに制度の物神化という「近代の危機」が胚胎するのであるが、それにもかかわらず、一方絶対的な超越神の伝統と、他方、市民の自発的な結社=再結社の精神によって今日でもヨーロッパ的思考から全く失われてはいない。ところでホッブスからロックを経てルソーに至って完成される近代国家の政治理論は、近世認識論の発展と併行し、それぞれに大きな相違を含みながらも、ひとしく経験世界の主体的作為による組織化という発想を受けついで、頂点の制作主体としての君主の役割を、底辺の主体的市民の役割にまで旋回したのである。

トレルチ

国家は、社会を自分の思い通りにコントロールし、秩序を形成するために「制度」を作るわけですが、「制度」はあくまで「虚構」であって、「現実」に完全に対応しているわけではない。人間は法律や命令通りに動いてくれないので、いろいろと食い違いが出てくる。まあ、当たり前のことですね。ある程度のギャップは甘受しないといけないんだけど、「制度」を自動機械のように動かして、ある程度うまく回っている状態が長く続くと、いつしか「制度」の「虚構」性が忘れられ、「制度」が「物神化」する。「物神」というのは、人間が自ら作った制度を実体視するだけでなく、不思議な力を持った神のごとく崇めることで、マルクス主義系の文脈でよく使われます。そうした物神化に起因する「近代の危機」というのは、具体的には、既成の「制度」を絶対視する官僚機構の硬直化によって、新しい社会的現実に対応できなくなるようなことを言っていると考えればいいでしょう。

「一方絶対的な超越神の伝統と、他方、市民の自発的な結社＝再結社の精神」のおかげで、「フィクションとしての制度の自覚」が「今日でもヨーロッパ的思考から全く失われてはいない」というのは、少し分かりにくい理屈ですね。説明不足な感じがしますが、恐らく、キリスト教の伝統が生きており、市民の自発的な運動が活発なため、それらが「国家理性」に基づいて運用される「制度」を批判的に問い直す契機を作り出しているということでしょう。「その制度は、本当に正統性があるのか？　人々（あるいは神）の意志に基づいているのか？」、と批判的に問いかけてくる勢力がいるので、もともとは、統治に都合の良い諸仮定に基づく「虚構」にすぎなかったことが自覚されやすい、ということでしょう。「虚構」を意識するということは、人間自身が、「主体的作為」によって世界を組織化する（ことを試みる）「制作主体」であることを意識するということでもあります。当初は、絶対君主が、唯一の制作主体だったわけですが、近代化が進むと共に、底辺にいる市民たちの間にも、〝自分たち〟が制作主体であるという意識が浸透していきます。「社会契約論」というのは、まさに仮説に基づく「虚構」であることを自覚したうえで、社会を作っていくという発想ですね。

詳しくは次回お話しすることになりますが、丸山が何故「虚構性の自覚」を強調しているかははっきりしていますね。日本では、虚構性についての自覚が薄かったわけです。天皇を中心とする「國體」イデオロギーを国民の内面へ浸透させ、人々の生をコントロールすることがある程度成功したおかげで、自分たちの法や政治が「虚構」に基づく「制度」であることが次第に忘却されていった。しかも、それを批判的に想起させるような思想や言説があまり育たなかった。そこを強調したいのだと思います。憲法制定時の伊藤・森論争のようなものを想起すれば、「國體」が決して日本の伝統的風土とか国民の本性に根ざしたものではなく、「虚構」であることは見え見えですが、「それは制度上のフィクションだろ？」、と問いかける声が弱いので、極めて人為的に構築された統治の仕組みが、自然視されるようになる。

これは丸山というより、私自身の意見ですが、日本の政界や論壇には、法律や条例、倫理指針などを作ることによって、人の心や態度まで変えることができるかのような物言いをする人が多いような気がします。例えば、教育基本法などの法律を改正して、愛国心、郷土愛、ボランティア精神、利他心などを教えることについての是非をめぐる議論がありますね。法律で、子供たちの欲望が〝悪いもの〟に向かわないよう制度的にコントロールする、という話です。保守派の人は、戦後改革によって出来上がった〝悪い制度〟を、日本の国情にあった〝良い制度〟によって改めることで、現実を変えようとしているわけです。それに反対する左派は左派で、「制度によって子供が右傾化したら大変だ！」、と本気で心配する。どっちも、「制度」が「虚構」であることを忘れ、制度と生の現実が全面的に対応しているかのような語り方をしがちです。宮台さん式の言い方をすると、制度をベタに受け取ってしまう。

■質疑応答

Q　二つ質問があります。第一点は、「構成的権力／構成された権力」の文脈でおっしゃった、天皇機関説と天皇主権説の補完関係のことです。二つの説は、憲法制定権力の二つの側面を表現しているという理解でよろしいでしょうか？

A　現に論争があったのだから、両陣営はお互いの見解が両立可能だとは思っていなかったでしょうが、「憲法」の制定権をめぐる法哲学的な論理に従って考えれば、制定権力者が、制定された憲法の中に自己を位置付けるという理解は十分可能だと思います。ちょうど創造主である神が、被造世界の中での自己の能力を限定するように。因みに、「構成的権力／構成された権力」の論理的原型は、スピノザの「能産的自然 natura naturans／所産的自然 natura naturata」にあるとされています。謎めいた言い方ですが、「自然」を「神」に置き換えると、どういうことか分かりますね。

Q　もう一つは、皇祖皇宗の遺訓について。何らかの形で明文化されているのかどうか？　たとえば、天皇がやめたいと思っても、遺訓によってやめられないのか？　それは現在の憲法との関係においてはどのようになっているのでしょうか？

A　遺訓はあくまで遺訓なので、明治憲法下においてさえ明文化されていませんでした。『古事記』や『日本書記』など、天皇家に関する古文書を研究しても、遺訓をはっきりさせることはできないでしょう。天皇自身も何が遺訓か分からない。だから、輔弼が必要になる。しかし、どうして天皇に分からないことが、輔弼者たちに分かるのか、その根拠は曖昧です。誰が最終的な解釈のオーソリティなのか分からない。もし仮に天皇が遺訓を解釈する最終権限を持つと憲法で明文規定されていたら、ヒトラー的な意味での独裁と実質的に同じことになります。そうなってないから、憲法外の論理によって政治が左右される。

ただ、哲学的に厳密に考えると、あらゆる解釈の権威には、「何故その人（あるいは機関）に解釈する権威があるのか」、という疑問がつきまといます。その根拠を問うていくと、○○に権威があると決めた権威に権威があると決めた権威に権威があると決めた権威に……という風にどこまでも無限に遡っていくことになります。どこかで止めないと、きりがない。そこで、決断主体という問題が出てくるわけです。シュミットはそのことをはっきりと意識していた。戦前の天皇制には、決定主体が不在だったので、正体の分からない「遺訓」に翻弄され続ける。

Q　最後にお話しされたのは、西欧的な国家は個人の生に介入することの不可能性を悟って、私的領域から撤退する、ということだったと思います。ただ、丸山の理屈から言うと、戦前の日本の法・政治のシステムでは、公私が未分化のままだったわけですね。実は、そっちの方が「自然」であって、きれいに公私二分されている西欧的な政治こそ、「虚構」だという話にはなりませんか？

A　確かにそうですね。日本的な公私未分化状態の方が〝自然〟だったら、日本人が制度の虚構性に目覚める必要はないということになりそうですね。本当はどっちが自然なのかというのは、なかなか難しい問題ですが、少なくとも丸山は、純粋に〝自然な制度〟はどこにもない、という前提で考えているのではないでしょうか。どんな制度も、何がしか虚構性を含んでおり、現実それ自体との間にギャップがあるので、そのことを自覚し、絶えず再構築の可能性について考えるのが、「政治」だと思っているのではないに無条件に自分自身を自然視することにあるのではないでしょうか。初回から見てきたように、「日本の思想」の問題は、無条件に自分自身を自然視することにある、というのが丸山の基本的前提ですよね。丸山の言う「フィクションの自覚」というのは、自分自身が〝真実〟を把握しているという前提に立って、虚偽の制度を糾弾することではありません。むしろ、私たちはどれだけ啓蒙されようと、虚構の世界から抜け出すことはできないと自覚し、自分の足場を相対化し続ける姿勢を含意していると思います。

［講義］

第4回 物神化、そしてナマな現実を抽象化するということ

（…）ここではともすれば、現実からの抽象化作用よりも、抽象化された結果が重視される。それによって理論や概念はフィクションとしての意味を失ってかえって一種の現実に転化してしまう。日本の大学生や知識人はいろいろな範疇の「抽象的」な組合せによる概念操作はかえって西洋人よりうまいと外国人教師に、皮肉を交えた驚嘆を放たせる所以である。

　しかしこうして、現実と同じ平面に並べられた理論は所詮豊饒な現実に比べて、みすぼらしく映ずることは当然である。とくに前述のような「実感」に密着する文学者にとっては殆んど耐えがたい精神的暴力のように考えられる。

（丸山眞男『日本の思想』より）

「心の問題」と「愛国心教育論争」

前回の最後のところを少し復習しておきましょう。丸山は、西欧近代と比較しながら、日本の思想状況においては、「フィクションとしての制度」の自覚が足りないと指摘しています。それは、「生の現実」と、それを把握し、制御するために人間が作り出した「フィクション」の間のギャップが認識されない、ということでもあります。そのため、現実とのズレが大きくなった「制度」を批判的に見て、新たな「フィクション」を作り出すことに「主体」的にコミットするという契機が生じにくくなる。

丸山自身は、自覚のなさゆえに「制度」が自明視され、現実とズレた制度がズルズルと持続してしまうことを強調していますが、私はむしろ、「フィクション」性を忘れて、「制度」をベタに受け止めてしまって、制度で全てを完璧に解決しようとしたり、そうならないと、「どうして決めた通りにならないのだ。制度を守らないいい加減な奴がいるせいだ！」、と怒ったりする人が今の日本にやたらに多いことが、気になります。法律等で制度的に決まっていることは、言葉通りに実現できると思っている、言霊信仰の人と言ってもいいかもしれません。

例えば、精神科医の斎藤環さん（一九六一－　）たちが「心理学化する社会」と呼んでいる現象に関係する問題があります。「心理学化」というのは、社会的にヘンな行動をする人たちのことを、すぐにアスペルガーとかＬＤとか人格障害とか、心理学系の言葉で説明し、心理学とか精神医学、精神分析などによる治療やカウンセリングで解決しようとする傾向です。「心の問題」というやつです。そうやって、問題の「解決」を、法律や行政、近隣、家族などではなく、「心の問題」の「専門家」に投げてしまうわけです。学校や大学でカウンセラーを置くところが増えていますね。「心の問題」を抱えた生徒や学生が増えているという前提で、「制度」が作られている。

本当に、自分で心身をコントロールできない深刻な状態になってしまう子もいるので、ある程度心理学・精神医学系の知識を前提にして、教育機関や企業、行政が対処するのは仕方ないと思いますが、そういう発想が行きすぎると、「『心の問題』を抱えて、ドロップアウトしてしまう子供たちを放っておくことはできない。『心の問題』への対処を徹底しなければならない」、というようなことになります。そのため、大学でも、先生たちが、何人かの学生の〝担任〟――私の大学では、アドバイス教員という言い方をしています――になって、「心の問題」が大きくならないよう心掛けることが義務化されつつあります。私は、そもそも「心の問題」の専門家もそれほど信用していないのですが、心理学を専門的に研究しているのでもない、哲学とか歴史学、民法などの先生が、授業の範囲を超えて、学生の「心の問題」に対応するのはかなり無理な話だと思います。

金沢大学の法学類で、そうした「心の問題」への対応の一環として、成績が非常に悪い学生の家に、成績表を送るということが検討されています。普通に考えると、どうして成績表を家に送るのと、心のケアに繋がるのか分からないですね。金沢大学では、かなり前から、アドバイス教員が成績表をチェックして、著しく成績不良の学生は呼び出して面談することになっています。呼び出しに応じない時には、届け出されている連絡先のメールや携帯に電話などしますが、応答がないと実家に手紙を送ることになっています――相当お節介ですね。それでも、反応がないことがあります。そういう子の中に、先生には「今度からちゃんと勉強するようにします」とその都度答え、親には、「ちゃんと勉強して、順調に単位を取っているよ」、と言っている子もいる。しかし、いつか親にもバレる。卒業できないのにできたと言い張るわけにはさすがにいかないので。それまでいい子を演じていたのに、バレると大変です。そのせいで悩み込み、引きこもったり、更には、取り返しのつかないとんでもない行動に及んだりする。

そうならないように、親に予め成績表を送っておく。そうすることによって、親子で話し合う機会を持ってもらい、免疫を付け、突然成績不良が親にバレてパニックになるのを防ごう、という話になっているわけです。私には、そういう因果関係を設定して、それに基づいて制度を作るというのは、かなり頓珍漢だと思います。成績不良を早めに親に知らせたら、問題が早期解決できる可能性が高まる、などとどうして言えるのか？　逆効果にならないのか？　学生本人の「心の問題」を、教師がコントロールできることを前提に「制度」を作ろうとする発想自体に無理がありますが、それを更に、親子関係まで——成績表などという紙切れを送ることで——制御しようなんてとんでもない話です。

精神医学者でもカウンセラーでもない大学の教師が、心の闇をつきとめて、ケアするという話に元々無理があるんです。もう大人なんだから、大学に来たくないんだったら、基本的に放っておくべきです。しかし、学生が不登校になり、「心の問題」を抱えるのを防止することが大学の教師の役割だと「制度」的に決めてしまうと、やらねばならないと思い込んで行動する人たちが出てくる。でも、どうやっていいか分からないので、成績表を送って、免疫を付けるとかいう、第三者が聞いたら、狂っているとしか思

えないようなヘンな話になる。

愛国心教育論争なんかも同じ類の勘違いに基づいていると思います。どうすれば愛国心を培えるかなんて、本当のところ誰に分かりません。愛国心教育を徹底しようとすると、子供が反発するだけかもしれない。逆に、左翼的教師が天皇制をけなす教育をした方が、反発で愛国心がわいてくるかもしれません。人の心に影響を与えようとする「制度」が、目標を達成して、現実化したかどうか、その効果をはっきり確かめることはできない。しかし、賛成派も反対派も、「制度」通りに「子供の心」が形成されるかのように、躍起になる。そういうのが、丸山の言う「制度の物神化」です。

「制度の物神化」

無論、西欧諸国でも「制度の物神化」は生じます。制度と現実の間が大きくなる時、危機が起こる。しかし、少なくとも丸山の認識では、西欧人は、近代初期の「社会契約」論以来、「制度」をそのフィクション性を意識しながら扱うことにそれなりに慣れています。「社会契約論」は、まさにフィクションとしての「制度」論です。私の著書『今こそルソーを読み直す』（ＮＨＫ生活人新書）でも書きましたが、ルソーは、社会が成立する〝以前〟の状態として想定される「自然状態」を歴史的に実在した状態とは見なさず、理論的構築物、フィクションとして扱っています。本当の意味での「（市民）社会」が成立する前提となる、「一般意志」についても、あくまでも理論的フィクションとして設定しています。〝みんな〟の〝真の合意〟に基づく「社会」があるとすれば、それはどういう過程を経てどのような形を取って現われてくるか、ルソーなりのやり方で突きつめて考えた結果、各個人が私的に抱く特殊利害の自己中心性を完全に超越し、常に公共性、公正さを志向する「一般意志」が市民たちに共有され、「法」という形で可視化されていることを、「社会」成立の理論上の前提条件として示したわけです。「一般意志」が、文字通りの意味で全ての市民に共有されることが可能だとか、現実にそうなるよう市民たちを思想教育すべきだと主張したわけではありません。ルソーのテクストをちゃんと読めば、ルソーが自らの示す、「一般意志によって統治される本来の社会」がフィクションであることをちゃんと承知していたことが分かる、と少なくとも私は思います――ルソーのテクストのフィクション性を理解しないで、ベタに受け止めてしまって、「一般意志」論は全体主義に繋がるといって批判する人も少なくないわけですが。ロールズの正義論も、「無知のヴェールの下での合意」というフィクションに基づいて構成される社会契約論です。実際に、そういう合意が可能だという話ではありません――これについては、『集中講義！アメリカ現代思想』（ＮＨＫブックス）で簡単に解説しましたので、興味があれば、読んでみて下さい。

ただし、丸山が言いたいのは、西欧の思想家たちが「制度」の「フィクション」性を意識しているからといって、「どうせフィクションだ！」と開き直り、投げやりになっている、ということではありません。自分たちが作り出した「制度」が「フィクション」であると分かっているからこそ、彼らは「現実」との齟齬が目立ってくれば、主体的に「制度」を作り変え、できるだけ使いやすいものにしようとするわけです。

日本人には、憲法とか基本法的なものに、「○○の権利」と明記されると、それだけでその権利が現実化されるはず、とナイーブに信じているかのような物言いをする人が多いですね。憲法で保障されているとされる自由権的な基本権や社会的生存権は、基本的に、「私には○○という権利があるはずだ！」と言って、公権力や社会的に強大な権力に対抗したり要求したりするものです。電気とかガスみたいに、「権利」が各市民の手元に自動的に配給されるわけではありません。社会的生存権の場合、生活保護や医療保険などの具体的な福祉制度があるので、何となく、自動配給されるべきものであるかのように思ってしまいがちですが、自動配給に近い形になっているのは、ごく一部だけで、その運用の実態も、時代ごとに変化します。「変化するのは、役人が誤魔化しているからだ！」、と言う人がいるかもしれませんが、役人が意図的に誤魔化しているかどうかに関わらず、福祉制度によって何がどれだけカバーされるのかは、時代や地域の現状によって変動せざるを得ません。「健康的で文化的な最低限の生活」が具体的にどういう状態を指し、そのために各人が国や地方自治体に何を要求し獲得できるかは、その都度議論し、交渉しないと特定できません。誰の目から見ても、「現行の制度の保障の枠から取り残されて不幸になっている人」がゼロの状態というのは、恐らくないでしょう。そういうことが分かっていないナイーブな人――あるいはナイーブなふりをしている人――は、自分のイメージする政治の理念とは違う状態が顕在化するたびに、「こんな不幸な人を生み出す制度は何のためにあるのだろうか」、「全ては国民を欺き、目を逸らせるためのトリックだった」とかいう感じの、お決まりのアナーキズムをやすっぽくしたようなフレーズを振り回し、騒ぎ始める。絶対に不幸な人を出さないよう保障する制度以外は欺瞞だ、というのであれば、全ての制度をぶち壊して、〝自然状態〟――先ほどお話ししたように、「自然状態」もフィクションですが――に返るしかない。自らの権利を主張し、実現しようと活動すること自体は重要ですが、「制度」はフィクションなので、自動的に理想を実現してくれるわけではないし、制度の当初の想定とは異なる事態も生じ得ることを踏まえていないと、から騒ぎをすることになる。フィクションが実在しない、と騒いでいるのだから、まさにから騒ぎです。

制度と共同体、中間勢力

こうしたことを踏まえて、次の「近代日本における制度と共同体」という見出し語のところを見ていきましょう。

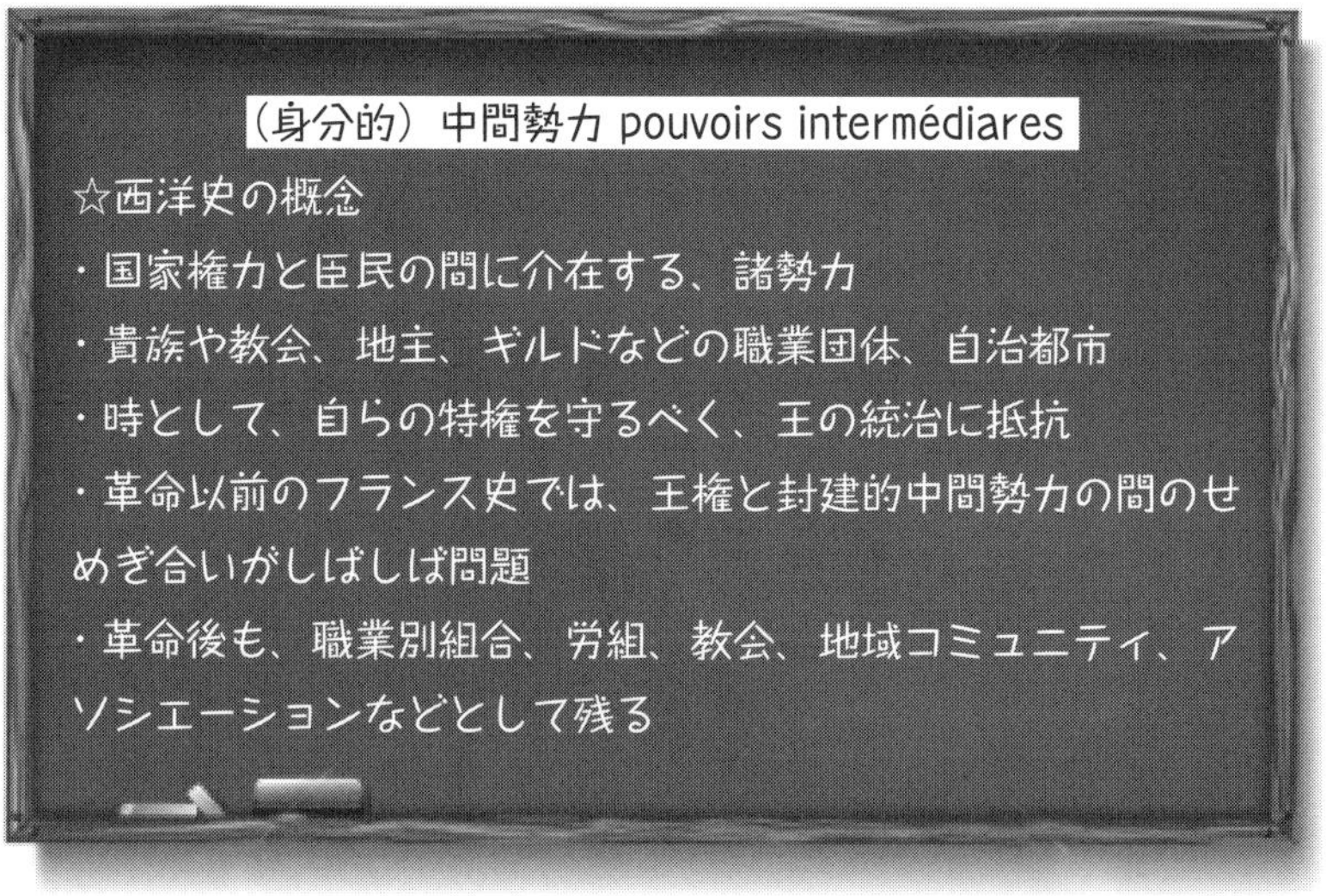
（身分的）中間勢力 pouvoirs intermédiares
☆西洋史の概念
・国家権力と臣民の間に介在する、諸勢力
・貴族や教会、地主、ギルドなどの職業団体、自治都市
・時として、自らの特権を守るべく、王の統治に抵抗
・革命以前のフランス史では、王権と封建的中間勢力の間のせめぎ合いがしばしば問題
・革命後も、職業別組合、労組、教会、地域コミュニティ、アソシエーションなどとして残る

> 日本における統一国家の形成と資本の本源的蓄積の強行が、国際的圧力に急速に対処し「とつ国におとらぬ国」になすために驚くべき超速度で行われ、それがそのまま息つく暇もない近代化――末端の行政村に至るまでの官僚制支配の貫徹と、軽工業及び巨大軍需工業を機軸とする産業革命の遂行――にひきつがれていったことはのべるまでもないが、その社会的秘密の一つは、自主的特権に依拠する封建的＝身分的中間勢力の抵抗の脆さであった。

「本源的蓄積 ursprüngliche Akkumulation」というのは、マルクス主義用語です。日本語訳として「原初的蓄積」、略して「原蓄」と言うこともあります。「資本」が蓄積して資本主義的生産が始まる過程を指します。通常の国民経済学では、個人の勤勉とか節約とかが資本蓄積の原因とされますが、マルクスは、（本来の）生産者の手から生産手段が暴力的に剥奪され、生産手段の所有者が金銭で労働者を賃金で雇うようになることが原因だという前提で議論を展開しています。

他人の労働力を吸い上げて、資本として蓄えていくというイメージでしょう。

カギ括弧の中に入っている「とつ国におとらぬ国」という部分が、意味は分かるものの、古語なので少し謎めいていますね。これは、明治天皇（一八五二−一九一二）が工業家を励ますために作った「外国《とつくに》におとらぬものを造るまでたくみの業に励めもろ人」という和歌から取ったフレーズです。

「（身分的）中間勢力 pouvoirs intermédiares」とは、西洋史の概念で、国家権力と臣民の間に介在する、諸勢力のことです。この場合の「身分」というのは封建的な特権身分のことで、貴族や教会、地主、ギルドなどの職業団体、自治都市のようなものを指します。これらは必ずしも国王を中心とする中央の権力に従属しているわけではなく、時として、自らの特権を守るべく、王の統治に抵抗しました。革命以前のフランスの歴史では、王権と封建的中間勢力の間のせめぎ合いがしばしば問題になりました。革命後も、職業別組合、労組、教会、地域コミュニティ、アソシエーションなどの「中間団体」――封建的な身分制に基づかない近代的な中間勢力のことは「中間団体」ということが多いです――と、国家の間の緊張関係が続きました。統一が遅れたドイツは、中央集権化の度合いがフランスほど高くないので、中間団体をどのように中央政府の統治に組み込むかが長年の課題でした。

明治維新後の日本には、藩閥とか華族、財閥、地主、寺社など、中間勢力的なものは結構あったのですが、それらは国家権力にあまり抵抗せず、むしろ国家権力の傘下に入って、民衆を国家の支配体制に組み込むための下働き的な役割を担いました。そのおかげで、近代化が迅速に進みました。

明治政府が帝国議会開設にさきだって華族制度をあらためて創設（作られた貴族制というのは本来形容矛盾である）しなければならなかった皮肉からも、ヨーロッパに見られたような社会的栄誉をになう強靭な貴族的伝統や、自治都市、特権ギルド、不入権をもつ寺院など、国家権力にたいする社会的なバリケードがいかに本来脆弱であったかがわかる。前述した「立身出世」の社会的流動性がきわめて早期に成立したのはそのためである。

「作られた貴族制」が形容矛盾であるというのは、西欧の貴族は国王の権力にも対抗し得る特権や権威、名誉などを伝統的に担ってきたからです。その地位を国王である天皇から与えられるのはおかしいわけです。無論、明治維新以前にも、貴族制はありましたし、武士階級が西洋の貴族に相当する伝統を持っていたと見ることもできますが、明治初期に従来の身分制が急速に解体され、旧上級貴族や大名が「華族」という、名誉はあってもあまり権力や財力がそれほど伴わない新設の地位に押し込まれたせいで、中央政府に対抗するような力は持たなかったわけです。抵抗勢力がそれほど強くなかったおかげで、（天皇家を除いて）身分制が完全になくなった戦後の日本ほどではないにせよ、「中央」（＝「西洋文明」の最先端）を志向する立身出世も比較的容易になり、社会的流動性が高まった。

ただし絶対主義的集中が前述のように権力のトップ・レヴェルにおいて「多頭一身の怪物」を現出したことと対応して、社会的平準化も、最底辺において村落共同体の前にたちどまった。むしろその両極の中間地帯におけるスピーディな「近代化」は制度的にもイデオロギー的にもこの頂点と底辺の両極における「前近代性」の温存と利用によって可能となったのである。

この箇所は、抽象的な言い回しになっているので難しそうですが、これまでの丸山の記述を踏まえると、それほど難しくはないと思います。「多頭一身の怪物」というのは、前回見たように、明治憲法の下には様々な相互に独立の権力機関があって、まとまりを欠いており、それらをまとめるべき天皇も、必ずしも

「最終的な決断主体」として位置付けられていなかった、ということです。つまり、各臣民の中央志向が最終的に収斂していくべき頂点は、ぼやけていて非効率であるうえ、「皇祖皇宗の遺訓に基づいて統治する天皇」という神話が働いている。近代化の頂点は、極めて非近代的であるわけです。それと対応するかのように、立身出世しようとする諸個人の出身母体である農村にも、家父長的、共同体的な人間関係が残っていて、個人が自由に活動することを許さなかった。言わば、最上層と最下層に「前近代」的な構造があって、諸個人はそれに挟まれていたわけです。窮屈そうな感じですが、丸山に言わせれば、そのおかげで中間での近代化がスムーズに進んだ、ということです。

その際底辺の共同体的構造を維持したままこれを天皇制官僚機構にリンクさせる機能を法的に可能にしたのが山県の推進した地方「自治制」であり、その社会的媒介となったのがこの共同体を基礎とする地主=名望家支配であり、意識的にその結合をイデオロギー化したのが、いわゆる「家族国家」観にほかならない。

山県というのは、長州出身で軍事制度を整え、総理大臣になり、元老として影響を発揮し続けた山県有朋（一八三八－一九二二）のことですね。彼は内務卿、内務大臣として、市制・町村制・府県制・郡制などの地方自治制の制定にも取り組んでいます。「自治制」をカギ括弧に入れているのは、「自治」と言いながら、実際には、中央から任命される官僚である知事や郡長、市長による支配が行われていたからでしょう。

ここでの理屈は比較的簡単ですね。農村には家族を中心とする共同体的な関係がある。天皇は皇祖皇宗の遺訓に基づいて統治している皇室の長である。家族という共通要素があるわけです。そこで、日本人は全て天照大御神の子孫として一つの大家族を構成しており、その宗家の中の宗家が皇室であり、臣民は天皇の赤子である、ということにする。天皇を総宗家であるという大きなフィクションと、村落共同体は大きな家族であるというミクロなフィクションの、二つのフィクションを結び付け、「家族国家」観を作り出したわけです。元々あった伝統や信仰をベースにしているわけですが、「国民」を統合し、統治しやすいように人為的に再神話化した、という感じでしょう。

西欧諸国でも、近代初期には、国王の権力が神から与えられたものだとする「王権神授説」の文脈で、アダムの王権を長子が相続していったことの延長で、王権の正統性を主張する議論もありましたが、それほど影響力を持たないまま衰退していきました。王権の成立と、キリスト教の信仰の間に必然的な繋がりがなかったので、あまり説得力がなかったわけです。それと同じような論理を一九世紀後半の国家統合に用いるのは随分アナクロな感じもしますが、神話を起源として成立した、天皇家の王権の場合、〝自然〟な感じを演出しやすかったのではないでしょうか。加えて、農村での共同体的関係や、その地方ごとの（天皇家の先祖の神々と縁戚関係にある）神々に対する信仰が残っていたことも、「家族国家」神話がうまく機能する要因になったとも考えられます。

こうした上と下の神話を媒介する働きをしたのが、地方自治制と「共同体を基礎とする地主＝名望家」です。「名望家」というのは地方の名士のことです。地主や名望家は、中央に対抗する中間勢力にはならずに、中央の意向を地元に浸透させる役割を果たしていたわけです。

山県有朋

この同族的（むろん擬制を含んだ）紐帯と祭祀の共同と、「隣保共助の旧慣」とによって成立つ部落共同体は、その内部で個人の析出を許さず、決断主体の明確化や利害の露わな対決を回避する情緒的直接的＝結合態である点、また「固有信仰」の伝統の発源地である点、権力（とくに入会や水利の統制を通じてあらわれる）と恩情（親方子方関係）の即自的統一である点で、伝統的人間関係の「模範」であり、「國體」の最終の「細胞」をなして来た。

やや硬い表現ですが、これまでの流れを踏まえると、それほど難しくないでしょう。血族関係の想定と、共同での祭祀の実行、そして隣近所の助け合いによって成立している共同体が、西洋的な意味での「自立した個人」が登場するのを許容しなかった、ということですね。何故、「自立した個人」が析出されにくかったかというと、大事なことは〝みんな〟で決め、各人の権利の衝突が起こらないよう、情緒的に調整するメカニズムが、この共同体（＝結合態）に備わっていたからです。決断主体にさせてくれない代わりに、その共同体のしきたりに従っている限り、特定の個人に過大な責任を負わせることなく、〝みんな〟が庇ってくれる。入会地の管理などの面では、各人を権力的に抑え付けてくるように見えながら、他方で、恩情的なもたれ合いによって庇ってくれる、という両義性を備えていたわけです。国家の頂点に、無責任の構造があるのと対応して、末端にも無責任の構造があるわけですね。

「即自的統一」の「即自」は、ちょっとしたヘーゲル用語ですね。原語は〈an sich〉で、簡単に言うと、「それ自体として」「それ自体で」という意味です。認識主体としての我々の意識の中での反省、概念的媒介を経ることなく、「それ自体において〜である」状態を指すのに用いられます。「権力」と「恩情」という異質なものが何かの媒介を置くことなく、実体として統一体を成しているという感じでしょう。

そうした村落共同体が、「國體」の「細胞」、つまり最も基礎的な構成単位になっているということですね。「細胞」という言い方をすると、まるで「國體」という観念が、具体的な身体を持っているように聞こえますね。共産党の「細胞」も念頭に置いているかもしれません。

超モダンな全体主義――合理的組織化と共同体的紐帯

それは頂点の「國體」と対応して超モダンな「全体主義」も、話合いの「民主主義」も和気あいあいの「平和主義」も一切のイデオロギーが本来そこに包摂され、それゆえに一切の「抽象的理論」の呪縛から解放されて「一如」の世界に抱かれる場所である。

「超モダンな『全体主義』」というのは、これまで何度か出てきた、前近代的なものと、西欧近代を超えようとする契機、「近代の超克」論的なものとの融合の中から生まれてきた全体主義ということです。そうした「超モダンな『全体主義』」だけでなく、「話合いの『民主主義』」や「和気あいあいの『平和主義』」も「國體」を母体にしている、ということですが、この場合の「民主主義」や「平和主義」というのは、何らかの抽象的な理論・理念に依拠しているものではなく、先ほど出てきたような村落共同体における情緒的な慣れ合いっぽい関係に基づいているわけです。主体的な個人のコミットメントに基づいているわけではない、ということですね。丸山は、戦後の日本の「民主主義」や「平和主義」に対しても、そうしたシニカルなまなざしを向けていたのかもしれません。「一如」というのは、主客の区別を超えて、絶対的に同一になっている状態を意味する仏教用語ですね。

「國體」には、理論的な基礎はなく、いろんなイデオロギーに対応することのできる無構造の〝体系〟だけれど、疑似家族的な幻想の中に人びとを取り込み、呪縛することができる。その中に、あまり抵抗しないで取り込まれている限り、諸個人は半近代化された社会の中で比較的〝自由〟に生き、立身出世の階段を上ることもできる。イデオロギー（観念体系）を超えた、超イデオロギーという感じですね。

四七頁の「合理化の下降と共同体的心情の上昇」という見出し語のところも見ておきましょう。上からの合理化と、地方の村落に残っている共同体的心情がどのように融合していったかが論じられています。

日本の近代国家の発展のダイナミズムは、一方中央を起動とする近代化（合理的官僚化が本来の官僚制だけでなく、経営体その他の機能集団の組織原理になって行く傾向）が地方と下層に波及・下降して行くプロセスと、他方、右のような「むら」あるいは「郷党社会」をモデルとする人間関係と制裁様式――飴と鞭（ビスマルク）ではなく、「涙の折檻、愛の鞭」（『労政時報』一九四二・八・二一）――が底辺から立ちのぼってあらゆる国家機構や社会組織の内部に転位して行くプロセスと、この両方向の無限の往復から成っている。したがって一般的にいえば、組織や集団をどの種類で、また上中下どの社会的平面でとりあげてみても、そこには近代社会の必須の要請である機能的合理化――それに基く権限階層制《アムツヒエラルヒー》の成立――という契機と、家父長的あるいは「閥」・「情実」的人間関係の契機との複合がみいだされることになる。

『労政時報』というのは、一九三〇年から労務行政研究所というところが出している機関誌で、現在も発行されています。ビスマルクの「飴と鞭」というのは、労働者に対して、社会保険や年金などの福祉政策によって懐柔すると共に、社会主義鎮圧法によって、社会主義運動に近付くことを抑止するという二面作戦のことですね。利害をはっきりさせて、取り込むわけです。ここでは、労働政策に限らず、もっと一般的な意味で使われているようですね。官僚制を核として合理化を進める国家の民衆に対する統制政策一般を指していると考えたらいいでしょう。権限の上下関係のはっきりした階層的組織を作って、賞罰をはっきりさせて、各人の忠誠心を高めていくわけですね――ルビになっている「アムツヒエラルヒー Amts-hierarchie」はドイツ語で、〈Amt〉の部分には、「役職」「役所」「職権」といった意味があります。

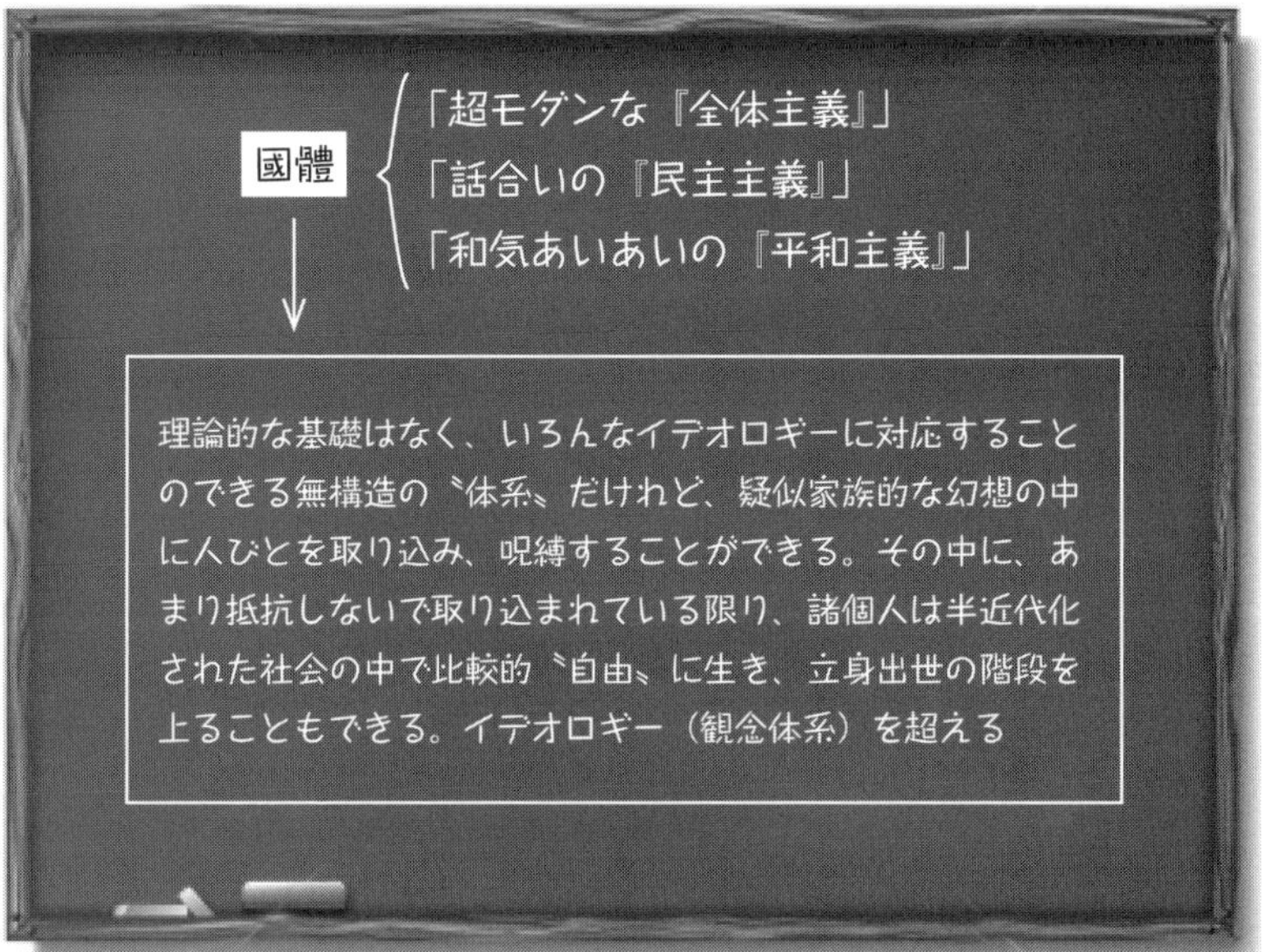
國體
「超モダンな『全体主義』」
「話合いの『民主主義』」
「和気あいあいの『平和主義』」
理論的な基礎はなく、いろんなイデオロギーに対応することのできる無構造の〝体系〟だけれど、疑似家族的な幻想の中に人びとを取り込み、呪縛することができる。その中に、あまり抵抗しないで取り込まれている限り、諸個人は半近代化された社会の中で比較的〝自由〟に生き、立身出世の階段を上ることもできる。イデオロギー（観念体系）を超える

日本の近代化にもそうした合理的な側面がありますが、それと同時に、村落共同体に由来する情実的な関係も組織の中に入り込んでいて、それが組織をうまく機能させている、という話ですね。日本の会社は今でもそういうところがある、という話をよく聞きますね。

ただ、近代化が進むとどうしても、西欧諸国のように、共同体的な繋がりが弱くなっていきます。そこで、国体教育の注入や共同体的心情の吸い上げなどによって、調整する「統治技術」が重要になる、という話が四八頁に出ていますね。

ただ、それでもどうしても、合理的組織化と共同体的紐帯の間で齟齬が生じます。四九頁の、「制度化の進展と『人情』の矛盾」という見出し語のところを見ておきましょう。

しかし他面において、明治以後の近代化は政治、法律、経済、教育等あらゆる領域におけるヨーロッパ産の「制度」の輸入と、

> その絶えまない「改良」という形をとっておこなわれた限り、合理的な機構化にも徹しえず、さりとて、「人情自然」にだけも依拠できない日本帝国はいわば、不断の崩壊感覚に悩まねばならなかった。それは一方で、制度化が「淳風美俗」を破壊する(「民法出デテ忠孝亡ブ」——穂積八束)という支配的イデオローグの側からの不断の憂慮と警告となって現われるとともに、他方「下」からも官治(それはまた法治と等視された)が、「形式に偏」し、「地方の実情」と遊離しているという苦情が繰り返し繰り返し陳情され、それはまた玄洋社、大日本生産党以来、日本的な「田園の侠勇《カヴァレリア・ルスチカーナ》」を代表する国粋団体や、農村の「実情」に直接座を占めている中小地主などの反中央・反官僚主義の発酵源となった。ここに内在する矛盾は複雑であった。

穂積八束(一八六〇-一九一二)は東大の法科大学長(法学部長)も務めた憲法学者で、天皇主権説の元祖でもあります。彼の兄の穂積陳重(一八五六-一九二六)は、民法起草者の一人です。「民法出デテ忠孝亡ブ」というのは、八束の論文のタイトルで、一八八〇年代末から九〇年代初頭の民法典論争に際して、民法施行の延期を求めて書いたものです。民法典論争というのは、一八九〇年に公布された民法が、フランスの法学者ボワソナード(一八二五-九〇)を中心に起草されたもので、自然法的発想が強く、日本古来の伝統や民族性に合わないところが多いので、その施行を延期し、改正すべきだという反対論を受けて、起こった議論です。穂積八束は反対派の急先鋒だったわけです。議論を受けて、施行前に民法を改正することになり、そのための法典調査会の三人の委員の一人に、彼の兄の陳重が就任することになります。

「民法 Civil Law」というのは、文字通りの意味としては、市民間の関係を規律する法律ですが、そのメインは契約関係と財産の相続です。要するに、金に関する取り決めです。しかも、旧民法は、個人の自然権をベースに構成されています。フランス型の民法が制定され、各個人が自分自身の権利を主張し、紛争処理解決のために、共同体的慣習ではなく、（民法に基づく客観的裁定の場としての）裁判所に頼るようになると、忠孝の情が薄れてくるという危機感が、穂積等にはあったのでしょう。更に言えば、穂積たちは法学者としてフランス型民法に反対したわけですが、法に基づく支配という西欧的な発想自体が、日本的な人情に合わないと考えた人たちも少なくなかったでしょう。

玄洋社は、一八八〇年前後に結成された愛国主義運動（右翼）の草分け的な団体で、アジア主義を掲げていました。頭山満（一八五五―一九四四）が総帥を務めました。中島岳志さん（一九七五― ）の『中村屋のボース』（二〇〇五）では、頭山は、日本に亡命してきたインドの独立運動家ラース・ビハリー・ボース（一八八六―一九四五）をアジア主義の精神から支援した人として登場します。

大日本生産党は、玄洋社や黒龍会などの右翼団体が合同する形で一九三一年に結成された国家主義的な政治団体です。それまでの右翼団体が国家の上層部に働きかけることに主眼を置いていたのに対し、大衆への浸透を図り、多くの党員を獲得しています。社会主義との敵対関係を鮮明にしながらも、資本主義経済を根本から変革し、生産体制を国家統制にすることを主張しました。

「カヴァレリア・ルスティカーナ Cavalleria Rusticana」というのは、響きから想像がつくようにイタリア語で、ジョヴァンニ・ヴェルガ（一八四〇―一九二二）というイタリアの作家の小説（一八八〇）、戯曲（一八八三）、及びそれをオペラにした作品（一八九〇）の題名です。直訳すると、「田舎の騎士道」という感じです。ヴェルガの故郷であるシチリアを舞台にして、兵隊帰りの男と元恋人、彼女の現在の夫の間で展開する、嫉妬と復讐、決闘劇の物語です。ここでは、作品の筋はあまり関係なくて、古い慣習が残っている田舎の侠客の気分を表わす言葉として使われているのだと思います。

穂積八束

「右翼団体」と言うと、何となく国家主義的なイメージを抱きがちですが、戦前の玄洋社とか大日本生産党などは、地方の農村に残っているような共同体的な繋がりを重視し、それを破壊しているように見える、中央の官僚たちの主導による近代化・資本主義化を批判していたわけです。二・二六事件を起こした将校たちの行動の背景にも、一般の兵士たちの出身地である農村の疲弊に対する憤りがあった、と言われていますね。

近年、日本の右派・保守論客の間で、日本的な共同体を破壊する（アメリカ主導の）グローバリゼーションと、それを歓迎する財界や官僚、新自由主義系の学者などを批判する風潮が強まっていますが、そういうのは、玄洋社などに繋がる発想なのかもしれません。玄洋社などをアジア主義の観点から再評価する動きもあるようですし。

五〇頁では、そうした右派による近代化への抵抗が、「近代の超克」へと繋がったという推論が述べられています。

こうして私生活の上にアイマイに、しかも重苦しく垂れこめる官僚支配あるいは組織の圧力は、日本社会の底辺から立昇った家父長的精神が「機構的合理性」に注油されて、ふたたび天降ってきたものまでが、土着的な心情の実感からはまさに近代的制度一般、組織一般の必然的なロジックとしてうけとられることになる。こうして一家一村「水入らず」の共同体的心情あるいはそれへの郷愁が巨大都市の雑然さ（無計画性の表現！）に一そう刺戟され、さまざまのメロディーで立ち現われる「近代の超克」の通奏低音をなすのである。

当初は、底辺から立ち上ってくる家父長的精神が、官僚的合理性とうまく融合し、調和しているように

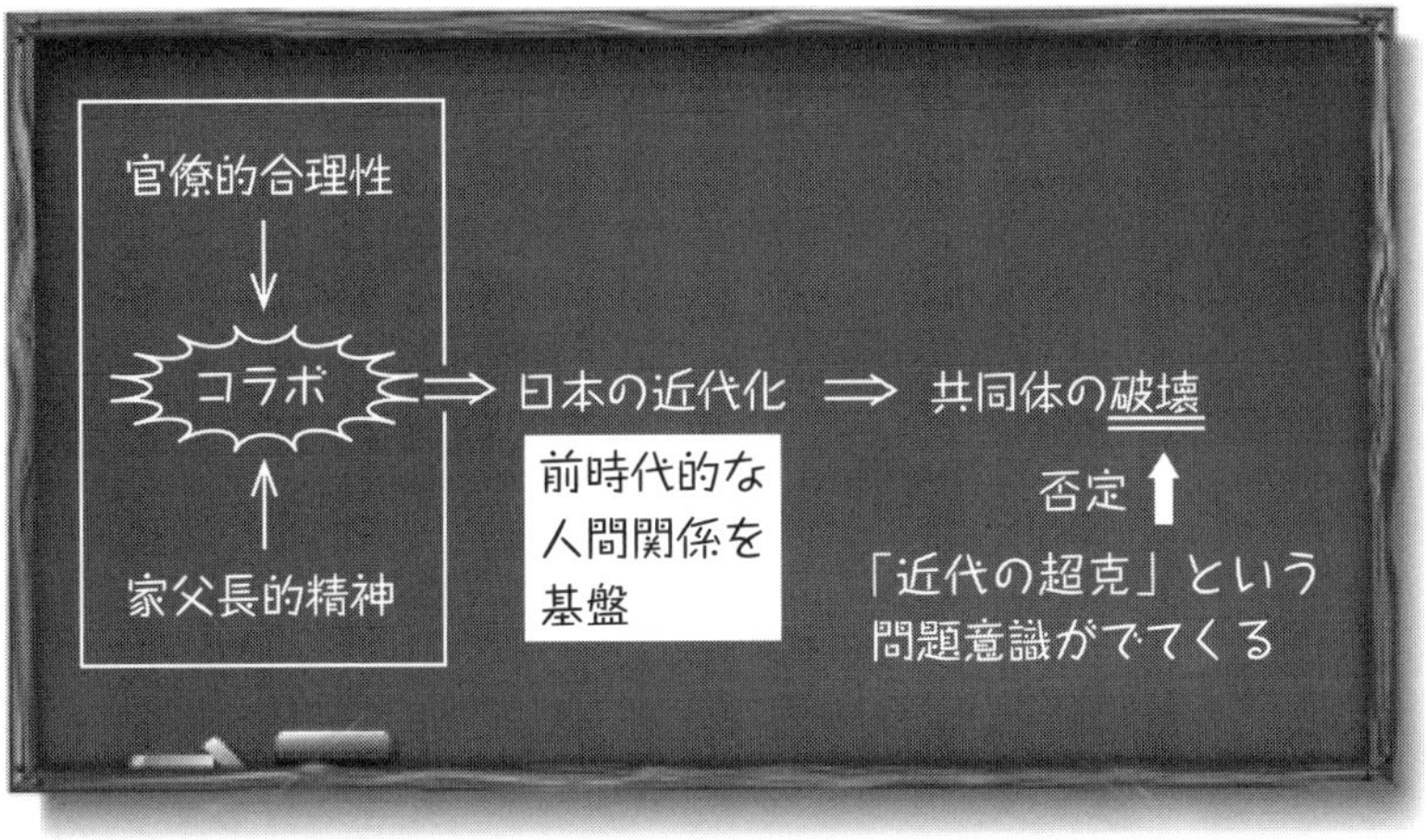

見えたわけですが、そうした両者のコラボによる〝近代化〟が進めば進むほど、共同体が壊れていく。そこで、近代化を緩和しようとするのではなく、破壊的な作用として捉え、真っ向から否定して、共同体の復興を模索する思想が、土着の心情を基盤に生じてきた日本は、前近代的な人間関係を基盤にした〝近代化〟によって成功を収めてきたけれど、そこにはやはり無理があった。その矛盾を意識し、「共同体」を回復しようとする人たちの間で、「近代の超克」という問題意識が生じてきたわけです。ヘーゲル哲学風に言うと、前近代的なものを基盤とする〝（日本的）近代化〟のメカニズムが、弁証法的に反転して、〝近代〟それ自体を超えることを目指すようになった、という感じでしょうか。

組織と人間――合理的思考VS.自然な人情

少し飛んで、五二頁、第四節の「二つの思考様式の対立」というところに行きましょう。二つというのは、合理化を進める思考と、共同体的なもの、〝自然〟な人情を憧憬する思考です。

（…）一方で、「限界」の意識を知らぬ制度の物神化と、他方で規範意識にまで自己を高めぬ「自然状態」（実感）への密着は、日本の近代化が進行するにしたがって官僚的思考様式と庶民（市民と区別された意味での）的もしくはローファー的（有島武郎の用語による）思考様式とのほとんど架橋しえない対立としてあらわれ、それが「組織と人間」の日本的なパターンをかたちづくっている。

有島武郎（一八七八―一九二三）は、『カインの末裔』（一九一七）や『或る女』を書いた白樺派の小説家ですね。「ローファー」というのは、「怠け者」「のらくら者」という意味の英語〈loafer〉に、独自の意味付けをした有島の用語で、制度に囚われないで生きる自由人、自然人というようなポジティヴな意味を持っています。主として、彼が強く影響を受けたアメリカの詩人ウォルト・ホイットマン（一八一九―九二）を形容するのに使った言葉です。ホイットマンは、その主要作品である詩集『草の葉』（一八五五）が強烈な性的描写で物議をかもし、いろんな職業を転々とし、様々な社会運動にコミットした人です。思想史的には、『森の生活』（一八五四）で知られるヘンリー・デイヴィッド・ソロー（一八一七―六二）やエッセイストのエマーソン（一八〇三―八二）と共に、一八三〇年代から四〇年代にかけてニューイングランド地方で盛んになった「超越主義 transcendentalism」を代表する人物とされています。「超越主義」というのは、人間や自然の内的本性、霊性を探究し、社会を変化させようとする思想・文化運動です。ホイットマンについてもう一つ付け加えておくと、リベラル・アイロニズムという立場を取っていた分析哲学者のリチャード・ローティ（一九三一―二〇〇七）は、自分が継承しようとするアメリカのプラグマティズム的左派の代表的哲学者として、デューイ（一八五九―一九五二）と共に、ホイットマンを挙げています。

「制度の物神化」の方は既に何度か出てきたので分かりますね。「規範意識にまで自己を高めぬ『自然状態』（実感）への密着」というのが、ちょっと難しそうですね。この場合の「自然状態」というのは、当然、ホッブズ（一五八九－一六七九）、ロック（一六三二－一七〇四）、ルソーなどの社会契約論の前提になった「自然状態」のように、抽象的に理念化された形で想定されているものではなく、人びとが何となく「実感」としてイメージしている、〝（前近代の）自然な状態〟という感じでしょう。前近代の共同体への憧憬を含んだ〝自然状態〟だから、市民的権利や法の支配、人民主権などの政治的理念には繫がらない。

この少し前の箇所、五一頁から五二頁の注＊＊のところで、「部落共同体的人間関係はいわば日本社会の『自然状態』であ」り、それは「自然権なき自然状態」だと述べられています。ホッブズたちの自然状態論は、個人の権利としての「自然権」の存在を前提としていますが、日本の実感としての〝自然状態〟には、そういうものはありません。そういう〝自然状態〟は、物神化する官僚的制度への抵抗の基盤になるけれど、その抵抗の担い手は、自立した権利主体としての「市民」ではない。日本的な共同体感情によって動く「庶民」か、市民社会的な規範や約束に一切囚われないで気ままに生きる、ホイットマン－有島的な「ローファー」のような存在です。だから、社会契約論のような論理によって、「組織」と「人間」の間を理念的に架橋し直すことができない。

近代日本の思想と文学

それは近代化の矛盾がはげしくなるにつれて乖離を露わにしたが、もともと日本の「近代」そのものに内在し微妙なバランスを保っていた契機の両極化であり、すなわち日本における「制度」と「精神」との構造連関が認識論的側面において、両極として表現された形態にほかならない。そうして日本における社会科学の「伝統的」思考形態と、文学におけるそれ以上伝統的な「実感」信仰の相交わらぬ平行線もまたつきつめれば同じ根源に帰着するように思われる。

「組織と人間」という問題が、社会科学の「伝統的」思考形態と文学の「実感」信仰のスレ違いにも繋がっているわけです。これは、『日本の思想』に収められている第二論文「近代日本の思想と文学」のテーマです。第二論文はこの連続講義の中で取り上げることはできないのですが、ここでごくかいつまんで、そこでの議論に少しだけ触れておきましょう。明治末期から戦前にかけての日本の思想史における政治─科学─文学の三者関係について歴史的に概観しているこの論文では、社会的現実を科学的な普遍法則に基づいて把握しようとする──マルクス主義をその典型とする──「科学主義」と、個人の内面的な心理や葛藤、日常的な体験を起点として社会を芸術的に描こうとする「文学主義」が対立し合い、両者の間にコミュニケーションがない、という趣旨のことが指摘されています。言い換えると、社会と個人、抽象的理論と個人の実感の間に大きなギャップが生じ、二つの領域をそれぞれ異なった仕方で探求する二つの言説の間に共通の言語がなく、それが「日本の思想」の弱点になっている、という話です。プロレタリアート文学は、科学主義が、文学に入り込んで、浸蝕していき、文学主義の側の反発を引き起こした現象という感じで分析されています。

［文学（実感）vs.科学（理論）］の二項対立図式を基準に考えると、政治学者である丸山はどちらかというと、科学主義の方に近いような気もしますが、彼は、マルクス主義に典型的に見られる、「理論」によって社会的な「現実」を全体的かつ完璧に把握し、その「理論」に基づいて「現実」を〝正しく〟変革していこうとする「トータリズム」の傾向を批判的に見ており、そういう発想が官僚的合理主義と通底しているのではないか、ということも示唆しています。

文学の言葉と、社会理論の言葉が乖離しているというのは、どこの国にもある現象だと思いますが、丸山が指摘しているように、日本の場合、長年にわたってマルクス主義が文学と対抗する理論の代表格になっていたこともあって、少し独特の様相を呈していますね。一昔前まで、「文学者」が、抽象的な理論で現実を裁断しようとする「理論家」を非難し、後者は後者で、前者の現実遊離を非難する、という図式がありましたね。

このことと直接関係していると言えるかはっきり分かりませんが、日本の有力な「思想家」は、「文芸批評家」が多いということがよく言われますね。小林秀雄（一九〇二―八三）とか福田恆存（一九一二―九四）、吉本隆明（一九二四―二〇一二）、江藤淳（一九三二―九九）、蓮實重彦（一九三六― ）、柄谷行人、福田和也（一九六〇― ）とか。中沢新一（一九五〇― ）、浅田彰（一九五七― ）、大塚英志（一九五八― ）、東浩紀（一九七一― ）等も文芸評論家として認識されることが多いですね。社会学者や哲学者で影響力のありそうな人は大抵、本業よりも、評論的な文章で影響力を発揮します。丸山は例外的な存在かもしれませんが、その丸山でさえ専門の日本政治思想史の研究よりも、時事論的な文章の方がよく読まれ、影響を与えています。この『日本の思想』も、どちらかというと評論っぽいですね。

『理論』は空虚で現実離れしているので頼りにならない！　〝生きた言葉〟を語る文学の言葉こそ、現実の中で苦しむ若者の実存に光を当てる！」、とかいうような感じの――よく分からない紋切り型の――セリフを言いたがる、〝思想好き〟の人っていますね。迷惑します（笑）。ただ、現在では、その〝文芸評論〟も含めて、〝抽象的な文章〟一般が嫌われ、「苦しんでいる人のナマの声」を素朴に伝え、シンプルな共感へと呼びかけるような、〝評論〟が好まれる風潮が強まっていますね――我慢して難しいものを分かったふりして読む、知識人予備軍が激減しただけのことかもしれませんが。二〇〇八年に、典型的なプロレタリアート文学である小林多喜二（一九〇三―三三）の『蟹工船』（一九二九）が、〝格差に苦しむ若者の心に響く作品〟というウリでブームになったのは、皮肉な感じがします。

セカイ系？　あるいは、なぜ文学に「社会」は存在しないのか？

話を元に戻しましょう。五三頁で丸山は、「いえ」的同化と、「官僚機構化」の狭間にあって、「自我のリアリティ」を確立しようとした「日本の文学」が、「実感信仰」を強めていったと述べています。

（i）感覚的なニュアンスを表現する言葉をきわめて豊富にもつ反面、論理的な、また普遍概念をあらわす表現にはきわめて乏しい国語の性格、（ii）右と関連して四季自然に自らの感情を託し、あるいは立居振舞を精細に観察し、微妙にゆれ動く「心持」を極度に洗練された文体で形象化する日本文学の伝統、（iii）リアリズムが勧善懲悪主義のアンチテーゼとしてだけ生まれ、合理精神（古典主義）や自然科学精神を前提に持たなかったこと、したがってそれは国学的な事実の絶対化と直接感覚への密着の伝統に容易に接続し自我意識の内部で規範感覚が欲望や好悪感情から鋭く分離しないこと、（iv）文学者が（鷗外のような例は別として）官僚制の階梯からの脱落者または直接的環境（家と郷土）からの逍走者であるか、さもなくば、政治運動への挫折感を補完するために文学に入ったものが少なくない、いずれにしても日本帝国の「正常」な臣民ルートからはずれた「余計者」的存在として自他ともに認めていたこと――などの事情によって、制度的近代化と縁がうすくなり、それだけに意識的な立場を超えて「伝統的」な心情なり、美感なりに著しく傾斜せざるをえなかった。

率直に言って、かなり一方的かつ大雑把な性格付けなので、ちゃんとした文学史の研究をしている人には受け入れにくいと思いますが、その分、「日本の文学」に対する丸山の見方がはっきり出ていますね。「日本の思想」の無構造性に対応しているような感じですね。

日本語に西洋風の普遍的な概念が入ってきて、定着するようになったのは明治以降のことなので、（i）

はある意味、仕方のないことかもしれませんが、うまいか下手かは別にして、哲学的な抽象観念を書き連ねていくような感じの小説は、明治・大正時代にもなかったわけではないし、現代には結構たくさんありますね。(ii)についても、はっきりとそういう傾向の作品ってごく一部だし、西欧の文学は違うのか、という気がしますね。(iv)の「余計者」というのも、大抵どこの国の文学者についても言えることですし、ドイツ文学やロシア文学には、作品の主人公として「余計者」の系譜があります。

ただ、(iii)だけは、「合理精神」や「自然科学精神」を前提として持たないと一方的に断言しているものの、少し面白い観点が出ていますね。そういう合理的な抽象化を経ていないせいで、規範意識が、伝統的に培われてきた「欲望や好悪感情」からはっきりと分離しておらず、そのことが文学にも反映している、と主張しているわけですね。これについてはなるほどという感じがします。

一八世紀以降の西欧の市民社会においては、特定の宗派や共同体の慣習に囚われない――ことを目指す――価値中立的な「正義」観念を核とする道徳規範が発達したとされています。そうした道徳規範や、政治の理想をテーマにした文学作品も多く誕生しています。ドイツだと、レッシング（一七二九‐八一）とかシラーの作品は、市民的な規範意識や普遍性志向、公／私の分離をテーマにしたものが多いし、ゲーテによって開拓された「教養小説 Bildungsroman」というジャンルでも、主人公が社会の中でいかに市民的規範を身に付け、どのような市民的理想を追求するかといったテーマが盛り込まれていることが多いです。フランスだと、スタンダール（一七八三‐一八四二）とかバルザック（一七九九‐一八五〇）が、リアリズム的な文体によって、市民社会における新しい道徳意識や秩序観を追求したと言えそうです。日本だとそういう、文学における市民的規範の探究という伝統はあまり発展せず、いきなり、マルクス主義に基づく――つまり、マルクス主義的な世界観が正しいことを最初から前提とする――プロレタリアート文学が出てきた感じですね。無論、個人の心理や心象風景を描いている作品の中に、「社会」を読み解く文芸批評上のテクニックもあるので、そういうテクニックを駆使した凝った解釈をすれば、日本の文学史にも、規範意識形成の軌跡を見てとることはできないわけではないでしょうが、それは別の次元の話でしょう――お説教系の〝社会派小説〟ならいくらでもありそうですが。

丸山は、文学の中に「社会」が不在になりがちな原因を、日本には、近代的合理化の波に真っ向から抵抗する強い契機が形成されなかったせいではないかと分析しています。

しかもヨーロッパのロマン主義者のように自然科学的知性そのものを真向から否定するには、近代日本全体があまりに自然科学と技術の成果に依存しており、またその確実性を疑うほどの精神の強烈さ（あるいは頑固さ）もわが国の文学者は持ち合わせない。こうして一方の極には否定すべからざる自然科学の領域と、他方の極には感覚的に触れられる狭い日常的現実と、この両極だけが確実な世界として残される。文学的実感は、この後者の狭い日常的感覚の世界においてか、さもなければ絶対的な自我が時空を超えて、瞬間的にきらめく真実の光を「自由」な直観で摑むときにだけ満足される。その中間に介在する「社会」という世界は本来あいまいで、どうにでも解釈がつき、しかも所詮はうつろい行く現象にすぎない。

日本にも昭和前期に「日本浪漫派」と呼ばれる運動はありました。当然、丸山もそれは承知しているはずですが、ここでは、「自然科学的知性」の真っ向否定というところにポイントがあります。つまり丸山は、単に近代化を嫌って、過去を懐かしがるということではなく、近代の核になっている「自然科学的知性」と対決し、それを超える知の在り方を本気で探求し、確立しようとしたか否かを問題にしているわけです。現実逃避するのではなく、真っ向から対決しようとするのであれば、「自然科学的知性」のインパクトをいったん真剣に受け止め、ある程度習熟する必要がある。知らないものと、本格的に対決することはできません――現代日本には、自分でもよく分かっていない〝新自由主義〟とか〝フランクフルト学派〟などと闘っているつもりになっている、困った〝論客〟がたくさんいるわけですが。初期のドイツのロマン派は、フランス革命と、「自我」を中心に世界を体系的に把握しようとするフィヒテの哲学、そして市民社会における主体の形成のモデルを提示したゲーテの古典主義的文学に衝撃を受け、それらを自分なりに受け止め、乗り越えようとする所から出発します――この辺のことは、拙著『モデルネの葛藤』（御茶の水書房）で論じましたので、関心があれば、ご覧下さい。加えて、「自然科学的知性」に対抗するには、強い精神的バックボーンが必要です。西洋諸国のロマン主義系の運動では、カトリックへの信仰とか、英国国教会の伝統、民族共同体の記憶や慣習などが、そういうバックボーンになったわけです。

丸山の見方では、「日本の思想」は〝伝統的〟に無構造だったので、西欧的なものをすんなり受け入れ、急速に近代化していったけれど、前近代的、共同体主義的な要素を完全に克服し、排除し切ったわけではなかった。そうした要素は普段は表には出てこなくても、人々の意識の奥に雑然とした形で蓄積されていて、何かの拍子に急に噴出してくることもある。そういうわけで、〝反近代の思想〟は強烈な精神的バックボーンを得ることもなく、論理的に体系化されることもないまま、一九三〇年代頃に政治情勢の変化と共に急に浮上してきた、ということでした。丸山は、京都学派などの「近代の超克」論を、農村に残存し、近代化の影の原動力にもなった共同体的感情の残滓が、情緒的に噴出したものとしか見ていなかったわけですね。

それと対応するように、「日本の文学」は、近代との正面からの格闘を避け続け、「私」自身の日常的な感覚に密着するか、現実を〝超絶〟した芸術的境地を描き出すか両極に分かれ、その中間に拡がる「社会」への問題意識が欠如した、というのが先ほど読みあげた箇所での主張です。このように言い切ってしまうと、いろいろ疑問が湧いてきますが、日本ではプロレタリアート文学とか、告発型の社会派小説とは違った形で、「(市民) 社会」をちゃんと主題にした文学が育ちにくい、というのはよく聞く話です。
最近のサブカル論で言うと、アニメや漫画の「セカイ系」と呼ばれる系統の作品では、主人公の二人の関係にその「世界」の運命がかかっているかのように、全てがそこに収斂していく物語設定になっていて、二人を取り巻く社会的な関係性がちゃんと描かれていない、というか、最初からざっくり省略されている、ということがよく言われます。これも、丸山の言う、文学作品で「社会」の存在が希薄になっているという現象の変形ヴァージョンかもしれません。

マルクス主義の効用と功罪

このように、明確な構造を備えた体系的思考が形成されず、様々な思想的言説が雑居していた日本の思想風土において、明治末から大正期にかけて、統一的な世界観を持つ体系的——かつ実践的な——な理論として紹介され、知識人の間で急速に影響を拡大したマルクス主義は、極めて特異な位置を占めることになります。五五頁に、「日本におけるマルクス主義の思想史的意義」という見出し語が出ていますね。

マルクス主義が社会科学を一手に代表したという事は後で述べるような悲劇の因をなしたけれども、そこにはそれなりの必然性があった。第一に日本の知識世界はこれによって初めて社会的な現実を、政治とか法律とか哲学とか経済とか個別的にとらえるだけでなく、それを相互に関連づけて綜合的に考察する方法を学び、また歴史について資料による個別的な事実の確定、あるいは指導的な人物の栄枯盛衰をとらえるだけではなくて、多様な歴史的事象の背後にあってこれを動かして行く基本的導因を追求するという課題を学んだ。

政治、法、経済、文学、歴史、哲学といった個別領域の境界線を超えて、「社会的現実」を総合的に捉える視座をマルクス主義が初めて提供したというのは、丸山以外にも多くの人が指摘していることです。実際、八〇年代からマルクス主義が衰退するようになったのに伴って、分野横断的な共通言語が失われ、左派的・反体制的な学者の間でも、分野が異なると話が全然通じない、という状況が生じました。弁証法とか下部構造とかイデオロギーとか階級意識とか物象化とかいった共通の概念があれば、歴史学と哲学のような違う分野の専門家同士でも結構アカデミックな会話をすることができた――少なくとも、お互いにそういうふりをすることができた――わけです。それだけにとどまらず、マルクス主義系の諸理論が協働して提供していた、統一的世界像・歴史観も失われた。それが、「大きな物語」の喪失と呼ばれる事態です。

マルクス主義の凋落と共に、「大きな物語」を語るのが難しくなったというのは、西欧諸国でも言われていることですが、ただ西欧諸国には、キリスト教とか、ギリシア＝ローマ以来の人文主義の伝統とか、カント哲学、ヘーゲル哲学、ロマン主義、新カント学派など、世界観を伴った総合的な理論はそれまでにもいくつかありましたので、日本ほどマルクス主義が突出した感じにはなっていなかったようです。

第二に右のことと関連して、マルクス主義はいかなる科学的研究も完全に無前提ではあり得ない事、自ら意識すると否とを問わず、科学者は一定の価値の選択の上に立って知的操作を進めて行くものである事を明かにした。これまで哲学に於てのみ、しかし甚だ観念的に意識されていた学問と思想との切り離し得ない関係を、マルクス主義は「党派性」というドラスチックな形態ですべての科学者につきつけた。

いかなる知の体系も文字通り、中立的ではあり得ず、それに従事している学者や知識人の価値観から自由ではありえない、というのは現代ではむしろ当たり前になっている話ですが、日本では、マルクス主義者たちの使う「党派性 Parteilichkeit」という強い言葉によってそのことが印象付けられました。マルクス主義の「党派性」というのは、「階級」的な立場から来る、「真理」観のズレということですね。階級的立場性が違う者が、同じような〝客観〟的な視点から物を見ることはできない、というわけです。ブルジョワジーが観念論的な科学観に固執するのに対し、プロレタリアートは唯物論＝即物的に科学を探求することができる、というようなことが主張されます。

当然、「そういう素朴な二項対立的な見方をするマルクス主義自体が〝党派性〟に囚われているのではないか？」、と批判することができるわけですが、そういう分かりやすい突っ込みどころがあることによって、マルクス主義が言っているのとは別の意味での〝党派性〟が明らかになる、と見ることもできるでしょう。

この点についても、西欧では、「価値自由 Wertfreiheit」をめぐるウェーバーの議論のように、より一般化した形で、価値と学問の関係を論じる議論もあったわけですが、日本では一昔前まで、マルクス主義のかなり極端な主張だけが注目される傾向があったわけです。因みに、ウェーバーの「価値自由」というのは、〝価値自由〟に認識することが可能だという話ではなくて、あらゆる人は自らの価値観に従って物を見ているので、それを自覚することで、自らの価値からできる限り〝自由〟になることを目指すということです。

しかもその思想は世界をいろいろと解釈するのではなくて、世界を変革することを自己の必然的な任務としていた。直接的な所与としての現実から、認識主体をひとたび隔離し、これと鋭い緊張関係に立つことによって世界を論理的に再構成すればこそ、理論が現実を動かすテコとなるという、これまた凡そデカルト、ベーコン以来近代的知性に当然内在しているはずの論理は、わが国ではマルクス主義によって初めて大規模によび醒されたといっても過言ではない。

「世界をいろいろと解釈するのではなくて、世界を変革する」というのは、マルクスの「フォイエルバッハ・テーゼ」（一八四五）の最後のテーゼ（第一一テーゼ）から取ったフレーズですね。元の文は、「哲学者たちは様々に世界を解釈しようとしただけである。問題なのは、世界を変革することである Die Philosophen haben die Welt nur verschieden interpretiert; es kommt aber darauf an, sie zu verändern.」というものです。これは、マルクス主義が事物の客観的認識ではなく、実践を旨とする思想であることを強調する台詞として有名ですね。

ただ、一一のテーゼ全体を見ると、唯物論が「世界の変革」を目指さなければならない背景として、人間の思考がその身体性と結び付いていること、人間たちはその身体を使って、対象や自らの周囲の世界を協働で産出していること、そのことをブルジョワ的な思想――フォイエルバッハ（一八〇四－七二）もそこに含まれます――は直視できない、ということが述べられています。つまり、丸山がここで言っているようなことが、唯物論的な視点から述べられているわけです。

フォイエルバッハ

ただし、丸山に言わせれば、人間は現実を直接知覚しているわけではなく、自立した「主体」として現実から一定の距離を取り、自らの視点、価値観から対象を、更には世界全体を再構成する、という考え方は、ベーコン（一五六一－一六二六）やデカルト以来、近代知の前提になっていたわけです。前回、「デカルトのコギトの原理」と、国家や社会の制度の構成とが対応している、という話が出てきましたね。そうした西欧近代哲学にとっては、ある意味当たり前だったこと、世界を認識すると共に（再）構成の主体として「私」を把握するということ、別の言い方をすれば、「コギト」の能動的側面を自覚するということが、日本の知的風土ではなかなか当たり前の話にならず、マルクス主義によって、ようやくそういう問題意識が生まれてきた、と丸山は指摘しているわけです。ベーコンからヘーゲルまでをすっ飛ばして、マルクスの革命理論を通して、「コギト」の能動性＝主体性を知ったのだとすれば、かなり特異な主体性理解になりそうですね。実際、そうなってしまった、と丸山は言っているわけです。

コギトの能動性を知らず、受け身的な体質だった無構造の「日本の思想」に、階級的「党派性」論を持ちこんだマルクス主義には、そうした功罪があるわけです。五七頁の「理論信仰の発生」という見出し語のところにいきましょう。

しかしながら、マルクス主義が日本でこのように巨大な思想史的意義をもっているということ自体にまた悲劇と不幸の因があった。近世合理主義の論理とキリスト教の良心と近代科学の実験操作の精神と――現代西欧思想の伝統でありマルクス主義にも陰に陽に前提されているこの三者の任務をはたしてどのような世界観が一手に兼ねて実現できようか。日本のマルクス主義がその重荷にたえかねて自家中毒をおこしたとしても、怪しむには足りないだろう。

明治以降の「日本の思想」が、異質な存在である「西欧」との正面からの対決を回避したせいで、近世合理主義、キリスト教によって培われた個人の良心、近代科学の実験操作の精神の三者が伝統的に担ってきた役割を、「日本のマルクス主義」が単独で引き受けねばならなくなったわけです。「マルクス主義」は

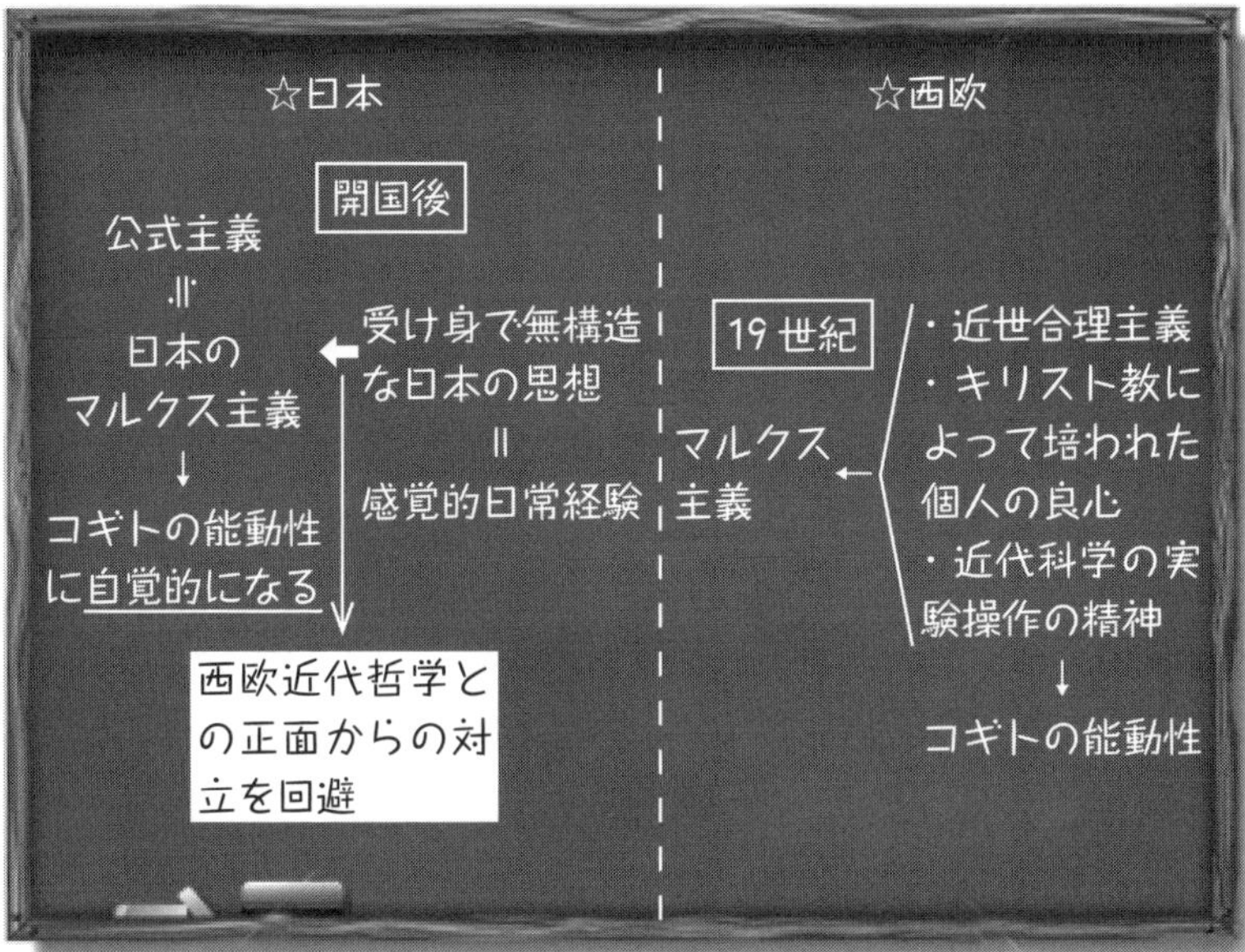

元々、これら三つを基盤にして一九世紀半ばに生まれてきた思想で、三者の遺産を引き継ぎ、それらが到達した地平を乗り越えるべく自らの世界観・理論を展開したわけですが、その前提抜きに、全てをしょい込むことには無理があったわけです。

このことを逆にいうならば、まず第一に、およそ理論的なもの、概念的なもの、抽象的なものが日本的な感性からうける抵抗と反撥とをマルクス主義は一手に引き受ける結果となった。第二に必ずしもマルクス主義者に限らず一般の哲学者、社会科学者、思想家にも多かれ少かれ共通し、むしろ専門家以外の広い読者層あるいは政治家、実業家、軍人、ジャーナリスト等が「教養」として、哲学・社会科学を重要視する際によりはなはだしい形であらわれるところの理論ないし思想の物神崇拝の傾向が、なまじマルクス主義が極めて体系的であるだけに、あたかもマルクス主義に特有な観を呈するに至った。ちょうどマルクス主義が「思想問題」を独占したように、公式主義もまたマルクス主義の専売であるかのように今日でも考えられている。その際、「公式」というものがもつ意味や機能は殆んど反省されず、またマルクス主義以外の主義・世界観・教義などが果して日本の土壌で理解され信奉されるときはマルクス主義に劣らず公式主義的にならないかという問題はともすると看過されるのである。

「日本の思想」が、感覚的日常経験に重きを置き、「漢意＝概念化」を嫌う体質を持っているとすれば、西欧近代の哲学・思想に対して拒絶反応を起こして当然のはずですが、当初は真っ向から抵抗せず、表面的にはすんなり受け入れた。そのため、後から――「近代の超克」論のような形で――強い反動が生じてきた。その反動が起こってくる少し前、明治末期から大正時代にかけて、マルクス主義が、〝西欧近代〟の鬼子とも言うべきマルクス主義が強烈なインパクトを伴って導入されたせいで、マルクス主義が、「理論的なもの」「概念的なもの」「抽象的なもの」、つまり「漢意」の代表のような扱いを受けることになったわけです。

それと連動して、知識人の間に見られる、理論や思想に対する「物神崇拝」傾向も、まるでマルクス主義者の専売特許であるかのように見なされるようになった、ということですね。この場合の「物神崇拝」というのは、理論や思想が、「現実」を扱うための「フィクション」であるという意識を失って、現実そのものであるかのように実体視し、固執する態度のことですね。学者や知識人が、自分の理論を理想化し、その理論を所有している自分に陶酔してしまうのはよくあることですが、新たに導入されたマルクス主義がその体系性ゆえに多くの学者、知識人を魅了したため、マルクス主義と「理論への物神崇拝」がイメージ的に結び付いてしまったわけですね。

「公式」については、初回で見た一六頁から一七頁にかけての箇所にも出てきましたね。簡単に言うと、現実を定型化、パターン化して認識するための枠ということです。「公式主義」というのは、物事をすべて公式に当てはめて理解しようとする態度だと見ていいでしょう。ここでの書き方から分かるように、丸山は、「公式」を通して物を見ることの重要性は認めています。概念を作るということは、その概念を組み立てて、自分の認識枠組みを作るということも含意しています。その意味で「公式」化は不可避なのですが、丸山は、そうした「公式」がフィクションであることを忘れ、「公式」さえ分かっていれば、全てを把握できるつもりになってしまう、物神化傾向を問題視しているわけです。

更に言えば、［公式主義≒マルクス主義］というイメージが強くなりすぎるせいで、他の思想や理論は、「マルクス主義ほど公式主義的ではない」、と安易に前提されてしまうことで、マルクス主義以外の思想や理論の公式主義的傾向が強まってしまうことも、丸山は問題視しています。

これは、今でも、よく目にする現象ですね。数式とか論理式、あるいはコンパクトな要素命題の組み合わせによって、対象を機械的に分析できる、〝すごい理論〟に遭遇した院生、学生がのぼせあがって、何でもその理論の〝公式〟で分析したがり、それに疑問を呈する人を、勉強不足呼ばわりすることがありますね。そういうのには、本当に迷惑します（笑）。私のようなのが迷惑するだけならいいのですが、そういう人が高級官僚とか有力な学者、評論家になると、社会にとって厄介です（笑）。そういう困った人たちが多いのは、丸山の言うように、明治期の「日本の思想」が、「西洋近代」との正面対決を回避したせいかもしれませんね。

抽象「化」するプロセス

（…）ここではともすれば、現実からの抽象化作用よりも、抽象化された結果が重視される。それによって理論や概念はフィクションとしての意味を失ってかえって一種の現実に転化してしまう。日本の大学生や知識人はいろいろな範疇の「抽象的」な組合せによる概念操作はかえって西洋人よりうまいと外国人教師に、皮肉を交えた驚嘆を放たせる所以である。

しかしこうして、現実と同じ平面に並べられた理論は所詮豊饒な現実に比べて、みすぼらしく映ずることは当然である。とくに前述のような「実感」に密着する文学者にとっては殆んど耐えがたい精神的暴力のように考えられる。

「現実からの抽象化作用」よりも「抽象化された結果」が重視される、というのが少し禅問答めいていて分かりにくそうですが、傍点が打たれているところに注目すれば、それほど難解ではありません。「抽象化作用」の「化」に傍点が付いている意味はすぐに分かりますね。抽象化を経て出来上がった概念それ自体よりも、抽象「化」するプロセス、手順が重要だということを強調するためですね。

「からの」の傍点の方は、「現実からの～」となっていることから分かるように、抽象化のプロセスの起点が、まだ概念化されていない、ナマの「現実」にあることを示しています。英語の〈abstract〉の語源は、ラテン語の〈abstraho〉ですが、これは「～から引き離す」とか「～から引っぱり出す」というような意味の動詞です。英和辞典に〈abstract〉に、化学用語としての「抽出する」という意味が出ていますが、この「抽出」のイメージで考えると分かりやすいでしょう。「現実」の中から、自らの構築しようとしている〝理論〟にとっての〝不純物〟（と思われるもの）を排除し、自分にとって必要な単純な要素だ

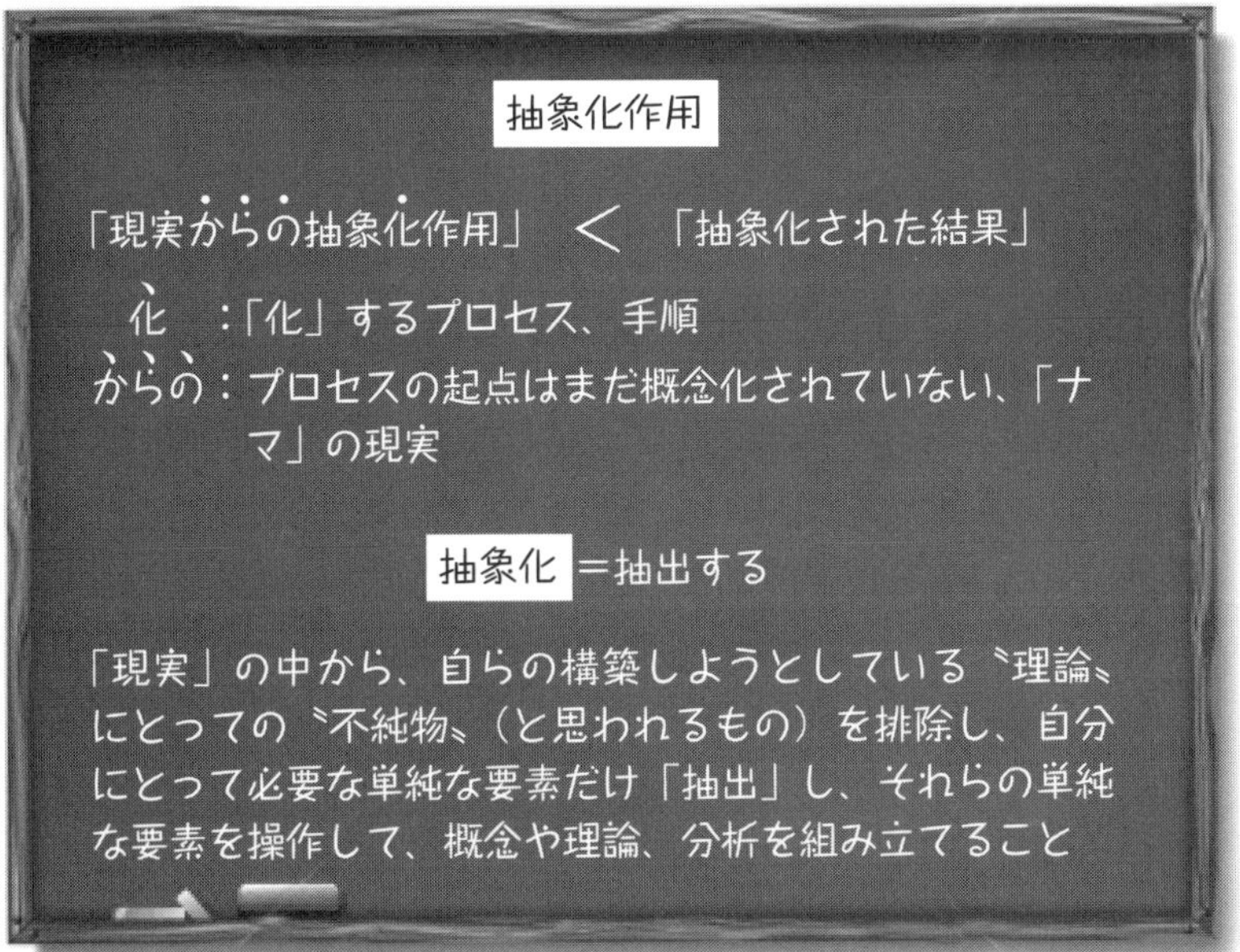
抽象化作用
「現実からの抽象化作用」 ＜ 「抽象化された結果」
化　：「化」するプロセス、手順
からの：プロセスの起点はまだ概念化されていない、「ナマ」の現実
抽象化 ＝抽出する
「現実」の中から、自らの構築しようとしている〝理論〟にとっての〝不純物〟（と思われるもの）を排除し、自分にとって必要な単純な要素だけ「抽出」し、それらの単純な要素を操作して、概念や理論、分析を組み立てること

け「抽出」し、それらの単純な要素を操作して、概念や理論、分析を組み立てることが、「抽象化」であるわけです。

当然のことながら、「抽出＝抽象」の過程で、大事なものを捨ててしまって、ヘンな〝結果〟を導き出してしまったのではないかという恐れは常にある。だからこそ、「結果よりも、プロセスが大事だ」、というのがまともな学者の発想です。しかし、概念や理論が、抽象化＝抽出によって出来上がった「フィクション」にすぎないことを忘れ、「現実」それ自体であるかのように考えると、先ほどから言っている、理論の物神崇拝や公式主義に陥ってしまう。日本人は特に、そういう傾向に陥りやすい。何故かと言えば、明治以降の日本が、西欧諸国から、既に完成した理論を――抽象化のプロセスをすっ飛ばして――輸入してきたからです。そのため、日本の学者や学生は、（西欧諸国の学者たちによる抽象化作業の最終的な帰結である）概念や範疇

を、機械的・道具的にいじくり回すのはうまいけど、抽象化によって何が得られ、何が失われたかよく考えないし、考えようともしない。「公式」を操作できる自分は、「現実」をコントロールしているような気分になる。機械が動く原理をよく知らなくても、機械を上手に操作するのにあまり支障がないわけですね。

自分が扱っている〝結果〟を生み出した、「抽象化作用」がどういうものかよく分かっていなかったら、まともな学者とは言えません。しかし、学者として確実にポストを得て出世しようとするのであれば、自分の足場になっている「抽象化作用」についてねちっこく考えるよりも、〝偉大な理論家〟が作ってくれた理論や概念装置を——あまり疑問を持たず——抽象的にいじくっている方が、論文は書きやすい。「○○理論の▽▽への応用の可能性」という感じのタイトルの論文を器用に書く人は、実際多いです。

そういう感じの学者の〝見解〟が論壇などでもてはやされると、それに反発する〝文学〟っぽい人が出てきて、「現実離れした空理空論だ。血が通っていない」と非難する。すると、公式主義の学者は、「そういう感情的な意見は不毛です。私はデータに基づいて発言しています」、などと言う。そう言われると、相手は余計に、その学者の〝現実〟離れを確信する。

無限責任↓無責任——理論の「フィクション」性

そういうパターンの応酬って、今でも結構ありますね。特に「格差社会」論争とかで。

第一論文を読む締め括りとして、六〇頁の「理論における無限責任と無責任」という見出し語の所を少し見ておきましょう。天皇制国家において、「無限責任と無責任が表裏一体の関係」を成しているという前半の議論が、理論にも当てはまるという話です。最初に、理論家の任務は、「現実と一挙に融合」するのではなくて、「一定の価値基準に照らして複雑多様な現実を方法的に整序するところにあ」る、とこれまでの議論をまとめたうえで、次のように述べています。

ところが、実践（実感！）に対するコンプレックスの形であれ、あるいは理論の物神化の形であれ、理論が現実と同じ次元に立って競争するような知的風土では、さきのヘーゲル↓マルクス的考え方はややもすると次のような結果を生む。すなわち一方、自己の依拠する理論的立場が本来現実をトータルに把握する、また把握し得るものだというところから責任の限定がなくなり、無限の現実に対する無限の責任の建て前は、実際には逆に自己の学説に対する理論的無責任となってあらわれ、しかもなお悪い場合にはそれがあいまいなヒューマニズム感情によって中和されて鋭く意識に上らないという始末に困ることになる。

「理論が現実と同じ次元に立って競争する」という比ゆ的な言い方が少し分かりにくいですが、これは理論の「フィクション」性の認識をめぐる問題です。フィクションであることを十分に承知していれば、理論家が、「私は現実離れした観念論者ではない！」という感じで意地になったり、自らの〝理論〟を崇拝する必要もないのだけれど、その肝心のことが分かっていないので、理論と現実を無理に合致させようとする。

ここで、「ヘーゲル↓マルクス的考え方」と言われているのは、人類がこれまでに辿ってきた「歴史的な現実」をトータルに把握し、自らが発見した客観的な歴史発展の法則に従って、これからの人類史が向かっていく方向性を予見する、歴史哲学的な発想ということです。どうして、そうした歴史哲学的な考え方が日本に入っておかしくなるかと言うと、「理論とは自らが主体的に作り出すものだ」という意識が希薄だからです。そのため、「自己の依拠する理論的立場が本来現実をトータルに把握する、また把握し得る」と安易に前提してしまう。さっき言ったように、出来合いの「理論」を〝習得〟したら、その万能の

「理論」によって、「現実」をトータルに把握できるかのような気になってしまう。彼あるいは彼女にとって、「理論」とは完全かつ全体的に現実を写し取ることのできる万能装置だからです。するると、「理論」を使っている自分に責任があるという意識が欠如してくる。自動的に仕事をしてくれる完璧な機械を使っていると思っているのだから、使っている自分にそれを使うことに対する何らかの「責任」があるなどとは思いもよらないわけです。おかしな「理論」によって〝現実〟を分かったつもりになり、その「理論」の〝計算〟に基づいて〝現実〟を変革することを試みたりすれば、とんでもない悲劇が起こるかもしれないとは思わない――現代日本にも多くいる、偉そうな口を利きたいだけの、ただの理論オタクだったら、さほど大きな弊害はないわけですが。

逆に言えば、「理論」を使う者が責任を自覚するには、自分がその（虚構である）「理論」によって把握できるのは、「無限の現実」のごく一部であり、しかも「理論」自体に、その理論を作った人の願望や利害が関係している可能性が高いので、実践的に応用する際には取扱い注意だということが分かっていないといけない。

そういう限定された「責任」の自覚がないと、「無限の現実」に対して〝責任〟を負っているかのような構えを見せる〝壮大な理論〟――実際には、それを使っている理論家たち――が、自分のやっていることの意味を十分理解せず、何か大きな問題が起こっても、「私は、学術的に認められた理論を応用しただけだ。私のどこが悪いんだ」、というような態度を取ることになりかねない。こういう言い方をすると、原発の研究をやっていた原子力工学者たちの話に聞こえるかもしれません。丸山が生きていて、二〇一一年三月の原発事故の現状を知ったら、そういうことを言いそうな気がしますが、そこだけ強調すると、理系の学者、しかも、研究予算をたくさんもらえる工学系の一部の研究者の無責任の話になりかねないので、注意が必要です。現に、原発に反対している知識人、再生可能エネルギーを研究・推奨している学者の思想や理論は、無条件に正しいかのように断言する風潮が出てきていますね。

丸山がここで主として念頭に置いているのは、社会科学系の「理論的無責任」です。最後のセンテンスの「理論的無責任」が、「あいまいなヒューマニズム感情」によって「中和」されるというのは、恐らく、「これは、人類を幸福にする社会変革のための理論だ！」という――必ずしも責任感を伴わない――自負があると、その理論が特定の理論家によって人為的に構築されたものであることがあまりはっきり意識されず、無条件にいいものであるかのように扱われがちだ、ということでしょう。「世のため人のために、立派な学者が考え抜いたすばらしい理論、ケチをつけてはいけない」、というようなタブー感覚が生まれてきやすい――私のような〝偉くない学者〟が、そういう〝立派な学者の理論〟に疑問を呈すると、すごいブーイングが起こる（笑）。

マルクス主義には、そういう傾向が強いですね。マルクス主義は、人類の解放を目指す思想ですから。無論、丸山自身が言っているように、マルクス主義の専売特許ではありません。人類とか国とか民族とか弱者のためを称する「理論」は、「現実」に対して〝責任〟を取ろうと気負ってしまうせいで、かえって無責任になりがちです。

それほど露骨にヒューマニズムが絡まなくても、無限責任が無責任になることとありますね。「何でも知識人」みたいな人の言動がそうです。哲学者とか社会学者とか経済学者とか心理学者とか脳科学者とかで、どんなことが起こっても、自分の〝専門の理論の成果〟に基づいて、さっと〝客観的な分析〟をしてみせるような人が、コメンテーターとしてメディアに出てきます。本屋ではそういう人の本がよく売れます。私などは気が小さいので、すぐに、「そんな万能な理論があるのか？　その理論をあなたは完全にマスターしているのか？　あなたはそのすごい理論の代表者なの？」、と思ってしまいます。

その手の「何でも知識人」には、あまり悪気はないのかもしれません。それどころか、みんなから期待されているので、自分の専門――つまり、自分が本来責任を取れる範囲――の限界を超え、〝専門用語らしきものによって〝客観的なコメント〟をしないといけない、と責任を感じているのかもしれない。しかし、そういう責任感のために、自分の発言の影響も考えずに、〝理論的〟に断言してしまうと、いろんな人にとんでもない迷惑をかけるかもしれない。まさに、無限責任が無責任になってしまう。私もそうならないよう注意しないといけないのかもしれませんが、今のところ、〝周囲からの強い期待〟を感じてはいない（笑）ので、大丈夫でしょう。

次回は、Ⅲ章「思想のあり方について」に入ろうと思いますが、六四頁にそれと関連した問題が出ていますので、ちょっとだけご覧下さい。有名な「タコ壺文化」と「ササラ文化」の違いが言及されていますね。Ⅲ章で、この話題が再び取り上げられています。「タコ壺」というのは、簡単に言うと、専門のサークルの中に閉じこもってしまって、専門の外では話が通じないということです。「タコ壺」ばかりだったので、マルクス主義のような〝大きな理論〟が衝撃を与えたわけです。ただ、マルクス主義の場合、〝大きすぎるタコ壺〟を作ってしまって、かえっておかしなことになったわけですが。今でも、それほど大きくもないのに、大きいふりをする、〝中途半端に大きなタコ壺〟は結構ありますね。そういう大言壮語が嫌いな人は、ますます「タコ壺」に閉じ籠るようになる。いわゆる「メタ理論」について語る哲学者や評論家はそれなりにいますが、丸山のように、「フィクションとしての理論」を「作る」ことの社会的・哲学的意味についてちゃんと考えようとする人はあまりいませんね。

■質疑応答

Q 「制度」はフィクションだというお話でしたが、大学も制度ですね。僕は学生ですけど、大学という制度がフィクションである以上、大学が理想として掲げていることと〝現実〟が違っているように思えて、そういうものだと受け止めて、現実に存在する大学の中で、自分のやるべきことを見つけようとすべきだと思うんです。でも、僕の大学の新設学部には、現状に文句ばかり言って、騒いでいる学生が実に多い。学級崩壊状態になっている教室もある。それで嫌になって、転学部しました。

A 崩壊しているその現場を見たわけではないので、ちゃんとしたコメントはできませんが、それは九〇年代以降にたくさん新設された四文字学部、四文字学科でよく聞く話ですね。確かに、制度はあくまでもフィクションですから、どんなに素晴らしい教育・研究の理想を掲げても、その通りにはなりません。そのことがちゃんと分かっているというのが、大学人の良識だと思います。学生もちゃんと分かっているべきでしょう。

ただ、あなたの大学が具体的にどうなっているか分かりませんが、多くの大学には、それ〝以前〟の問題があると思います。フィクションだといっても、でたらめな妄想で制度を作っていいというわけではなく、少なくとも理論上はうまくいくよう、計画段階で具体的にシミュレーションしてみないといけません。しかし多くの大学は、文科省からの認可とか、受験生の確保のことだけしか考えず、かっこよくて時代の先端を行っていそうな――と役人や、受験生の父兄や学校の教師が思ってくれる――名前の学部、学科を考え、その名前に何となく合っていそうな科目、教員を集めてきて、とにかく設置にこぎ着ける、ということをやりました。フィクションと現実を近づけようとするまじめな努力が成されていない。

学生の方も、法学部は難しそうだから、何となくかっこよさそうな「国際○○学部」を受験する。入ったら、何だか分からないけど、イケテルことを教えてもらえる、と期待していて、何もすごいことがないので、つまらない、と言い出す。よくあることです。

でも、実際に学級崩壊になっているとしたら、その騒いでいる人たちは、つまらないと思っていても、大学を辞める気もなく、漫然と大学に来ているということですね。多分、他にやることがないんでしょう。やることがないし、一人だと寂しいので、真面目に勉強する気もないのに、取りあえず教室に来て騒ぐというのは、八〇年代後半頃からずっと言われ続けている問題です。昔は、勉強する気がない子は、左翼をやるか、大学に来ないで遊んでいるか、だったので、教師は楽だった。出てこなくても、試験は受けさせる。落ちたら、それで終わり。最近は、遊びにも運動にも行けない子が、教室に集まってきて、おしゃべりしたり、立ち歩いたりする。そういうのは、大学生活不適合者なので、さっさと出ていってもらったらいいのに、ウチの大学のようにお節介にも、落ちこぼれそうな学生の生活状況を把握し、教師とコミュニケーションさせようとするところが少なくない。いわゆる「コミュ力」問題に、制度的に介入しようとしているわけですね。

中途半端に頭がいい学生だと、自分に目的意識がなく、人との交わりを求めて、漫然と大学に通っているのを、大学の制度の機能不全の問題――それはある意味、当たっているわけですが――に責任転嫁しようとする。その責任転嫁、糾弾の声に対して、問題の〝元凶〟である大学が、大した考えもないくせに〝制度〟的に応えようとすると、余計にひどいことになりそうですね。悪循環です。

大学と学生の間にあるのは、契約関係だけで、約束した通りの授業を大学側が提供できるかどうかだけが問題だ、という風に双方とも割り切って考えた方がいいと思います。

ところが、われわれの日常生活の視野に入る世界の範囲が、現代のようにだんだん広くなるにつれて、われわれの環境はますます多様になり、それだけに直接手のとどかない問題について判断し、直接接触しない人間や集団のうごき方、行動様式に対して、われわれが予測あるいは期待を下しながら、行動せざるをえなくなってくる。つまりそれだけわれわれがイメージに頼りながら行動せざるをえなくなってくる。しかもその際われわれを取り巻く環境がますます複雑になり、ますます多様になり、ますます世界的な拡がりをもってくるということになると、イメージと現実がどこまでくい違っているか、どこまで合っているかということを、われわれが自分で感覚的に確めることができない。つまり、自分で原物と比較することのできないようなイメージを頼りにして、われわれは毎日毎日行動しあるいは発言せざるをえなくなる、こういう事態になっているんじゃないかと思います。**（丸山眞男『日本の思想』より）**

内面VS.社会、実感VS.理論、やまとごころVS.漢意

これまで『日本の思想』の第Ｉ章にあたるまさに「日本の思想」とタイトルされたところを四回にわたって見てきました。この章が一番重要なところです。Ｉ章での丸山の主張を少し振り返っておきましょう。

『理論』のレベルと「制度」のレベルの二重性の虚構性をめぐる問題が指摘されていました。「理論」は、ナマの「現実」から一定の要素を抽出＝抽象することによって人為的に構築されるものですし、そうした「理論」的な知見を反映する形で構築される「制度」も当然かなりの虚構性を帯びています。西欧的な「人間」は、各種の「虚構」によって自らが生きる空間、「世界」を構築する存在だとも言えます。「コギトの原理」によって覚醒した近代人は、「理論」や「制度」によって自己の周囲の世界を主体的に再構成しようとするようになったけれど、「理論」や「制度」によって人間の「生」をすべて制御できるわけではないことは分かっていた。西欧近代の政治思想・哲学はそのことをはっきり意識し、自己の限界を意識していました。

このことは、近代自由主義の前提である「公的領域」と「私的領域」の区別の問題ともつながっています。人為的に構築された「制度」によって人為的に制御できることだけが、「公的領域」での民主的な政治が管轄する事柄で、「私的領域」での個人の生き方については、各人の自由な生き方を認める。「公／私」の区分がはっきりすることによって、各人が主体として自己を確立することができ、それに伴って、

自律して生きる「個人」として担うべき「責任」の範囲も限界付けられます。

しかし、「無構造」を〝特徴〟とし、外部から流入する「漢意＝体系化された抽象的理論」を排除しようとする――裏を返して言えば、「体系化された抽象的理論」を、断片化した形で、つまみ食い的に、自らの無構造的な〝構造〟の内に取り込もうとする――傾向の強い「日本の思想」の〝伝統〟においては、「虚構」の「制度」によってナマの「現実」から距離を取ることで、自己の主体性を発揮する余地を確保するという西欧的な理屈は、なかなかピンと来ない。日本では、抽象的な「理論」ではなく、ナマの「現実」をリアルに感じさせてくれる実感信仰的な思想が優れていると考えられがちです。

そうした風土の中で、マルクス主義は、「理論」によって現実を把握しようとする本格的な「理論」の代表格として台頭してきました。しかし、そのマルクス主義は、理論によって全てを把握できるかのような公式主義、更には、理論の物神崇拝への傾向を強く持ち、「現実」に対して適切な距離を保つことができない、ということでしたね。体系を志向する「理論」は実感からかけ離れた空理空論として嫌われるか、神の言葉のように無条件に信仰されるのか、いずれかの極端の反応を受けるわけです。丸山は、どちらかというと、後者の反応の方がまだましだと見ているように思えます。ただ、マルクス主義が理論的なシャープさをかなり失ってしまった今日の状況から見ると、〝理論〟嫌いの人たちが、実感信仰としてのマルクス主義、格差社会で苦しむ若者たちに素朴に共感し、反権力のこぶしを挙げるマルクス主義の「分かりやすい」――つまり、緩い――公式に憧れる、というヘンな混合現象が起こっていますね。

第I章の最後の方で文学と理論の関係について論じられていますが、その中身を近代の文学史に即してより詳細に論じ直したのが、第II章の「近代日本の思想と文学」です。文学が個人の内面に沈潜し、日常的な実感に寄り添おうとするのに対し、マルクス主義は、「社会」を科学的な理論によってトータルに把握したうえで、それを「政治」へと動員しようとする。マルクス主義の政治主義に対して、小林秀雄のように反政治主義的な〝政治〟という形で対抗する姿勢を取る人が出てきます。社会と内面を媒介するものがないので、両極の間で極端な対立が生じたわけですね。そうした内面と社会、実感と理論の、やまとごころと漢意の対立は、丸山によれば、明治以前、本居宣長の頃からあったということですね。

「イメージ」とは何か？

本日は、第Ⅲ章「思想のあり方について」についてお話しします。この章は、元々講演の記録であったため、かなり平易な語り口になっています。最初に、講演者である丸山について、聴衆が既にいろんなイメージを抱いているでしょうという話を枕にして、「イメージ」と「ほんもの」の関係についての論を展開していきます。ありがちな前口上のような感じですが、読み進めていくと、七〇～八〇年代にかけて共同幻想論や共同主観性論として論じられた、ポストモダンに繋がるような内容を、そういう視点とは無縁の、硬い近代主義者と思われがちの丸山が語っていて、興味深いです。そうした丸山流のイメージ論に、世評・ジャーナリズム批判的な話を重ねて、丸山らしくないという意味で面白いことを言っています。一二四頁をご覧下さい。

> （…）何も私自身に確めたわけではないのに、あの男はどうも講演などはしないたちの男だ、或いはあの男は、たとえば放送には出ない男であるとか、何でもいいんですが、とにかく、そういう風評からして、私という人間について、いつの間にかある一つのイメージができちゃっている。本人がはたしてそういう男であるかどうかということを自分で確めもしないで、そのイメージにもとづいて或る人間についていろいろと論評するということが世間には随分多い。現代のようにコミュニケーションが非常に発達しますと、こういうふうにして何となくいつの間にか拡がっていったイメージがほんも

、のから離れて一人歩きをするわけであります。ちょっと考えただけで、こういうことは、もっと顕著な例がほかにたくさんあるんじゃないかと思うのです。

本人を見ることなく、その人について社会で流通している「イメージ」に接することで、その人を知ったつもりになる、というのは、どの地域や時代にも見られる普遍的な現象ですが、コミュニケーション（情報伝達）のメディアの発達で、その傾向が増幅するという話ですね。当然、丸山がこの講演を行った一九五七年よりも、現代の方がその傾向が更に強まっていますね。政治家とか芸能人とかスポーツ選手とかを、テレビでしょっちゅう見ていると、よく知っている知り合いのような気がしてくることがありますね。それも、本人がしゃべったり動いたりしているのを見聞きするよりは、その人についてコメンテーターや記者、レポーターが話している情報を知ることで、知り合いになったような錯覚が強まることがありますね。知っているつもりになって、「サンマというのは、昔からずっと○○な性格の奴だった」とか言ってしまいます。メディアのイメージの方が、実物よりも重要になってくる。これに、双方向メディアであるインターネットが加わったせいで、（自分もその一部である）ネットでのイメージこそが、その人物や物の本質だという転倒した考えが生まれつつあるような気がします。ネットの見解は、集合知として結晶した〝みんな〟の見解だからです。

先ほどの社会的「イメージ」についての議論は比較的ありがちな話のような気がしますが、その後に、やや踏み込んだ哲学的な考察が続きます。

「イメージ」の持続性と共同主観性

われわれが作るいろいろなイメージというものは、簡単に申しますと、人間が自分の環境に対して適応するために作る潤滑油の一種だろうと思うのです。つまり、自分が環境から急激なショックを受けないように、あらかじめ個々の人間について、あるいはある集団、ある制度、ある民族について、それぞれイメージを作り、それを頼りに思考し行動するわけであります。そういうイメージは、他の人間あるいは非人格的な組織のうごき方に対するわれわれの期待と予測のもとになるものでありますから、ある程度持続的でないとイメージとしての意味はない。

ここで問題になっているのは、「イメージ」の持続性と共同主観性をめぐる問題です。近代の哲学的認識論でさんざん言われてきたことですが、私たちは、物を直接的に認識しているわけではなく、いったん「イメージ」化したうえで、対象として認識します。その「イメージ」は、個々の対象や、そのカテゴリーに応じて、類型化・固定化されています。毎回新しくイメージを形成していたら、いつまで経っても物をはっきり認識できるようになりませんし、認識の仕方が安定しません。更に言えば、「イメージ」が個人の中で安定していて持続性があるだけでなく、その社会の構成員に共有されていて、話が通じるようになっている必要があります。それが現象学などで、「間主観性 intersubjectivity」あるいは「共同主観性」と呼ばれている問題です。私たちは、間主観的に構成されている持続的な「イメージ」を介して「世界」と関わりを持ち、「イメージ」に包まれて生きているわけです。

丸山は、このことは、他の人間や集団、制度についての「イメージ」に関して述べているわけですね。そうした人間や社会についての「イメージ」は、私たちが他者に対してその都度どういう態度を取るか、社会的関係性の中でどのように自分自身の「イメージ」（＝アイデンティティ）を定めるかの指針になります。お互いに対して抱く「イメージ」によって、社会が出来上がっていると言っても過言ではない。そうやって社会を支えている「イメージ」の体系を、吉本隆明は「共同幻想」と呼んでいます。「イメージ」を単なる幻想として退けるのではなく、その社会的な機能を認めてポジティヴに評価しているところが、ポストモダン系の思想に通じているようで興味深いですね。事物の認識の客観性を追求する近代思想に対して、ポストモダン系の思想は、間主観的に生み出される「イメージ」によって〝現実〟が構成されていること、私たちはイメージなしで〝現実〟それ自体を把握できないことを強調する傾向があります。

ただ丸山は、「イメージ」が実体からあまりにもかけ離れると、うまく機能しなくなると見ているようです。

持続的であるところにイメージの役割があるわけでありますが、イメージがあまり本物から離れ、くい違いがはなはだしくなると、潤滑油としての役目を喪失する、つまりなんらかの機会に「案外」な行動とか、予想外の出来事に直面して、その人やそのものについて新しくイメージをつくりなおす必要が生まれてくる。こうしてわれわれはイメージを修正あるいは再修正しながら、変転する環境に適応していくわけであります。

先ほどの箇所と、この箇所を繋げて読むと、丸山は、私たちは時としてイメージを介さずに、直接的に〝物〟に触れることもあると見ているようですね。〝物〟に直接触れると、それまで「イメージ」に慣れていた私たちは、それを『案外』な行動」とか「予想外の出来事」と感じ、ショックを受ける。ショックから、「本物」と「イメージ」の間に横たわる根源的な差異が顕わになる——ポストモダン系のテクストによく出てくるテーマですね。そして、その差異を埋めるべく「新しくイメージをつくりなおす必要が生

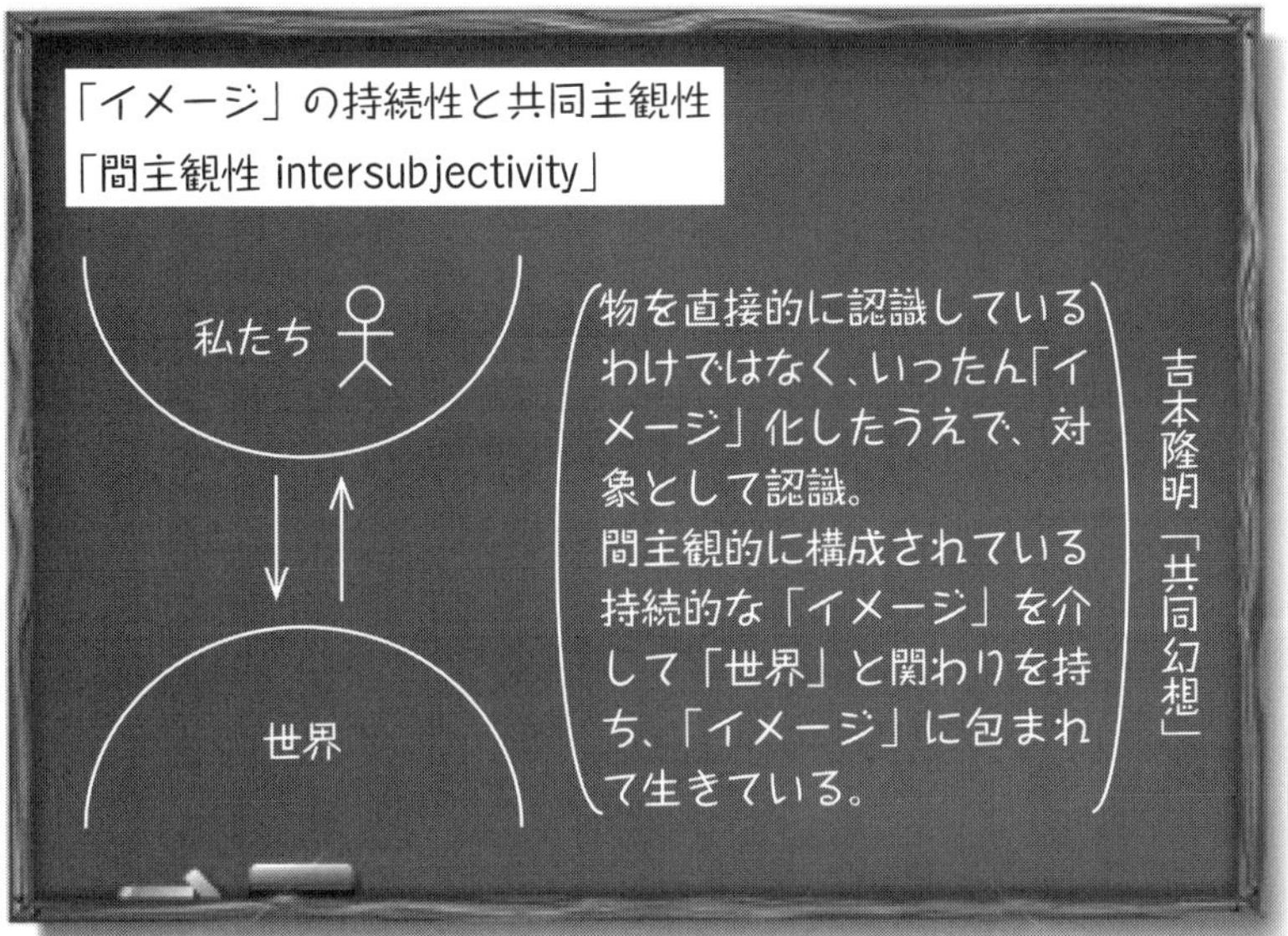
「イメージ」の持続性と共同主観性
「間主観性 intersubjectivity」
私たち
世界
物を直接的に認識しているわけではなく、いったん「イメージ」化したうえで、対象として認識。
間主観的に構成されている持続的な「イメージ」を介して「世界」と関わりを持ち、「イメージ」に包まれて生きている。
吉本隆明「共同幻想」

まれてくる」というわけです。

　ただ、ここで疑問が出てきます。「新しいイメージ」によって、「本物」と「イメージ」の間のギャップは本当に埋まるのか、という疑問です。話の流れからすると丸山は、人間は「本物」に直接触れることができると考えているようなので、その根源的な経験に基づいて、「イメージ」を修正することはできるという話になりそうですが、だからと言って、「新しいイメージ」が「本物」により近いとは言えない。我々のイメージ形成＝表象能力に限界や根源的欠陥があれば、「新しいイメージ」が余計に「本物」からズレる可能性もあります。更に言えば、「本物」の変化に合わせて「イメージ」を調整しているつもりで、自分の頭の中だけで、独り相撲しているだけのことかもしれません――自分の頭の中だけで、〝現実〟を捕まえたつもりになって有頂天になっているイタイ人たちは、ネット空間の至る所に出現していますね。

　丸山は「本物」と「イメージ」の距離について、

それほど明確な見解を示しているわけではありません。原理的な問題を曖昧にしている感じもします。ただ、現代社会のように情報伝達網が発達し、「イメージ」の体系が複雑になると、「本物」に〝再〟接近することが難しくなると考えているようです。

現代日本のネット社会を考えてみる──「ネ申」信仰の行方

ところが、われわれの日常生活の視野に入る世界の範囲が、現代のようにだんだん広くなるにつれて、われわれの環境はますます多様になり、それだけに直接手のとどかない問題について判断し、直接接触しない人間や集団のうごき方、行動様式に対して、われわれが予測あるいは期待を下しながら、行動せざるをえなくなってくる。つまりそれだけわれわれがイメージに頼りながら行動せざるをえなくなってくる。しかもその際われわれを取り巻く環境がますます複雑になり、ますます多様になり、ますます世界的な拡がりをもってくるということになると、イメージと現実がどこまでくい違っているか、どこまで合っているかということを、われわれが自分で感覚的に確めることができない。つまり、自分で原物と比較することのできないようなイメージを頼りにして、われわれは毎日毎日行動しあるいは発言せざるをえなくなる、こういう事態になっているんじゃないかと思います。

私たちの意識的な努力によって、「本物」と「イメージ」を（再）接近させることがそもそも原理的に可能かは別にして、ここで丸山は、現代社会のようにあまりに多くの、複雑に絡み合った「イメージ」に囲まれて生活していると、「原物」に直接当たって確認する機会がなくなる、と言っているわけです。「『案外』な行動」とか「予想外の出来事」に遭遇する機会もなくなる。現代社会に生きる「私たち」は、

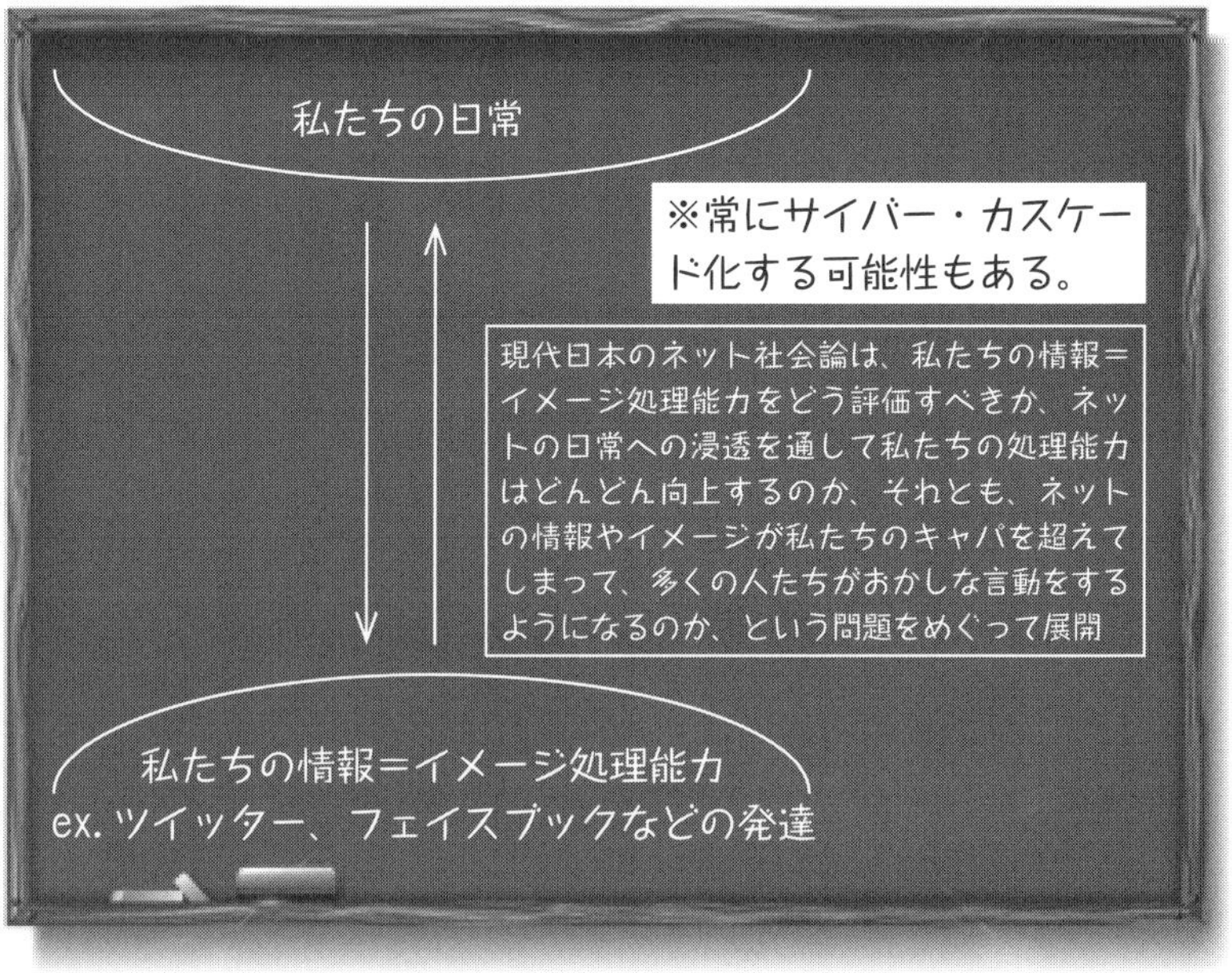
私たちの日常
※常にサイバー・カスケード化する可能性もある。
現代日本のネット社会論は、私たちの情報＝イメージ処理能力をどう評価すべきか、ネットの日常への浸透を通して私たちの処理能力はどんどん向上するのか、それとも、ネットの情報やイメージが私たちのキャパを超えてしまって、多くの人たちがおかしな言動をするようになるのか、という問題をめぐって展開
私たちの情報＝イメージ処理能力
ex. ツイッター、フェイスブックなどの発達

事実上、私たち自身が作り出した「イメージ」の体系から抜け出せなくなっているわけですね。

問題は、そうした、高度に情報化＝イメージ化した現代社会をどう評価するかです。語り口からすると、丸山は、「本物」に愛着を抱く保守主義者のように、そのことを露骨に嘆いているわけではないけれど、このままでいいのかという懸念は抱いているようですね。

ここで少しだけ丸山のテクストから離れて、高度に情報化された社会においての、（「本物」を確認するのが困難な）「イメージ」との付き合い方一般について考えてみましょう。私たち人間のイメージ処理能力がどんどん向上し、「原物」との間にギャップがあるはずだということも計算に入れながら、自分の振る舞いを制御し、お互いの間で大きな摩擦を起こさないようにできるのであれば、それほど心配することはないかもしれません。現代日本のネット社会論は、最終的には、私たち

の情報＝イメージ処理能力をどう評価するか、ネットの日常への浸透を通して私たちの処理能力はどんどん向上するのか、それとも、ネットの情報やイメージが私たちのキャパを超えてしまって、多くの人たちがおかしな言動をするようになるのか、という問題をめぐって展開していると言えるでしょう。人気があるネット評論家は基本的に前者の立場を取るようですが、私はどうしても後者の方に傾いてしまいます。ネットに妄想をまき散らす人たちのおかげで、いろいろ迷惑していますから（笑）。

「本物」に接することがないまま、ネットから取得した情報をそのまま信用していると、どんどん妄想にはまっていく恐れがあります。ネットでは、いろんな意見が飛び交っているので、偏った情報やイメージも自然と矯正されると言う人もいますが、アメリカの憲法学者のキャス・サンスティン（一九五四－）は、ネットでは自分の好きなサイトだけ見ることができる、そのため偏った意見の人たちが同じような意見の人たちとばかり情報交換するので、余計に偏っていく傾向があることを指摘しています。反対の意見には最初から耳を傾けず、イメージだけで毛嫌いし、味方の同意を得ることで、その嫌悪感を更に増幅させていくわけです。

最近は、ツイッターで簡単にＲＴできるおかげでその傾向が更に強まっているような気がします。ツイッターは集合知が形成される場だと言う人もいますが、それは価値観の対立、人々の好き嫌いに基づく喧嘩がしょっちゅう起こっていないようなテーマ、例えば、パソコンの使い方とか、家電の修理、チケットの入手方法などに限っての話です。みなさん結構経験があると思いますが、何か世の中の仕組みとか役所とか企業とかのやっていることに不満があってネットで情報収集しようとすると、大抵、自分と〝同じ意見〟の人が見つかります。すると、「やっぱり！」と思って、確信を強めることになりますね。自分と違う意見の人もいますが、それについては、「いい加減な奴！」と思って、無視するか、そういうのは頭のおかしい少数派だと思って、そのことを証明する情報を検索する。すると、見つかる。「やっぱり！」

と思って安心する。そうやって、自分が気に入る情報とそうでない情報を無自覚的に選別してしまう。それだけでやめておけばまあいいですが、そういうお気に入りのサイトに、「実は私も……」とかいう書き込みを始めると、もう引っ込みはつかなくなる。というか、その意見を広める宣伝マンの一人になって、自分たちの〝正しさ〟を証明しようとし始める。違う意見の人に対しては、攻撃するようになる。私は、その手の中毒患者から迷惑を受けているわけです（笑）。

サンスティンが、サイバー・カスケードと言っている現象に完全にはまってしまうわけです。「カスケード cascade」というのは、「滝」という意味の英語ですが、滝に近い急流に入っていくと、そのまま流れに飲み込まれて、そのまま落ちていくしかないというイメージでしょう。価値観や利害が対立している問題に関して、ネットの中で「信用できる情報」「信用できる論者」を見つけようとすると、さっき言ったように、「自分の気に入る情報」「自分の気に入る論者」を見つけて、自己確認することになりがちです。大抵、そういう人は、見つかります。冷静に考えれば、日本の数千万のネット利用人口の中に、自分と同じ方向に頭がおかしくなっている人が、一〇〇人や二〇〇人いることに何の不思議もありませんが、サイバー・カスケードの引力に引き込まれると、そういう当たり前のことに気が付きにくくなります。

ツイッターで、原発問題をめぐって、安全厨と危険厨が〝論争〟を繰り広げていますが、その〝論争〟に参加している人のほとんどは、原子力についても放射能についても核医学についても素人です。ほとんどの人は、「信頼できる専門家」の意見を参考にしていると言いますが、どういう根拠でその専門家の意見を信頼できると断言しているのでしょうか？ 自分が信頼したくなるような意見を言っている（ように思える）からです。あるいは、何か別の件で自分が信頼している人、それも多くの場合、自分がフォロワーになっているような有名人が、その専門家を信頼していると発言したからです。その

サンスティン

有名人をどうして信頼しているのかと言えば、……と考えていくと、結局、自分の信頼したくなるようなことを言っている人が信頼できると言っている人が信頼できると言っている人が……という自己確認の連鎖があるだけで、本当の根拠がどこにあるのか判然としなくなります。

こんなことを言うと、「真面目に論争している人たちを茶化すな！」、と怒る人がいるでしょうが、そもそも全うな生活をし、真面目に原発や電力の問題を考えている人が、ツイッターに一日中へばりついて、自分の気に入った情報や意見を見つけては、自己確認して自己満足したりしているでしょうか。

ツイッターは、RT機能で簡単に反応できるのが、利点だと言う人がいますが、逆に言うと、根拠のない自己確認の媒体になりやすいということです。自分の意見が誰か別の人にRTされて、ネット上で少しでも拡がると、自分の意見が「ネット」の支持を受けたかのような気分になり、満足する。単に、変わったことを言ったので、自分と同じ様な変人が脊髄反射的に興味を抱いただけかもしれないけど、そういう風に自己反省したりすることはまずない。「やはり、私は正しい！」、という風に、自分で自分をマインド・コントロールする。ツイッターのRTを介することで、私の声が、「ネット様の声」になってしまうわけです――「ネ申」というネット用語の「ネ」は、ネット様のネではないかと思います。「ネット様の声」を背景にしたつもりになって、ネット集合体の〝正しい意見〟を受け入れない愚民たちを断罪する。そういう人たちは、結局、自分の作り出したイメージが、ネットの中で波紋を広げて、拡がっていくように見えるのを目にして、現実に触れたつもりになるので、なかなか自分流のイメージの世界から抜け出せません。

こういう風に言うと、丸山のテクストからかなり逸脱したように聞こえるかもしれませんが、一二六頁を見て下さい。「われわれと現実の環境との間には介在するイメージの層が厚くなってくる」とか、「潤滑油だったものがだんだん固形化して厚い壁をつくってしまう」、とか言っていますね。イメージが「物象化」して、それを作り出した張本人である私たち自身を捉えるようになるわけです。

〝化け物〟化するイメージ

その次の「イメージが作り出す新しい現実」という節では、具体例が挙げられていますね。

今日私達は日常の論議の中で、アメリカのやり方はとか、ソ連の態度はとか気易くいいますが、それはみんな私達の中にある一定のアメリカ像なりソ連像なりを前提にしているので、そうしたイメージがどこまでほんとうのアメリカ、ほんとうのソヴエトと合致し、どこまで違っているかということを、ほとんど、確める機会も時間も手段も与えられていないのです。

これはよくありそうな話ですね。テレビでコメンテーターが、「アメリカの本質は……」とか、「中国のやり方は……」とかよく言っていますが、アメリカや中国にどれだけ精通していても、アメリカとか中国の全体を知っているはずはありません。アメリカに何年住んでいたって、どれだけ友人がいたって、あらゆるタイプのアメリカ人を知っているわけがない。アメリカということで、ホワイトハウスの政策作成者のことを言っているとしても、そういう人たち全員を知っているわけはないし、ホワイトハウスの中で今何が話され、どういうことが決定されようとしているかまで分かるわけはない。かなり推測に基づく一般化、誇張が入っているはずです。

にもかかわらず、そういう人たちのワンパターンのコメントを何度も聞いている——無論、自分の気に入らないコメンテーターの科白はたわごととして無視しているわけですが——うちに、アメリカや中国が分かった気になってくる。自分自身は、海外旅行に数回行っただけ、日本語以外の言葉はほとんど話せないくせに。たまたま知っているアメリカ人や中国人、ロシア人、フランス人などが、テレビのコメンテーターの言っているイメージに合っている（ように見える）と、「ああ、やっぱり！」と思ってしまう。冷静に考えれば、本当のアメリカとか中国がどうなっているか確実に確かめるすべなどない。どれだけ情報網を持っている人が努力しても、そのほんの一部しか分からない。

しかしそれは国家だけでなくて、たとえば人間についてわれわれがそれぞれ、たとえばアイクならアイクという人間、フルシチョフという人間、あるいはネールという人間、あるいは岸さんという人間について、それぞれわれわれは一つの像をもっている。あるいはもっと小さな例でいえば、だいたい京都人は……、あるいは東京の人は……というようなときには、やっぱりそこに東京人なり京都人なりについての或るイメージが基底にある。さらに、平和運動なら平和運動というときには、保守派は保守派なりに、ジャーナリストはジャーナリストなりに、ああれかというような平和運動についてのあるイメージをもっているわけであります。そのイメージは非常にいい場合もあるし、悪いこともあるが、とにかく現実の平和運動と、われわれとの間には、平和運動についてのイメージという厚い層が介在している。

いろんなタイプのイメージの一般化・固定化が成されているわけですね。アイク（Ike）というのは、アメリカのアイゼンハワー大統領（一八九〇－一九六〇）の愛称ですが、こういう有名な政治家については新聞やテレビがいろんなことを、しかもしばしば愛称で報じるので、よく知っている知人のような気分になる。芸能人とかについてもそうですね。ブログで妄想をまじえて私の悪口を書いている人の多くは、私のことを知っているかのような雰囲気で書いていますね（笑）。あるいは、京都人、東京人などという

風に、ある地方の人をひとまとめにして、一人の人であるかのように特徴を論じる。仮に自分が京都人とか大阪人だとしても、京都とか大阪のような大都市だと、住民のごく一部しか知らないはずです。知っているごく一部の人についても、自分なりのイメージを持っているだけです。平和運動とか保守派、ジャーナリストというのは、思想とか職業による分類ですが、こういうカテゴリーは境界線が曖昧ですし、どのグループ、個人を典型として想定するかによってイメージが違ってきますね。

私も、左翼とか右翼、学生、同僚などについて語る時、自分の知っているごく少数の人についての断片的なイメージから一般化しています。そういう一般化は仕方のないことだと思います。一般化しないと、言葉を使って会話するという行為が成立しません。問題は、そのことを自覚せず、自分のイメージを本物と思い込み、先ほど言ったように、イメージによってイメージを確認したつもりになって、どんどん深みに入っていくことです。

> こうしてイメージというものはだんだん層が厚くなるに従って、もとの現実と離れて独自の存在に化するわけでありまして、つまり原物から別の、無数のイメージ、あるいは本物と区別していえば化けものでありますが、そういう無数の化けものがひとり歩きしている、そういう世界の中にわれわれは生きているといっても言い過ぎではないと思います。

現実を離れて、独自の存在になった「化けもの」という言い方が面白いですね。丸山が直接念頭に置いているかどうか分かりませんが、『資本論』の物神性について論じている箇所に、事物相互の関係の「幻影的形態 die phantasmagorische Form」という言葉が出てきます。この「幻影的 phantasmagorisch」という形容詞は、「お化けのような」とも訳されます。これの名詞形の「ファンタスマゴリー Phantasmagorie」というのは、「幻燈装置」、つまり何の変哲もないオブジェに光を当てて、スクリーン上に化け物のような大きな影を映し出す装置です。〈Phantasm〉の元の意味は、「幻影」とか「まぼろし」で、これと語源が同じ、〈Phantom〉はご承知のように、「化け物」とか「亡霊」という意味も持っています。マルクスは、市場での商品の交換価値が人々の欲望を反映してどんどん膨れ上がって、化け物のように見え、魔力を発揮することを、この「ファンタスマゴリー」という言葉で表現したわけです。ベンヤミンは、この「ファンタスマゴリー」という概念を拡大解釈して、ブルジョワジーの願望によってでき上がっている資本主義的な都市空間に存在する諸事物は、「ファンタスマゴリー」的な様相を呈しているという、都市表象文化論的な議論を展開しています――これについては、『ヴァルター・ベンヤミン』（作品社）で論じましたので、関心があれば、そちらをご覧下さい。

「亡霊」「化け物」繋がりで言いますと、『共産党宣言』（一八四八）の冒頭に、「ヨーロッパを妖怪が徘徊している――共産主義の妖怪が」という有名なフレーズがありますね。「妖怪」ではなくて、「幽霊」とか「亡霊」と訳されることもありますが、原語は〈Gespenst〉で、正体不明の化け物と、死者の霊という二つの系統の意味があります。普通だと、単なる比ゆ的な表現としか見なされませんが、デリダは、これを、西欧を支えてきた存在論的な秩序を揺さぶる外部の〝もの〟を象徴的に表わしていると解釈し、『マルクスの亡霊たち Spectres de Marx』（一九九三）という著作で、〈Gespenst〉と〈Phantasmagorie〉の間テクスト的、意味論的な関係について詳細に分析しています――フランス語の〈spectre（亡霊）〉の英語形が〈specter〉ですが、００７シリーズの初期の作品に出てくる悪の国際的秘密結社の名前が「スペク

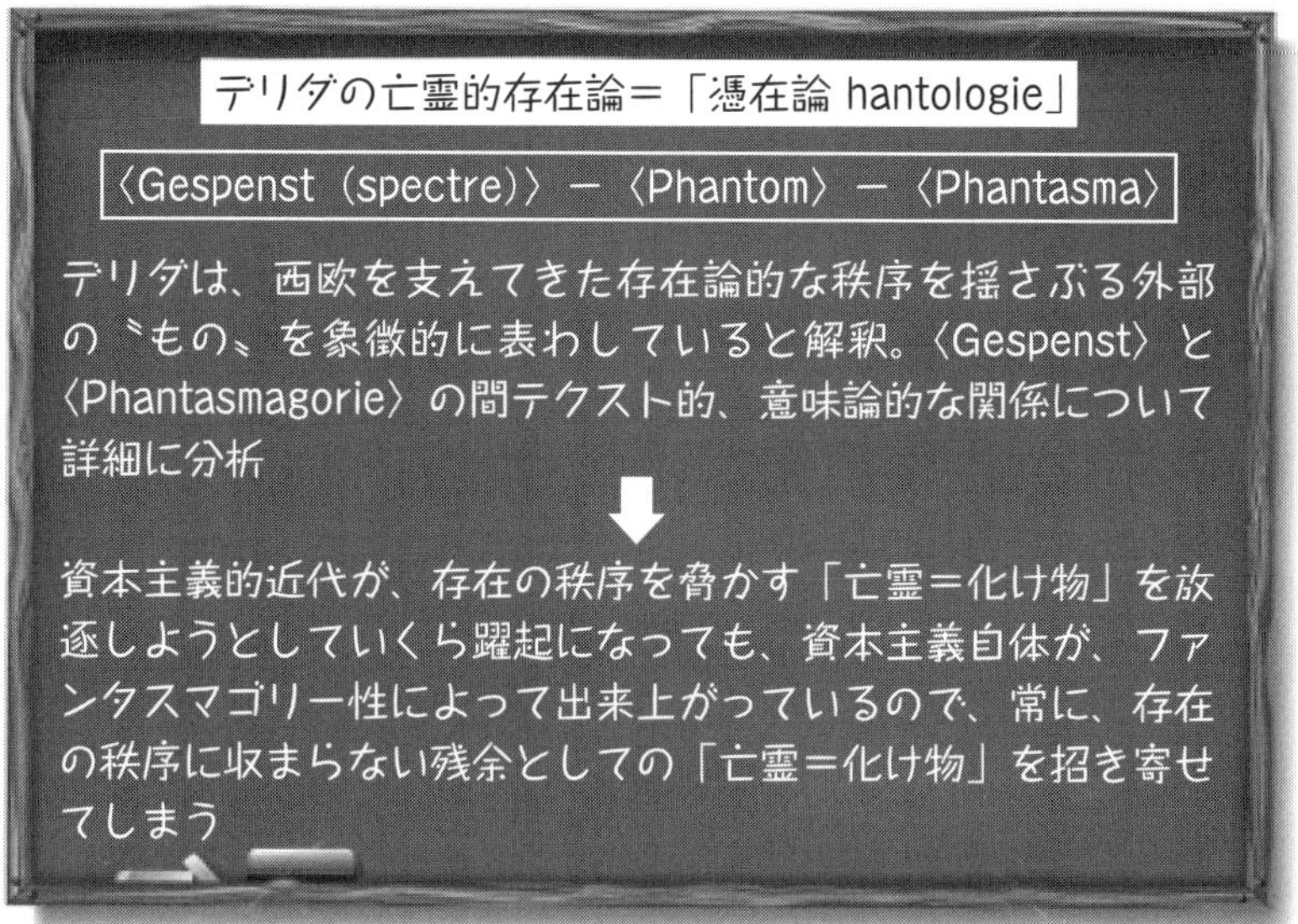
デリダの亡霊的存在論＝「憑在論 hantologie」
〈Gespenst（spectre）〉－〈Phantom〉－〈Phantasma〉
デリダは、西欧を支えてきた存在論的な秩序を揺さぶる外部の〝もの〟を象徴的に表わしていると解釈。〈Gespenst〉と〈Phantasmagorie〉の間テクスト的、意味論的な関係について詳細に分析
資本主義的近代が、存在の秩序を脅かす「亡霊＝化け物」を放逐しようとしていくら躍起になっても、資本主義自体が、ファンタスマゴリー性によって出来上がっているので、常に、存在の秩序に収まらない残余としての「亡霊＝化け物」を招き寄せてしまう

ター」でしたね。

では、［〈Gespenst（spectre）〉－〈Phantom〉－〈Phantasma〉］は、どのような〝存在〟なのか？「化け物」であるとすれば、どこから生じてきたのか分からず、全く正体不明で、そもそも普通の意味で「存在」していると言えるのかさえ、分からない。「亡霊」だとすれば、かつては生きて存在していたけど、今は本来〝いない〟はずです。実際、肉体は持っていない。もう〝いない〟はずの〝もの〟が、生者の前に「再び」現われているわけです。時が経つにつれて、もはや生前の姿を知っていて、その人物だと見分けられる人がいなくなり、「化け物」に近付きます。いずれにしても、そういうのが出てくると、「存在」の意味が揺らぎます。

ハムレット――『ハムレット』（一六〇〇－〇二）にも「亡霊」が出てきますね――の有名な台詞に、〈to be or not to be〉というのがありますね。これは通常、「生きるべきか、死ぬべきか」と訳しますが、やや強引に文字通りに取ると、

「存在しているか、存在しないか」ですね。デリダは、マルクスが結構シェイクスピア(一五六四－一六一六)から引用している所から、こうしたシェイクスピアの中の「亡霊＝化け物」の表象を、共産主義の「妖怪」や、商品の「ファンタスマゴリー」性の話に繋げていきます。結論として、資本主義的近代が、存在の秩序を脅かす「亡霊＝化け物」を放逐しようとしていくら躍起になっても、資本主義自体が、ファンタスマゴリー性によって出来上がっているので、常に、存在の秩序に収まらない残余としての「亡霊＝化け物」を招き寄せてしまう、ということになります――この辺のことは、『貨幣空間』(情況出版)で解説しましたので、関心があれば、読んで下さい。

因みに、『マルクスの亡霊たち』というタイトルは、直接的には、マルクス主義が凋落した後にも、マルクスの亡霊に取り憑かれたかのように、マルクス主義に固執している人たちを比ゆ的に指していますが、デリダはその比ゆに、亡霊的存在論を読み込んでいるわけです。彼は、「取り憑く」という意味のフランス語の動詞〈hanter〉から、「存在論」を意味する〈ontologie〉と平仄を合わせる形で、「憑在論 hantologie」という言葉を作っています。何か特定のイデオロギーに取り憑かれているか否かに拘わらず、私たちは常に、ファンタスマゴリー的な「亡霊」を背負って生きているわけです。

少々回り道をしましたが、先ほどの「無数の化けものがひとり歩きしている、そういう世界の中にわれわれは生きている」という言い方は、シェイクスピア－マルクス－デリダの「亡霊」論に通じる響きがありますね。私たちは通常は、「現実」だけを見ているふりをしていますが、実際には、「化け物」の只中にあって、「化け物」と付き合いながら生きています。

(…)その共通の像というものが非常に拡がってきますと、その化けものの方が本物よりもリアリティーをもってくる。つまり本物自身の全体の姿というものを、われわれが感知し、確めることができ

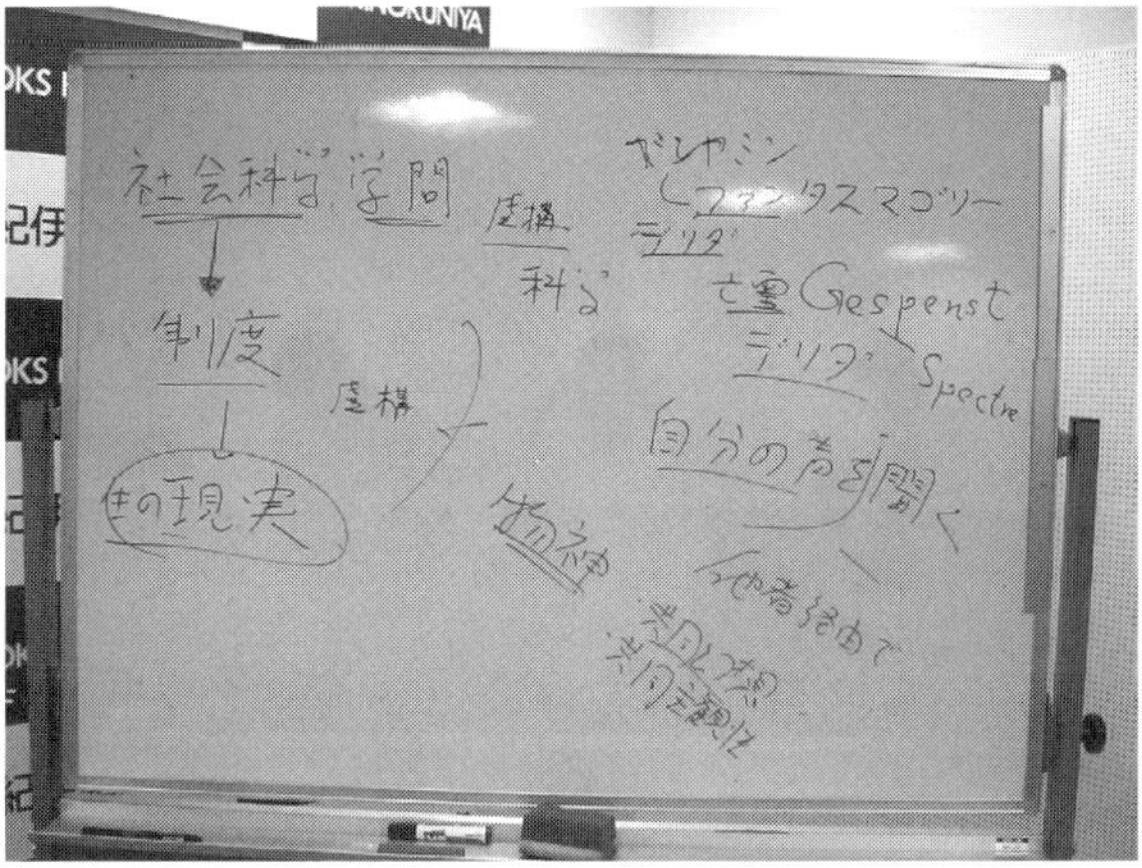

ないので、現実にはそういうイメージを頼りにして、多くの人が判断し行動していると、実際はそのイメージがどんなに幻想であり、間違っていようとも、どんなに原物と離れていようと、それにおかまいなく、そういうイメージが新たな現実を作り出していく――イリュージョンの方が現実よりも一層リアルな意味をもつという逆説的な事態が起るのではないかと思うのであります。

「イリュージョン（幻想）」と「リアリティー（現実）」の逆転ということですね。これは間主観性論や共同幻想論の前提になっていることです。現実とは違うことでも、当事者たちの間でその錯覚が〝現実〟として通用するのであれば、その人たちの間ではそれが〝現実〟になってしまうわけです。ミクロなレベルで言えば、先ほどの、サイバー・カスケード化したネット共同体――実際には、ミニ・サークルであることの方が多いですが――の内部で〝本当の話〟として通用するのであれば、出鱈目な話でも構いません。というより、仲間内で通用するものが〝本物〟で、それが本当に〝本物〟かどうか、サークルの〝外〟に出て確かめようなどとは思わない。当人たちは、ネット上で自分たちと〝同じ意見〟を発見することによって、確認しているつもりになっているわけですが。

　もっとマクロなレベルで言うと、国家とか法とか道徳とか常識とか世論とかは、どこかに実在しているのではなく、〝みんな〟が信じていることによって〝存在〟しているわけです。みんなが、「法なんてない！」と思うようになったら、実際、法は消滅します。フランスの小説家ジイド（一八六九－一九五一）の小説『贋金造り』（一九二五）に、贋金もみんなが通用するものだと思って使い、流通させていたら、本物の金と同じ様に通用するという話が出てきますが、これは裏を返せば、偽物であれ本物であれ、「お金」というものが、人々がそれに価値があると見なしているから通用し、存在している〝もの〟であり、それ自体には、ほとんど価値がないことを示唆していると見ることができます。紙幣は、ただの印刷された紙として見れば、ほとんど価値がありませんし、金貨や銀貨でさえ、金属としての価値は額面通りではありません。

もう少し複雑なことを言うと、誰も心から信じていなくても、各人が、「私は信じていないけど、多分、他のみんなは信じている」と思っていることで〝存在〟している〝もの〟も多いですね。「王様は裸だ！」、と誰も言えないのは、そういうことですね。「みんなにはAがXに見えているようだ。Aだと言ったら、狂人扱いされる」、という思いから、Xというイメージが実体Aを抑圧してしまう現象が生じてくるわけです。日本社会でよくありそうな話ですね。

そうした「イリュージョン」と「リアリティー」の転倒は、「私」自身の存在にも及びます。

〝キャラ立ち〟という新しい「自己疎外」

マルクスが、「私はマルクス主義者でない」と言ったのは非常に有名な言葉でありますけれども、マルクスのように、非常に厖大な著作を書き、自分の思想というものをきわめて体系的な形で展開した学者でさえ、マルクス主義あるいはマルクス主義者についてのイメージが原物から離れて自立的に発展していくのをどうすることもできなかった。

マルクスが「私はマルクス主義者でない」と言ったのは、マルクス自身が言ったことと、マルクスの信奉者や批判者が、「マルクスが言っている」と思っていることが乖離している、ということですね。世の中で思われているほど、マルクスは教条主義的に自分の言葉に縛られているわけではないことを強調するために、引き合いに出される言葉ですね。

細かいことを言うと、このフレーズは、エンゲルス（一八二〇－九五）が、ドイツの社会民主党（ＳＰＤ）の修正主義者として知られるベルンシュタイン（一八五〇－一九三二）に宛てた、一八八二年一一月の書簡に出てきます。その部分は、〈Ce qu'il y a de certain c'est que moi, je ne suis pas Marxiste.（確かなことは、私について言えば、私がマルクス主義者ではないことだ）〉というフランス語になっていて、マルクスが、自分の娘婿であるフランスの教条主義的マルクス主義者ラファルグ（一八四二－一九一一）に対して言ったと説明されています。九〇年八月のコンラート・シュミット（一八六三－一九三二）宛の書簡では、ちょっとだけ違う、〈Tout ce que je sais, c'est que je ne suis pas Marxiste.（私が知っている全ては、私がマルクス主義者ではないことだ）〉という言い方になっています。こっちでは、ラファルグという名前は出てこなくて、「七〇年代後半のフランスのマルクス主義」についてコメントする中で、そう言ったと書かれています。シュミットは、エンゲルスと親しい関係にあったマルクス主義系の経済学者です。

少しわきにそれましたが、この文脈で重要なのは、「真のマルクス主義とは何か？」ということではなくて、マルクス自身が生きていた頃から、実体のマルクスとはかけ離れている――ように本人には見える――イメージが形成され、それを本人が否定せざるを得なくなった、ということです。

マルクスは社会主義運動の中で神聖視されるほどの権威を持った人だったけど、自分のイメージをコントロールすることはできなかった。彼は思想家だったので、そのイメージを否定する発言をして、それを対抗言説として流通させることもできましたが、一般人だとそうはいきません。

むしろ或る場合には、原物の方であきらめて、あるいはその方が都合がいいということからして、自分についてのイメージに逆に自分の言動を合わせていくという事態がおこる。こうして何が本物だか何が化けものだかがますます分らなくなります。現代にはこういう一つの非常に新しい形態の自己疎外が起っているといえるのじゃないか。

哲学的に言うと、主体としての私たち自身が、イメージによって出来上がっているわけですね。もう少し詳しく言えば、他者が私たちについて抱いているイメージを、取り込む形で、私たちの自己イメージが出来上がっていて、私たちはそのイメージに拘束されながら生きているわけです。私たちがこのイメージ的世界の中に生きている限り、「化けもの」を振り切ることはできない。〝私たち〟自身が、「化けもの」であり、私たちの内の偽物と本物を区別することはできないからです。

私たちはみな、他人が自分に対して抱いている（であろう）イメージに合わせて、〝自分〟を作っていますね。日本語に「自分がない」という言い方がありますが、実際には、〝本当の自分〟を分かっている人はいないと思います。改めて、〝本当の自分〟を見せようとしても、どうやったら、本当に自分らしいのか分からない。就職の面接のマニュアル本のようなものに、〝本当の自分〟を見せないと評価されない、というようなことが書いてあることがありますが、あれ、どういうことかよく分かりませんね（笑）。

職業的・立場的にそういうことをかなり意識的にやらないといけない人たちがいますね。芸能人や政治家はそれが商売ですから言わずもがなですが、学者や評論家も有名な人だと、周りのイメージに自覚的・無自覚的に合わせようとしますね。例えば、別に政治的イデオロギーなど全然意識せずに本を書いた学者が、「新しい革命的思想だ！」という感じで、書店のポップや有名人のブログやツイッターで紹介されたおかげで、当初五千部くらいの目算だったのが五万部くらい売れたとします。するとその人は、次から本を出す際には、権力や資本をラディカルに糾弾する革命的思想家を演ずるようになる。多分、本人もそう思ってしまうんでしょう。「キャラ」が出来上がってしまう。「キャラが立つ」、とかいう言い方しますね。イケメン思想家とか、美人○○学者とか言われて、そういうキャラになってしまう人もいますね（笑）。ＴＶにしょっちゅう出てくる芸能人が、美人、イケメンと呼ばれて、それらしい振る舞いをしているうちに、美人、イケメンのイメージが定着し、何かのきっかけでイメージが悪くなると、急にブサイク・キャラ扱いされ始めるということがしょっちゅうあります。美的感覚も他人の評価（と思えるもの）に合わせてしまうことがよくありますね。

それぞれの学会内でも、「●●理論と対立する▽▽理論の最先端の研究をしている気鋭の若手」とかいうイメージが付くと、そのポジションでいろんな研究会やシンポジウムに呼ばれやすくなり、出世に繋がるかもしれない。多分、本当に出世する人は、いちいち考えないで、無自覚的にイメージ通りの「キャラ」を演じているんだと思います。別に、そういう風に周りから強い期待を受けている将来有望な人でなくても、自分の先生や、同門の先輩後輩、あるいは勤め先の同僚とか学生などとの関係の中で、「キャラ」がかなり決まっていると思います。「キャラ」が決まると、それからズレた行動は取りにくくなる。

人間は多かれ少なかれ、そういう風に、他人との関係性の中で次第に形成された多重の「キャラ」を生きており、「キャラ」なしの〝本物の私〟を見出すことはできなくなっています。むしろ、「キャラ」に縛られていないと、〝私らしさ〟を発揮することはできない。

「ササラ型」と「タコツボ型」

一二九頁で丸山は、こうしたイメージの「化け物」の話を、学問や文化の在り方としての「ササラ型」と「タコツボ型」の二類型の話と関係付けます。有名な話ですね。「ササラ」というのは、竹とか細い木を束ねてブラシ状にした、食器を洗うための器具で、現在では普通の家ではほとんど見かけませんが、食器にまで凝った料理をしている、料理店などでは今でも使われているようです。

手のひらでいえばこういうふうに元のところが共通していて、そこから指が分れて出ている、そういう型の文化をササラ型というわけであります。タコツボっていうのは文字通りそれぞれ孤立したタコツボが並列している型であります。近代日本の学問とか文化とか、あるいはいろいろな社会の組織形態というものがササラ型でなくてタコツボ型であるということが、さきほど言ったイメージの巨大な役割ということと関係してくるんじゃないかと思うわけです。

タコツボとササラが「イメージ」の話とどう繋がっているのか、丸山はこの段階ではちゃんと説明していませんが、もう少し後の方になると、タコツボの方が、それぞれの壺が「外部」と情報のやりとりをしていないので、「イメージ」が硬直化しやすいという話に次第に繋がっていきます。ただ、丸山自身の説明はそれほど親切ではないので、学問の体系性と、「イメージ」の間主観性の問題について私なりに少し深読みして補いながら説明してみたいと思います。

先ほどからの丸山のイメージ論に従って言えば、学問、特に社会科学は、人間の相互関係についての「イメージ」を研究するものだと言えます。「現実」それ自体を探求しているつもりでも、結局はそれぞれの分野の方法論に従って、「イメージ」を研究しているに違いない。「現実」それ自体に触れることはでき

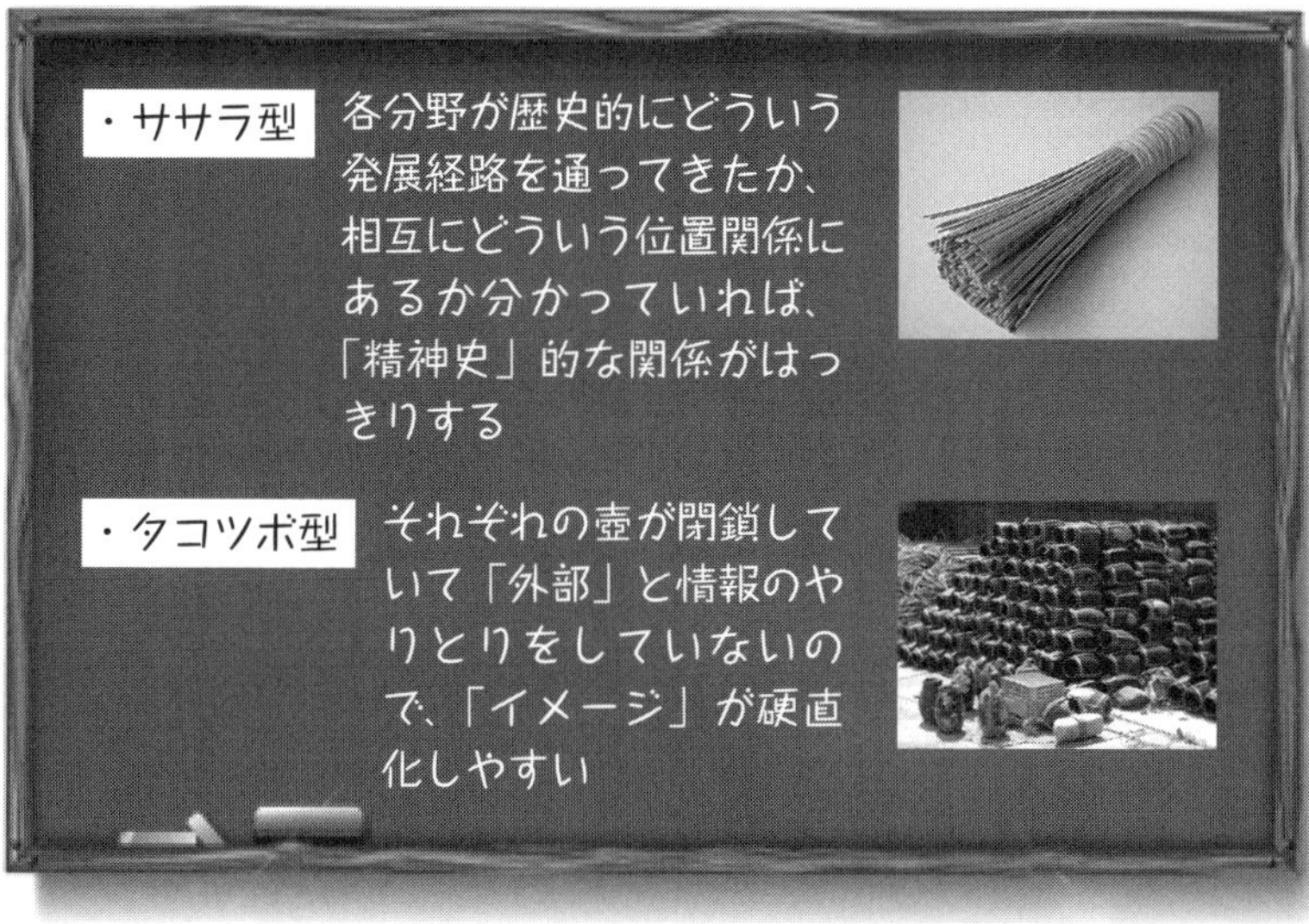
・ササラ型
各分野が歴史的にどういう発展経路を通ってきたか、相互にどういう位置関係にあるか分かっていれば、「精神史」的な関係がはっきりする
・タコツボ型
それぞれの壺が閉鎖していて「外部」と情報のやりとりをしていないので、「イメージ」が硬直化しやすい

ないわけですから。

そのこと自体は仕方ないのだけど、問題は、それぞれの分野ごと、あるいは学派ごとに「現実」についての「イメージ」の作り方の作法、手続きが違うので、話が通じないことが多い。自分たちは「現実」にしっかり根ざして地道な研究をしているのに、あいつらは、実体のないイメージに振り回されている、とバカにしがちです。そうやってお互いにバカにしているうちに、サイバー・カスケードのサークルのように、どんどん自分たちの狭いサークルに閉じこもって、〝外〟に意識がいかなくなります。自分たちの「イメージ」が本当に〝現実〟に対応しているのか、他分野や学界の外部の人の視点も入れて、なるべく客観的に評価しようとする努力をしなくなる。

そういう閉鎖性に陥らないようにするには、自分たちが依拠している分野ごとの学問的前提（＝基本的イメージ）が歴史的にどのように出来上がってきたのか、その根源、つまり諸学の基となった共同幻想が立ちあがって来る始原にまで遡り、そこを起点

フッサール

コント

に、お互いの関係を知る必要性がある。学問全体の発展史の中での自分たちの立ち位置を知ることで、各自の中で硬直化しているイメージを相対化することができるわけです。晩年のフッサール（一八五九–一九三八）に、『ヨーロッパ諸学の危機と超越論的現象学』（一九三六）という有名な論文があります。この論文でフッサールは、一九世紀末から二〇世紀初頭にかけて、専門分化が高度に進んだ諸学問が、自分たちの共通の根っ子と、相互関係を見失い、どちらに進んだらいいのか理念的に混乱していることを指摘したうえで、その袋小路から抜け出すには、学問の根源、すなわち、理性化された体系によって囚われる以前の精神が様々なイメージや表象を生み出し始める瞬間にまで遡って、自己を再定位する必要があることを指摘しています——これは、私なりの、この講義の文脈に合わせたかなり大雑把なまとめなので、関心がある人は、中公文庫に入っているので、自分で読んでみてください。

そうやって根源にまで遡るには、個別に発達した諸分野が、根っ子の方でちゃんと繋がっているササラ型の方がやりやすいです。ササラ型というのは、この場合、各分野が歴史的にどういう発展経路を通ってきたか、相互にどういう位置関係にあるか分かっていて、「精神史」的にはっきりしていることだと理解すればいいでしょう。

では、近代日本の学問はどうして「タコツボ」なのかというと、丸山が述べているように、一九世紀前半に登場した社会科学が、後半以降、法学、経済学、社会学といった個別領域ごとに、社会的関係性を「形式」化して捉えるための方法論を整え、独立・分化するようになったからです。ヘーゲル、ベンサム、マルクス、コント（一七九八–一八五七）——コントは、「社会学 sociologie」という名称を初めて使用したフランスの哲学者・社会学者で、「実証主義 positivisme」の元祖でもあります――が展開したような、世界の全てを包括的に説明する総合社会科学的なものは流行らなくなった、ということですね。それでも、それまでの蓄積があったから、それらの分野の根っ子にどういう理念があったかは、まだ意識されていました。

日本の《学問》の根本問題

日本が西洋諸国から近代的科学を積極的に輸入するようになったのは、一九世紀の後半、それも七〇年代以降ですから、それらの学問は既に専門分化がかなり進んでいました。分化されて、自己完結的になっていた学問を個別に輸入してきたので、大本で繋がっていることが見えにくくなったわけです。

従って大学制度などにおいては、そういう学問の細分され、専門化した形態が当然のこととして受け取られた。ところが、ヨーロッパではそういう個別科学の根はみんな共通なのです。つまりギリシャ－中世－ルネッサンスと長い共通の文化的伝統が根にあって末端がたくさんに分化している。これがさきほど申しましたササラ型ということです。それが共通の根をきりすてて、ササラの上の端の方の個別化された形態が日本に移植され、それが大学などの学部や科の分類となった。（…）こういうふうにして、初めから非常に個別化された、専門化された形態で近代の学問が入ってきたために、学者というものはそういう意味の専門家である、個別化された学問の研究者であるということが、少くも学界では当然の前提になった。つまりヨーロッパの学問の根底にあって、学問を支えている思想あるいは文化から切り離され独立に分化し、技術化された学問のワクのなかに、はじめから学者がスッポリはまってしまった。ここでは大学教授も含めまして、学問研究者が相互に共通のカルチュアやインテリジェンスでもって結ばれていない。おのおのの科学をほり下げて行くと共通の根にぶつからないで、各学科がみんなタコツボになっている。

共通の根っ子の部分を抜きにして、すぐに利用できそうな、法律学とか経済学といった末端の完成した部分製品だけ輸入し、研究者たちが特定の部分製品だけ学ぶことで、手っ取り早く専門家になろうとしたせいで、分野相互の繋がりが見えなくなったわけです。「精神史」的な連関なしに、個々の学問分野がタコツボ状に並ぶことになった。Ⅰ章の「日本の思想」で見たように、マルクス主義が例外的に、各分野を横断する共通言語を提供できる世界観を備えていたわけですが、マルクス主義はマルクス主義で、公式主義的になり、ひどい場合には、理論の物神崇拝に陥りやすいという欠陥があります。そもそもマルクス主義は、「精神史」や「教養」などを否定して、全てを独自の唯物史観で説明しようとするので、共通の根っ子を伝えるにはかえってマイナスかもしれません。

一九八〇年代に東大駒場を中心に、相関社会科学とか表象文化論とか新領域を作ることが試みられましたが、あれも少なくとも理念的には、共通の根っ子まで掘り下げて、分野横断的、別の言い方をすれば、「インターディシプリナリー（学際的）」な学問の方法を見出そうとする試みだった、と言えます。ただ、多くの場合、共通の根っ子まで到達して何かを摑んだというより、いくつかの異なった分野の人たちを集めてきて、名前を合成したような学科、コース、専攻を作っただけに終わったように思えます。相関社会科学や表象文化論を最初に提唱した人たちにはちゃんとした理念があったのかもしれませんが、各大学で組織作りをした人や、文部省（現文科省）の役人たちは、異なる分野の教員を集めてくると、化学反応のようなものが〝自然〟と起こるような感じで、安易に考えていたのかもしれません。共通の根っ子に根ざした方法論の探究を本気でやっているような形跡のある大学なんてほとんどありません。

因みに、私の大学でも、二〇〇八年に組織再編した時に、文系では、「地域創造学類」と「国際学類」というのを作りました。世の中のトレンドから十数年遅れて、学際化を試みた感じですが、当然のことながら、学際的な学問の方法論が確立されたような雰囲気はありません。前者は、福祉とか社会調査とか地元の歴史・文化研究などを寄せ集めた感じで、後者は国際政治・経済と、語学教育、各国文化の研究を寄せ集めた感じになっています。そもそも、そういう新組織を中心的に作った人たちに、自分が率先してインターディシプリナリーな方法論を確立するという意識があまりなく、とにかく学生を集めようという感じでやっているのだから、どうしようもありません。

九〇年代以降新設された四文字や片仮名混じりの学部や専攻に、優秀な学生が全く来ないというわけではありません。新分野に純粋に学問的な可能性を感じて入ってくる子もいます。しかし、ほとんどの学生は、一つの専門ディシプリンの中のごく狭い領域での研究作法を身に付けるのに精一杯で、それ以上のことに手が回りません。例えば、カントの認識論とヘルダリン（一七七〇－一八四三）の詩学の相関関係をデリダのエクリチュール論の視点から研究するとか言うと、かっこいいですが、三つとも無茶苦茶大変です。全部自分で基礎から勉強したうえで、三者を繋ぐ共通のものを見出して、統合するなどというのは途方もない話だと、真面目な学生だとすぐに分かります。だから挫折し、その反動で今度は、極めて狭い分野の専門家になろうとする。カントの認識論でも、『純粋理性批判』第一版と第二版の間での「想像力」の位置付けの変化を研究する専門家とかに。無論その場合、哲学専攻の大学院に入り直した方がいい、ということになります。ただ、それは自分の分を弁えている、結構頭のいい学生の話で、自分が何もちゃんと身に付けていないことを理解しないまま、違ったジャンルの難しいテクストに書かれていることを適当に貼り合わせて、〝インターディシプリナリーな論文〟を書いたつもりになっている連中が少なくない。

共通の根っ子まで掘り下げて、インターディシプリナリーな仕事ができる人間は、普通に専門バカと言われている人よりも、ずっと優秀でないとダメなはずです。異なる分野を比較して、接点を見つけてこないといけないわけですから。そんな優秀な人間がたくさんいるはずはないので、真面目にやるとしたら少数精鋭でやらねばならないのに、どこの大学も予算獲得とか、教員配置、受験生獲得の都合で、学際的な大組織を作ろうとするので、悲惨なことになる。

丸山のテクストに戻りましょう。

自然科学者と社会科学者との間に、われわれは本質的に同じ仕事をやり同じ任務をもっているという連帯意識というものが非常に乏しい、いや大学や学界の哲学と社会科学というものの間にも内面的な交流が殆んどない。哲学というものは本来諸科学を関連づけ基礎づけることを任務とするものです。ところが近代日本では哲学自身が——少くもアカデミーの世界では専門化し、タコツボ化した。哲学自身が専門化するってことは、ある意味では矛盾なんですけれども、そうなっている。

最近、IT技術や原発をめぐるネット上の論争で、文系と理系の発想とか資質の違いについて、どっちの素養もあまりなさそうな人が勝手なことを言い合っていますが、元々、日本の大学では、文系と理系の間にほとんど接点はなく、お互いに異質な世界の住人だと思っているきらいがあります。文系の先生は、理系は、物事の本質が分からない、小手先の技術だけ身に付けている連中と見なす傾向があります。理系の先生は、文系は無駄だと思っている人が少なくありません。特に、哲学とか文学とかは、思いつきで物を言っているだけなので楽だ、と思われているふしがあります。当然、そう思っている人は、哲学や文学の専門的研究書や論文を読んでいるわけではなく、適当に想像しているだけです。

「哲学」が「本来諸科学を関連づけ基礎づける」というのは、一昔前は割と普通に言われていましたが、今ではそういうことをそもそも知らない学生が大多数になっているような気がします。哲学の研究者自身も分かっているか怪しい。少しだけ歴史的・具体的なことを言うと、ベーコン、デカルト、ライプニッツ（一六四六－一七一六）がそうであったように、一七世紀、バロックの時代の頃までは、自然科学と哲学はしっかり融合していました。というより、自然科学は、「自然」の本質について考える「自然哲学」と呼ばれる哲学の一部門だったわけです。ガリレオ（一五六一－一六二六）は、アリストテレス流の古代・中世の自然哲学を批判する近代の自然哲学者であったわけです。フランス啓蒙主義・革命時代の代表的な哲学者であるダランベール（一七一七－八三）やコンドルセ（一七四三－一八四三）は数学者です。カントも初期には、天体物理学に関する論文を書いています。二〇世紀初頭に新カント学派や論理実証主義やフッサールなどが、哲学による科学のメタ理論的基礎付けを試みるようになり、そこから科学哲学が発展してきましたが、元々、自然科学の母体は哲学だったわけです。

また、中世末期に成立した西欧の大学では、神学、法学、医学の三大専門を学ぶ前の予備課程で、文法とか論理学とか天文学とか幾何学などを学びましたが、ドイツでは、これらの教養部門を教えるところが、「哲学部 die Philosophische Fakultät」と呼ばれ、それが、現在の日本の大学制度の教養課程と文学部に相当するものの母体になりました——これについては、『教養主義復権論』で説明したのでご覧下さい。また、そうした広義の「哲学」をベースにして、社会学や経済学、政治学などの社会科学の諸部門が発達してきました。社会学の元祖であるコントは哲学者でした。

しかし現在では、哲学はそういう学問の大本としてのステータスを失ってしまったうえ、職業的哲学者自身が、タコツボに閉じこもって、他分野の人間と学問的な話をしない傾向を強めています。日本ではその傾向が特に強いです——メディアによく出てくる、〝哲学者〟は、実際には肝心の「哲学」をあまりやっていない、むしろ〝何でも評論家〟とでも言うべき存在であることが多く、あまり哲学的に掘り下げた話はしていないと思います。

さっきも少し言いましたが、哲学者は分野ごとにはっきりと専門が分かれています。ギリシア哲学、中世哲学、近代哲学、現代哲学がはっきり分かれていて、お互いの間でほとんど話が通じないけれど、それがおかしいと思っている人はあまりいません。近代哲学でも、フランスとドイツではあまり話が合いませんし、カント研究をやっている人と、ドイツ観念論をやっている人もあまり話が合いません――カントがドイツ観念論だとか言うと、素人扱いされます。ドイツ観念論でもフィヒテ、シェリング、ヘーゲルそれぞれの〝専門〟家がはっきり分かれています。現代では、分析哲学、現象学、ハイデガー研究、ポストモダン系がはっきり分かれていて、お互いに自分たちこそが「哲学者」で、他の連中は、哲学と関係のないおしゃべりをしていると見てバカにする風潮さえあります。ハイデガー研究でさえ、『存在と時間』の前と後、三〇年代半ばの「転回 Kehre」の前と後、第二次大戦の前と後、という風に時期ごとに区分されていて、時期ごとの専門家がいます。ハイデガーの「ヘルダリン講義」のような、彼の詩学や芸術関係の議論は、それとはまた別の範疇に入ります。

西欧では、先ほども出てきたように、一九世紀前半までは、政治、経済、法、社会、自然科学など諸分野にまたがる壮大な理論を展開する哲学者もいましたが、学問の専門分化がほぼ終わった頃に「哲学」を輸入した日本では、そういう壮大なスケールの哲学者がなかなか出にくい。

たとえばヘーゲル哲学というものは、法律学の上にも歴史学の上にも社会学の上にも非常に大きな影響を及ぼし、社会科学のグルントになった。これに対し、日本でいちばん独創的な哲学といわれる西田哲学が社会科学の各分野を基礎づける原理としてはどれほどの有効性を持ったでしょうか。各社会科学相互間、たとえば法律学、政治学、経済学というような本来密接な関連をもつ学問分野の間でさえコミュニケーションがあまりないという状態です。

「グルント Grund」は、ドイツ語で、「根底」とか「基礎」あるいは「理由」といった意味です。ヘーゲルの時代くらいまでの西欧では、哲学が諸学の基礎だったので、哲学を経由することで、違った分野の間でのコミュニケーションができたわけですね。

例えば、ヘーゲルは、同時代の法学に大きな影響を与えていたことが知られています。ヘーゲルがベルリン大学の教授に就任し、法哲学の講義をしていた頃は、実際に彼の影響を受け、それに基づいて新しい理論を構築しようとした法学者も少なからずいます。ホッブズの時代から一九世紀前半頃までは、自然法あるいは理性法を研究する「哲学者」が、同時に法学者として活動することは珍しくありませんでした。カントの『人倫の形而上学』（一七九七）の前半の「法論 Rechtslehre」は、法の定義から始まって、「私法 Privatrecht」と、「国家法 Staatsrecht」の論理構造が、それぞれ現実の法制度・慣行に即して体系的に叙述されていて、ドイツの法学の発展に強い影響を与えたとされています。特に、「権利」論の中核に、意思の自律を置いたことは、決定的だったとされています。ヘーゲルの『法哲学』（一八二一）は、市民社会における司法や福祉の仕組みと、公法によって統治される国家の仕組みとの繋がりを、法の理性的発展史から描き出していて、新しい国家作りをしようとするプロイセンの官僚や、フランスのナポレオン法典に倣って、ドイツの法典を編纂しようとした法学者たちに影響を与えたとされています。

現代でもロールズとかハーバマスは、法哲学や憲法学には影響を与えています。ロールズは厚生経済学や国際関係論に、ハーバマスは社会学や歴史学にも影響を与えています。日本では、哲学者がそういう影響を及ぼしているとは考えにくいです。イントロとか、あまり重要でない一般的概念の説明のために引用される人だったら、それなりにいますが、〝他分野〟――本当は「他分野」と言ってしまったら、ダメなのですが――の方法論やテーマ設定に影響を与える、というのは考えにくいですね。影響を受けるとしたら、日本の哲学者ではなくて、ロールズとかハーバマスなどからです。

先ほどの箇所の少し後に、丸山の人間味が出ていてちょっとだけ面白そうだけど、私としては首をかしげてしまうくだりがあります。

論争とは何か？――「一ぱい飲む」ことで解決するのか？

文学者と社会科学者が共通の言葉を話すということは、現在においても非常に困難でありまして、社会科学者とか文学者とかいう看板をはずして一ぱい飲むというようなことをしなければ、なかなか話が通じない有様です。

専門の看板を掲げているせいで、お互いに通じる言葉で語り合うのが困難になっているのは確かだと思いますが、そのために「一ぱい飲む」という話がどうも納得いきません（笑）。丸山には、飲み屋でなら学際的会話ができるいい友人がいたのかもしれませんが、普通は、たとえ他分野に親しい友人、知人がいても、飲み屋で学際的な会話なんかできません。それぞれの学部の教授会とか学生についての不満をぐだぐだ言い続けるのが関の山です。〝学問的〟な話をするとしても、お互いのやっていることのどこが面白いのか分からない、何のためにやっているんだ、とか言って、からんで終わりです。喫茶店で話をしたって、そんな感じにしかなりません。学際的対話のためのノミニケーションが大事だ、とか言っている人は大抵、実際には、他分野の人とお友達になっただけで満足してしまう。私は、その手の話はあまり信用していません。丸山のように、学問的な人間関係に恵まれる人もいるでしょうが、それはかなりレアなケースだと思います。

一三四頁に、「共通の基盤がない論争」という、いかにもありそうな話が出てきます。

最近御承知のように、昭和史というような問題をめぐって、文学者と社会科学者、あるいは歴史学者との間にいろいろな論争が行われた。それを見てますと、たとえばこの本には歴史が書けてるとか書けてないとかいって論争されている。歴史が書けてるとか、書けてないということの意味ですね、そのことの意味について文学者が理解していることと、社会科学者が理解していることとが非常にくい違っているのであります。歴史が書けているというそのこと自体の意味について一致した了解がないわけですから、それは実はなかなか共通の基盤に立った論争にならない。表面はともかく、腹の中ではお互いに度し難い考え方だということでおしまいになる。

これは恐らく、「昭和史論争」と呼ばれているもののことでしょう。発端は、歴史学者の遠山茂樹（一九一四－二〇一一）、今井清一（一九二四－二〇二〇）、藤原彰（一九二二－二〇〇三）の三人が出した岩波新書『昭和史』（一九五五）です。文字通り昭和三〇年（一九五五）までの昭和史を描いた歴史の概説書ですが、唯物史観・左派的な色合いが濃く、大正から昭和への移行期における「資本主義のゆきづまり」と、その象徴としての小石川の共同印刷争議の記述に始まって、ビキニの「死の灰」に抗議する原水爆反対運動、など反戦平和運動の盛り上がりについての記述で終わっています。コミンテルン（共産主義インターナショナル）の対日戦略として出された二七年テーゼや三二年テーゼの意義が強調されていたり、一九五四年の吉田内閣の退陣を、「対米従属と再軍備の政策をとる反動勢力の大

亀井勝一郎

きな退却」と位置づけるなど、今から見ると、かなり政治色の濃い記述になっています。

それに対して、文芸批評家で、「近代の超克」座談会にも参加した亀井勝一郎（一九〇七－六六）が、『文藝春秋』や『中央公論』などの文芸誌に掲載した文章で、『昭和史』の文章は、ある種の裁判記録であり、典型的な官僚文章だといって、その文体を批判します。亀井に言わせれば、「歴史」とは「人間を描く」行為であり、「人間を描くことにおいて魅力を創造しなければならない」、というわけです。内容を見る限り、書き方の問題だけでなく、遠山たちの左翼的な歴史観自体を批判していますが、「人間を描く」という、今でもよく聞く、文学的にキャッチーなフレーズのおかげで、文学的な関心を集めることになりました。その時の亀井の文章を集めたものが、『現代史の課題』（一九五七）というタイトルで刊行されています。評論家・文芸批評家で、『ビルマの竪琴』（一九四七）の著者である竹山道雄（一九〇三－八四）も、「昭和の精神史」（一九五五）で、「上からの演繹」によって歴史を描こうとする唯物史観などの、進歩史観を批判しました。右と左の対決に、「社会科学的歴史」対「文学（物語）的歴史」の対決がかぶさったような感じです。

丸山はこのスレ違いを嘆いている感じですが、私に言わせれば、現在の〝論争〟状況から見れば、遙かに高水準です。最近の歴史学者は、表面的には、物分かりがよくなっていて、学会や研究会の年次大会で、「ジェンダー」とか「国民国家」「ナショナリズム」などのテーマで、大きなシンポジウムをやる時には、必ず、哲学とか社会学、文化人類学、文学など他分野の著名人をつれてきて、講演させます。それを楽しみにしている歴史学者も結構います。シンポジウム記録論集では、そういう他分野からの刺激が大きなウエートを占めることになります。

しかし、大学院で歴史学を本格的に学びたいという院生が、そういう他分野の人の議論に基づいて、論文を書こうとしますと、あまりいい顔されず、「史料を読みなさない」とか、「先ず歴史学の基本を学びなさい」、とかベタなお説教をされることが少なくないようです。無論、歴史学の基本文献、史料を読むのが面倒くさい学生が、哲学者や文学者が要約的に述べていることをそのまま引き写すようなことをしたら、お説教されて当然ですが、ある程度基礎がしっかりしている学生でも、他分野の理論に依拠するのは、あまり好まれないようです。私はある程度、歴史学者とお付き合いがあるのですが、私の経験では、いわゆる「ポストモダニスト」が、「歴史」を「物語」扱いし、実証性を軽視するということで、左右双方の実証主義的歴史学者から嫌われる傾向があります。どっちの陣営も、ポストモダニストは、敵方の使い走りだと見ているようです。因みに、フランス語では「歴史」も「物語」も〈histoire〉という同じ単語で表しますし、英語の〈history〉と〈story〉も元は同じ言葉です。

無論、そういう頑固さは歴史学の専売特許ではありません。どこの学会も似たりよったりで、表面的には他分野からの刺激を歓迎するようなポーズを取りながら、本音では、いい加減な連中だと思ってバカにしている、ということがあるのではないかと思います。

“インテリ”は死語か？

一三五頁から一三六頁にかけて、今度は、「インテリ」という言葉の意味するところのズレが話題になっています。小説家の石川達三（一九〇五－八五）が、「自由論争」で「インテリ」批判をしたという話が出ています。「自由論争」のきっかけは、石川が一九五六年にアジア連帯委員会文化使節団の一員として、インド、エジプト、ユーゴスラヴィア、ギリシア、オーストリア、中国、ソ連など、社会主義もしくは社会主義寄りの諸国を訪問して、理想の国家の建設のために邁進する人民の姿を見て感銘を受け、そのことを朝日新聞の論説で書いたのがきっかけです。この論説は、五六年の七月一一日付

石川達三

アイザイア・バーリン

から一五日付にかけて、五回連載で、朝日の夕刊の一面に掲載されました。タイトルは、「世界は変った　ソ連・中国から帰って」です。タイトルから、大体、内容の想像がつきますね。それに反発した、文芸批評家の臼井吉見（一九〇五－八七）たちと論争になったという話です。

　丸山の要約によれば、石川は、日本の「インテリ」はもっぱら「〜からの自由」について語っており、「〜への自由」を分かっていない、彼らの「自由」は「飲み屋でくだを巻く自由」にすぎない、と批判した、ということですね。「飲み屋でくだを巻く」は正確には、「酒を飲んでくだを巻く」で、七月一三日付に出てきます。これは、「ただ自由にならんがための自由」「目的をもたない自由」を象徴する言い方で、石川はこれに「良き意志」「良き行動への自由」を対置しています。

　「××からの自由」と「××への自由」という言い方は、最終回の七月一五日付に出てきます。思想史的な英語の語法についてのちょっとした知識がないと少々分かりにくいかもしれません。「〜からの自由 freedom from〜」というのは、私たちの行動を妨げる障害物や制度、他人による強制から「解放」されているという意味での自由です。「〜への自由 freedom to〜」というのは、何らかの（自分にとっての）理想の状態、ユートピア的なもの——例えば、共産主義社会とか——を想定し、それに到達することを「自由」と考えるわけです。

　ラトビア生まれの英国の政治哲学者アイザイア・バーリン（一九〇九－九七）は、講演「二つの自由概念」（一九五八）で、「〜からの自由」を「消極的自由 negative freedom」、「〜への自由」を「積極的自由 positive freedom」と呼び、後者は、ユートピア的な理想の建設へと——「自由」の名の下に——各人を強制する危険性が高いので、慎重に扱うべきであり、前者をベースに考えるべきだという考えを示した。石川も第三回目の記事で、「積極的な自由」、「消極的なけち臭い自由」という言い方をします。石川の方が、

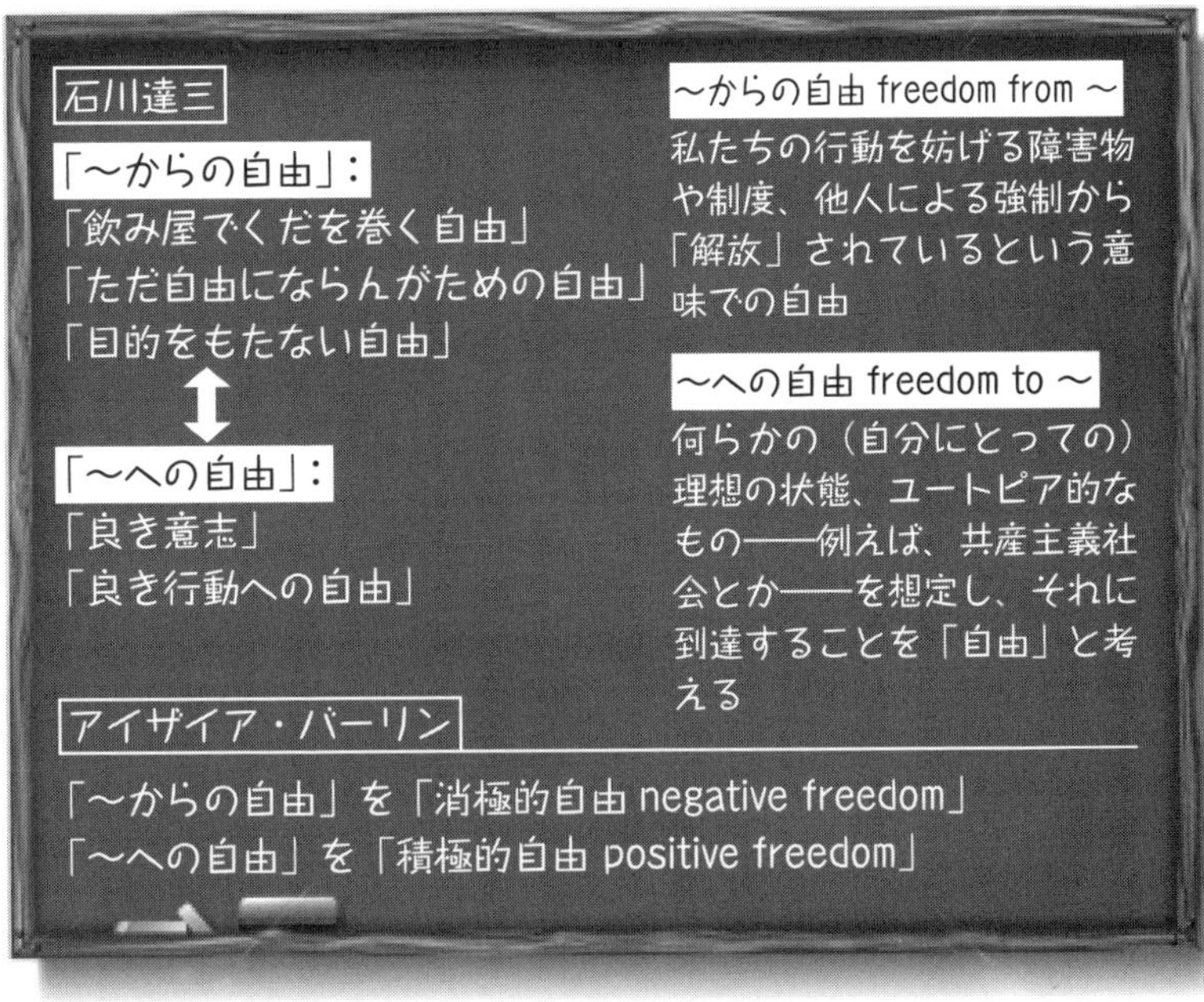
石川達三
「〜からの自由」：
「飲み屋でくだを巻く自由」
「ただ自由にならんがための自由」
「目的をもたない自由」
「〜への自由」：
「良き意志」
「良き行動への自由」
〜からの自由 freedom from 〜
私たちの行動を妨げる障害物や制度、他人による強制から「解放」されているという意味での自由
〜への自由 freedom to 〜
何らかの（自分にとっての）理想の状態、ユートピア的なもの――例えば、共産主義社会とか――を想定し、それに到達することを「自由」と考える
アイザイア・バーリン
「〜からの自由」を「消極的自由 negative freedom」
「〜への自由」を「積極的自由 positive freedom」

バーリンより先に二つの自由を区別する議論をしていたわけです。しかも、二つの自由に対する評価はバーリンとは逆です。石川は、その後、ペンクラブの会長に就任した一九七五年に、「言論・表現の自由には一歩も譲れない自由（＝思想表現の自由）と、社会や国家の秩序と協調するために、ある程度譲歩できる自由（＝猥褻表現の自由）とがある」、という「二つの自由」発言をし、物議をかもしました。ただ、それはここでの本題ではありません。本題は、「インテリ」の意味です。

ところが他方、新聞の匿名欄などでも、いろいろ「インテリは」とか、あるいは「日本の知識人は」とかいったようなことをいってしばしば攻撃されるわけでありますが、そういう新聞の匿名欄などで攻撃される知識人あるいはインテリ文化人というものと、石川さんが攻撃している日本のインテリとは、どう見ても同じもののようには思えない。攻撃の論拠も正反対でありまして、つまり一方では飲み屋でくだを巻いてばかりいて天下国家の問題から逃避しているといってしかられている。他方では何でもかんでも天下国家の問題にくっつけちゃう、政治に関係のないことまで政治が悪いせいにしちゃうのが日本のインテリであるといって悪口をいわれるということになると、攻撃されている日本の「インテリ」たるもの、当惑せざるをえないわけです。

石川から見ると、「インテリ」というのは、政治を逃避している輩で、新聞の匿名欄では、何でもかんでも政治のせいにする輩ということになっていて、真逆のイメージだというわけですね――厳密に言うと、石川の記事では、「インテリ」ではなくて、「知識人」という言い方をしています。恐らく、丸山の言っている匿名欄の人たちが念頭に置いている「インテリ」は、犯罪の原因とかモラルの低下とかも政治体制のせいにする、マルクス主義系の左派のことではないかと思います。因みに、「インテリ」というのは、知識人階級という意味のロシア語の「インテリゲンツィア intelligentsia」の省略形で、労働者階級と資本家階級のいずれの味方にもなり得る中途半端な存在というような意味合いで使われていました。当時は、「インテリ」という言葉から、左翼的な小理屈を言いたがる大卒の人を連想する人が、結構いたんじゃないかと思います。私が子供の頃は、そんなニュアンスで、「インテリ」と言っていたような気がします。

最近の新聞の投稿欄とかブログやツイッターの「知識人」批判では、どちらかと言うと、知識人は口だけで、本気で天下国家のことを考えていない、という論調の方が強くなっているような気がします。ただ実際には、ちゃんとした教養がある本来の意味での「知識人」がメディアで発言し、注目を集める機会はどんどん少なくなっていると思います。ワイドショーのコメンテーターとかインフォテイメント系の報道番組の司会者のように、何でもかんでも「政治」のせいにしたがる〝知識人〟の方が目立っている。その人たちのおかげで、さほど有名ではない大学に務める「知識人」たちがいろんな意味で迷惑を受ける(笑)。「知識人」というのはかなり曖昧な言葉ですが、多分、日本人の多くは、メディアに出たり、本を書いたり、講演をしたりして、偉そうなことを言っている大学の先生や評論家、作家などのことを念頭に置いていると思います。そういう人はたくさんいるので、本当のところ、具体的な特徴を描くのは無理ですが、大抵、自分の嫌いなタイプを、「(目立っている)知識人の代表」に見立てているんじゃないでしょうか。私はあんまり有名じゃありませんが、私のようなのを嫌いな人からは、皮肉ばかり言って、コミットすべき価値を示せない典型的な知識人と見られているんじゃないか、と思います。私は、その手のベタな知識人批判をやって、溜飲を下げたつもりになっているおバカなブロガーに同調して、分かったような口をきく〝知識人〟が不快なので、そういう連中こそが〝知識人〟の〝代表〟なんじゃないかという気がしてなりません。

因みに、発言内容に関係なく、とにかく「知識人」が嫌いな人いますね。ブログやツイッターで、やたらと、「知識人は……」と言いたがる。そういう人の中には、知識人が本当に階級を形成しているかのような言い方する人もいますね。「アカデミアの人たちは〜」とか、「アカデミアの見解は〜」とか、「アカデミアは、〇〇に敵対的である」とか。学究的世界のことを指す〈academia〉という英語がありますが、そういう意味じゃないと思います。多分、知識人は利害を共有しているので、組合みたいなのを形成して、お互いにかばい合っているように思っているんでしょうが、それは幻想です。医学部の場合、医者としての利害があるのでちょっと別ですが、それ以外の大学知識人は、仲間意識を持ってかばい合っているとしても、せいぜい、同じ大学の同じ学部の同僚とか、同門の人くらいです。そういう仲間だって、その人が問題を起こしてクビになりそうになったら、すぐに見捨てます。「知識人」は、フツーの人よりずっと自己チューですから(笑)。

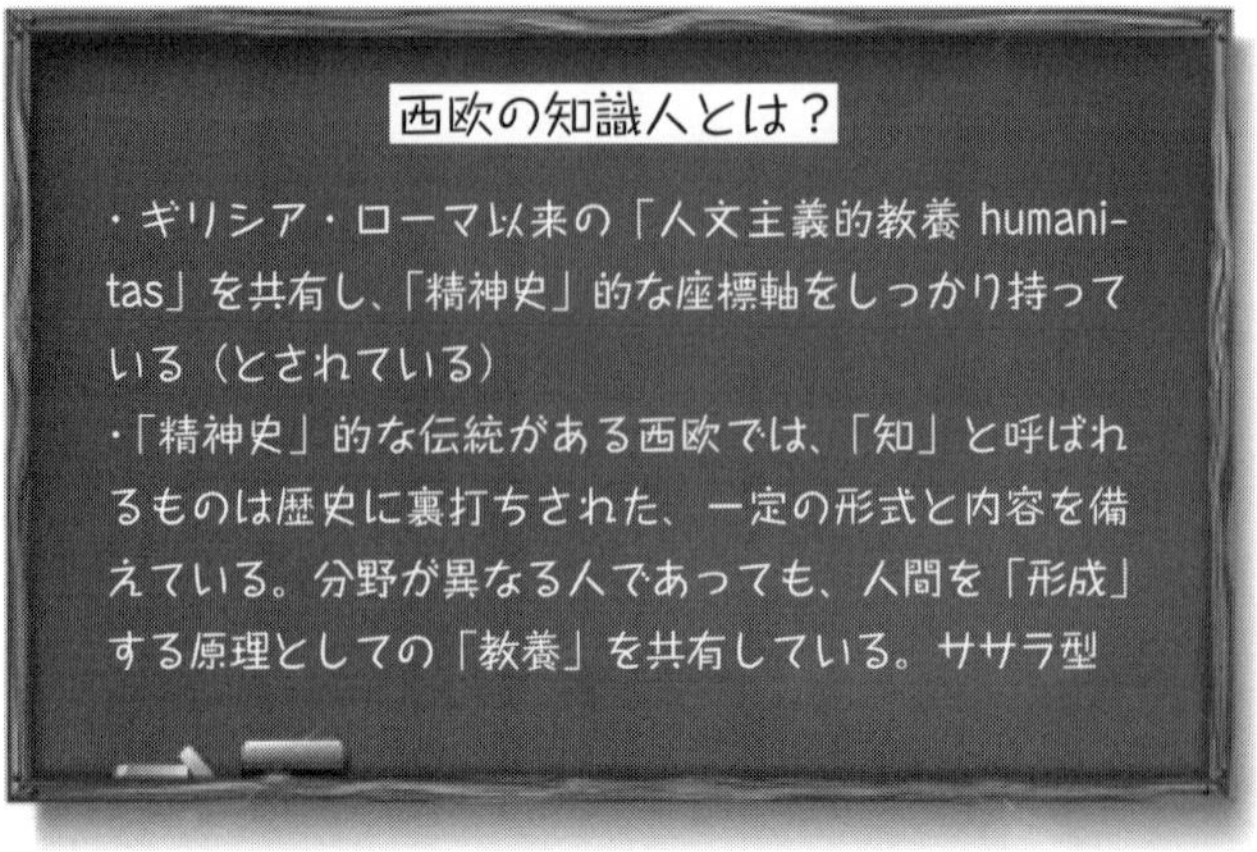
西欧の知識人とは？
・ギリシア・ローマ以来の「人文主義的教養 humanitas」を共有し、「精神史」的な座標軸をしっかり持っている（とされている）
・「精神史」的な伝統がある西欧では、「知」と呼ばれるものは歴史に裏打ちされた、一定の形式と内容を備えている。分野が異なる人であっても、人間を「形成」する原理としての「教養」を共有している。ササラ型

話を元に戻すと、丸山は、「インテリ」についての矛盾したイメージが横行しているのは、「インテリ」について勝手な見解を持っている人の問題ではなくて、「インテリ」と呼ばれるべき人たちが、「共通のカルチュア」で結ばれていないからだ、としています。西欧諸国の「知識人」が、知の基本としての「教養 culture」、特に、ギリシア・ローマ以来の「人文主義的教養 humanitas」を共有し、「精神史」的な座標軸をしっかり持っている（とされている）ことを念頭に置いているのだと思います。第I章の冒頭にそういう話が出てきましたね。国家の統一と工業化が遅れた一九世紀のドイツでは、高等教育を受け、世の中の仕組みがある程度分かっている、法律家、官僚、教師、大学教授などの「教養市民層 Bildungsbürgertum」が、近代化をリードする役割を果たしました。

一三七頁の「近代的組織体のタコツボ化」という見出し語のところで、日本の「インテリ」の置かれている、共通の根っ子＝教養を欠いた分断状況について論じられています。

しかもこのようにインテリがインテリジェンスという共通の基盤の上に立たず、したがってインテリという等質的な機能で結ばれた層が本来存在しないということは、文学、社会科学、自然科学それぞれのあり方にかかわってくるだけでなくて、文学者、社会科学者、自然科学者それぞれがいわば一定

の仲間集団を形成し、それぞれの仲間集団が一つ一つタコツボになっている、こういう事態としても現われています。

言いたいことは分かりますね。日本では、「インテリジェンス（知性）」と言われても、あまりピンと来ませんね。何となく、いろんな知識をたくさんため込んでいる、というような漠然としたイメージしか浮かんでこない。それに対して、「精神史」的な伝統がある西欧では、「知」と呼ばれるものは歴史に裏打ちされた、一定の形式と内容を備えている。分野が異なる人であっても、人間を「形成」する原理としての「教養」を共有している。ササラ型になっている。日本は、既に専門分化が完成した学問を、分野ごとに輸入したので、その分野の人だけで仲間集団を作ることになってしまう、というわけです。そのせいで、「インテリ」の統一像は形成されにくい。

無論、学問であれ他の分野であれ、高度に発達すると、機能集団が分かれてきて、社会全体で分業体制を取るようになるのは、必然的な傾向です。日本の知識人の問題は、その機能集団がそのままタコツボ的仲間集団になってしまうことです。

「世論 public opinion」をリードする「政治的公共圏 politische Öffentlichkeit」

（…）ヨーロッパですとこういう機能集団の多元的な分化が起っても、他方においてはそれと別のダイメンジョン、それと別の次元で人間をつなぐ伝統的な集団や組織というものがございます。たとえば教会、あるいはクラブとかサロンとかいったものが伝統的に大きな力をもっていて、これが異った職能に従事する人々を横断的に結びつけ、その間のコミュニケーションの通路になっているわけです。

ところが日本では教会あるいはサロンといったような役割をするものが乏しく、したがって民間の自主的なコミュニケーションのルートがはなはだ貧しい。

学問の分化が起こる以前の学問的な社交の場があったおかげで、知識人同士のコミュニケーションの通路が確保されていた、ということですね。「クラブ」や「サロン」が、知識人のコミュニケーションを支える役割を果たしたという話は、ハーバマスの『公共性の構造転換』（一九六二）にも出てきます。ある程度金にゆとりがあり、教養を求めている市民層が、サロンで有名な作家の朗読会をしたり、読書サークルを作ったり、喫茶店、カフェで読んだ本について議論するといった「文芸的公共圏 literarische Öffentlichkeit」を形成し、それが次第に「世論 public opinion」をリードするようになり、「政治的公共圏 politische Öffentlichkeit」へと発展していった、という話です。

丸山が「民間の自主的なコミュニケーション」という言い方をしているのは、日本の場合、近代知識人の多くが、国家が作った大学で学び、その時の人間関係の延長で知のサークルを作り、国家の作った制度の中でキャリア形成したので、不可避的に国家による拘束が強くなったのに対し、西欧の市民社会には、国家から相対的に自立したコミュニケーションのネットワークがある程度形成されていた、という点を強調したいのでしょう。

特に大学で教える教師、研究者の場合、国家が作ってくれたタコツボにうまく収まることができれば、将来的に地位が保障されます。タコツボの中では、内部でしか通じない隠語（ジャーゴン）が生まれてくる。そのジャーゴンを覚えて、使いこなせるようになれば、何となく高尚でセレブな感じがする〝専門家〟の一員として認められ、心地いいし、将来にも繋がってくる。その味はなかなか忘れられないので、余計タコツボ化する。

被害者意識とタコツボ型コミュニケーション

一四一頁に、「被害者意識の氾濫」という見出し語がありますね。政界・財界・文化界のそれぞれでタコツボ化が進み、互いに分断された結果、相互に疑心暗鬼になり、被害者意識を持つ人が出てくる、自分たちは少数派で、他の全ての集団から包囲されていると妄想するようになる、という話ですね。これ、今でもよくある話です。東大や京大、早稲田の教授でＴＶによく出てきて発言している人や、与党の国会議員とかでも、被害者意識を露骨に示す人がいますね。私も、暇な自称ネット論客から迷惑を受けますが、アカデミア集合体から迫害されているなどという妄想は抱いていません。まともな学者は、私のことに関心を持って叩くほど、暇ではありませんから。因みに最近、ツイッターで、「仲正先生、ネットで誹謗されているという被害妄想治ったかな？」とつぶやいているアホを見つけましたが、本人は自分の言っていることの意味が分かっているんでしょうか？（笑）

一四二頁に、被害者意識についての有名なエピソードが出ていますね。

数年前に吉田さんが全面講和を唱えた著名な学者のことを曲学阿世という言葉で罵倒したのは有名な話です。その攻撃の対象となった学者を、個人的によく知っている人にとっては、実にばかばかしいレッテルで、その学者の戦争中あるいは戦前の言論と行動を見れば、およそ曲学阿世といったタイプからもっとも遠いことは明らかでした。しかしながら吉田さんはその学者をおそらく非常に本気で曲学阿世の徒と思いこんだのだろうと想像されます。

サンフランシスコ講和条約（一九五一）をめぐる論争ですね。高校の教科書に出てくる話ですし、何年か前、Ａ級戦犯─靖国論争の文脈でたびたび言及されていたので、よくご存知の人が多いと思います。取りあえず、アメリカを始めとする西側諸国と講和し、独立を回復することが重要だとする政権与党と、ソ連などの社会主義国も含めての全面講和を目指すべきだとする社会党左派や共産党、リベラルな知識人たちが論争しました。「著名な学者」というのは丸山の先生で、当時東大総長だった南原繁（一八八九－一九七四）のことです。一九四六年に貴族院議員にも勅撰された南原は、議会で、全面講和を主張し、当時の首相であった吉田茂（一八七八－一九六七）との間で論争になり、「曲学阿世」と罵られたというのは有名な話です。

丸山は、戦時中も軍部に迎合せず、自由主義者としての立場を貫こうとした南原のことをそのように言うのはおかしいと言っているわけですが、ご承知のように、この話の面白いところは、吉田の言説の逆説性にあります。通常は権力者にこびへつらう学者を、「曲学阿世の徒」と言います。ところが、天皇の絶対的権威が崩壊し、事実上の最高権力者であるはずの首相が、自分に刃向かう学者が、「世の中」に媚びている、と主張しているわけですね。吉田は最高権力者であるにもかかわらず、世の中の風潮が、全面講和論のような理想主義に傾いていて、自分たちは孤立しているという前提で、南原が世に媚びている、と言ったわけです。

現在でも、与党の大物政治家が、自分は権力あるいは世論によって迫害されているという趣旨の発言をするのは珍しいことではないですね。丸山は、そういう現象が起こるのは、権力者もタコツボに入ってしまっていて、外が見えないせいで疑心暗鬼になるためだと分析しているわけです。

現にそれは吉田さんだけでなくて、いわゆる日本のオールド・リベラリストといわれる人々の少なからずが、その吉田さんの言葉にひそかに、あるいは公然とかっさいをおくった。そういう人たちの現代日本についてのイメージというものを考えてみますと、おそらく自分たちが日本で圧倒的な力をもつ進歩的勢力に取り巻かれている、われわれは今こそ、とうとうたる俗論に抗して嵐の中のともしびを守ってるんだ、というつもりだろうと思うのです。ところが反対の立場から見ると全然事態は逆であって、そういう人たちの基本的な考え方なり、それを支えている勢力なりの方が圧倒的に強く、また少くも現在は積極的意見としてでなくとも、消極的な同調として多数国民の「支持」をあてにできる状態にある。

「オールド・リベラリスト」というのは文字通り、古い世代の自由主義者ということですが、日本の戦後史では主として、戦前の自由主義者で軍部になかなか同調しなかったけれど、戦後は、「個人の自由」を守るという視点から、共産党などの社会主義勢力を危険視し、批判的態度を取ったという意味で〝保守的〟な人を指します。和辻哲郎とか津田左右吉、竹山道雄とかが典型のようです。吉田をはじめ、自由党の中心にいたのは「オールド・リベラリスト」たちです。それに対して、社会主義に完全に同調しないまでも、それなりに好意的で、場合によっては共闘する丸山とか清水幾太郎（一九〇七－一九八八）、久野収（一九一〇－九九）あたりが、新しいリベラルである、「進歩的文化人」ということになるようです。丸山から見れば、彼らオールド・リベラリストこそメインストリームのはずなのに、被害者意識を持ち、時代の先端を走っているかに見える社会主義、共産主義に同調する「進歩的文化人」たちが、世論に乗って、自分たちのような正統派の「自由主義者」を包囲していると妄想しているわけです。タコツボに入っているせいで、自分たち以外の知識人が、反自由主義・進歩派の大連合を形成しているかのように思えてしまうわけですね。

対立の中身はかなり変わりましたが、今でも同じ様な話をよく聞きます。自分とは異なったタイプの人たちの集団のことはよく分からないから、疑心暗鬼でついつい過大評価してしまう。無論、〝進歩派〟の方こそ、包囲されている少数派であると示唆している、丸山の議論も、割り引いて聞いておく必要があります。

一四四頁で丸山は、もう一度このことを、幻想やイメージの問題と繋げます。これで、話が全体として完結する形になるわけです。

こうなると、国中被害者ばかりで加害者はどこにもいないという奇妙なことになる。こういう意識がどの程度にイリュージョンかということは差当っての問題ではありません。自分の「世の中」への期待が、マス・コミを通じて伝達される出来事と一緒になって他の勢力あるいは集団についてのイメージを生み、それが四方八方から人間をとりかこんでいるところ、しかも人間関係がタコツボ型でその間の自主的なコミュニケーションがないところでは、おのずからこういう事態が生まれるということを申したいわけなのです。

抽象的な言い方になっていますが、ここまで読んできたことを前提にすれば、それほど難しくないと思います。タコツボのジャーゴンの閉鎖性を超えるような「自主的コミュニケーション」がないせいで、外部にいる存在のことが分からず、マスコミの伝える情報から、幻想含みのイメージを形成することになってしまう。

そして、独り歩きし始めたイメージが、現実を動かすことになる。各集団が、マスコミによって媒介されるイメージによって相手を認識し、行動すると、その結果として実際に、そういう〝現実〟が出来上がってしまう。「オールド・リベラリスト vs. 進歩派」のように、お互いが〝危険な敵〟であるというイメージに基づいて、相手を攻撃するようになったら、次第に本当に〝危険な敵〟になっていきます。

それに引っ張られる形で「政治」も動くことになる。吉田茂のような人たちが実際に、「曲学阿世の徒」に包囲されていると認識し、それに基づいて政治的判断を行い、そのこととそれに対する進歩派の反応が――誇張、単純化、物語化された形で――メディアで伝えられると、その認識が更に強まり、またそれに基づいて政治的判断を行う……という連鎖が続くと、幻想性の強い「イメージ」で「政治」が動くことになるわけです。

政治家が、マスコミで伝えられる自分や他人のイメージに基づいて、戦略を立てるというのは、よく聞く話ですね。「○○は▽▽を動かす力を持っている」というイメージが出来て、多くの人がそのつもりで○○に接するようになると、○○本人もそれらしく振る舞うようになり、それで周りはますますそう思い込み、イメージが〝実体化〟する。そうやって、○○のイメージが定着すると、何か政治的な大きな事件が起こるたびに、マスコミが「今度は、○○は■■に働きかけ、◆◆という手を打つもようである」と観測記事を書く。本人も、「ああ、それが私らしい手なのか」、と思って、実際にそれを実行する気になる。別に政治家やタレント、著名な知識人でなくとも、私たちは、他者が作る自分のイメージを受け入れ、それに順応しようとしているわけですが、世間で注目を集め、政治的・文化的に大きな影響力を行使している人だと、それによって、社会的現実が再構成することになります。

「そんなのは、幻想だ！　目を覚まそう！」、と叫ぶ人がいても、なかなか幻想的な権力は消滅しません。「王様は裸だ！」、と叫ぶ子供がいても、それまで共同幻想の中で生きてきた人たちは疑心暗鬼になっていて、次の一歩が踏み出せない。「自分は信じてはいないが、自分以外の人はまだ信じているかもしれない」、と多くの人が思っている間は、変化が起こらない。

こういう風に、「日本の思想」の無構造性と、タコツボ、イメージ支配が繋がっているわけです。

■質疑応答

Q　一三二頁の「近代日本の学問の受け入れかた」のところで、「明治の国家体制にはそうした学問形態の方が都合がよかったわけでありますが」という表現がありますが、どういう意味で都合がよかったのでしょうか？

A　近代日本は、西欧の学問を根っこから受け入れたのではなく、専門分化した枝の先端だけ受け入れた、つまり元々ササラ型だったものをタコツボ型にして受け入れた、という話の流れで出てきた、フレーズですね。そのうえで、「明治の国家体制」のことを、「和魂洋才、あるいは東洋の道徳、西洋の技術といったような二分法をイデオロギー的に受けついだ明治の国家体制」、と性格付けていますね。西洋の学問を、もっぱら技術的なもの、つまり表面的なものとして受け入れ、精神的な影響力を発揮させないようにしたということです。精神的な影響力を発揮したら、天皇制のイデオロギーと衝突するかもしれないので、それはある意味、当然のことですね。その場合、各学問領域がタコツボを形成していて、お互いに連絡が取れず、まとまっていない状態に留まる方が、総合的な視野からの批判精神が生まれにくいので都合がいい。政府権力というのは一般的に、学者が自分の分野のことにだけ集中し、余計なことを考えさせないように誘導しようとするものじゃないでしょうか。

Q　学者は専門的に学んでいる人は多いけれど総合的に学んでいる人は希少だというお話で、去年亡くなられた小室直樹先生などはその希少な一人だったと思いますが、生存している社会科学の学者の中で総合的に学んでいると思われる方がいれば教えてください。

A　「学んでいる」という意味によりますが、それが、「個々の分野の枠を超えた、学際的な方法論を確立しつつある」、という意味であれば、いないと思います。少なくとも私は知りません。たくさんの分野の勉強をしていて、複数の分野で専門的な知識に基づく発言ができる人なら、結構たくさんいると思います。ただ、それだと、単なる「博学の人」で終わってしまいます。法学の人に経済学的知識を教え、経済学の人に社会学の知識を教え、という風に、知識の橋渡し役を務められる、というのとも違います。そういう人はいたら、便利ですが、それだけでは、学際的とは言えません。複数の分野を包括するメタ方法論をきちんと理論的・体系的に確立し、客観的に示せないといけない。いろんな分野の知識を混ぜ合わせた気のきいたコメントをすることができたとしても、それは名人芸です。そういう風に厳密に考えると、私はそんなすごい人知らない、ということになってしまいます。

［講義］

第6回 〈『である』ことと『する』ということ〉を深読みしてみる

民主主義というものは、人民が本来制度の自己目的化——物神化——を不断に警戒し、制度の現実の働き方を絶えず監視し批判する姿勢によって、はじめて生きたものとなり得るのです。それは民主主義という名の制度自体についてなによりあてはまる。つまり自由と同じように民主主義も、不断の民主化によって辛うじて民主主義でありうるような、そうした性格を本質的にもっています。民主主義的思考とは、定義や結論よりもプロセスを重視することだといわれることの、もっとも内奥の意味がそこにあるわけです。**（丸山眞男『日本の思想』より）**

「権利」から考えてみる

今回は、最終章の「『である』ことと『する』こと」を見ていきます。ここも、よく引用されるところです。何か哲学的に深そうな感じのするタイトルですね（笑）。前回読んだ第Ⅲ章もそうですが、この章の議論も、ありがちの単純素朴な話として理解することもできますが、細部にこだわって深読みすると、現代哲学の重要な問題に繋がっているように見えるところがあります。

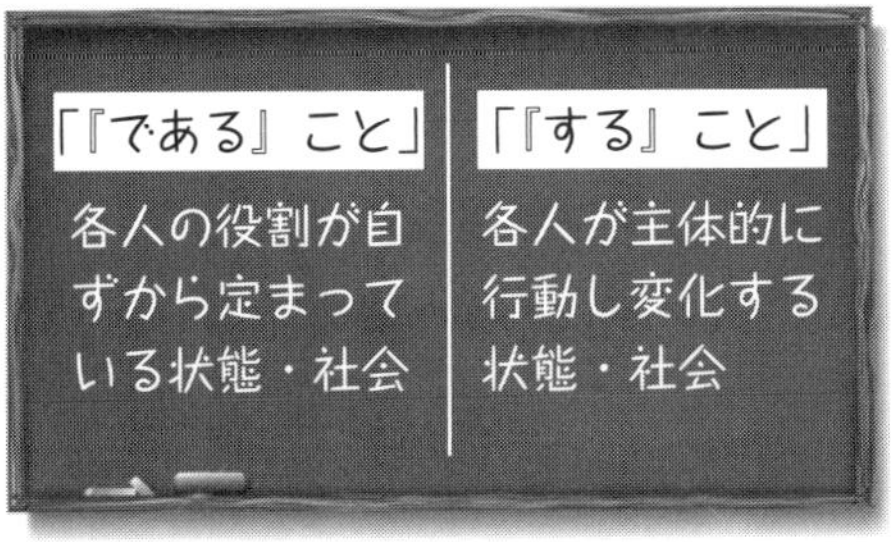
「『である』こと」
各人の役割が自ずから定まっている状態・社会
「『する』こと」
各人が主体的に行動し変化する状態・社会

大雑把に言うと、各人の役割が自ずから定まっている状態・社会と、各人が主体的に行動し変化する状態・社会との対比です。それを、「である」と「する」という日本語の語尾をうまく使って表現しているわけです。日常で無自覚的に使っている言葉を哲学的に捻ると、深そうに聞こえることがありますね。ハイデガー哲学の関係で、「AはBである」という使われ方をする繋辞としての「～である」と、「Aが存在する」という意味の「～がある」を対比して、「存在」の意味を掘り下げることがありますね。ここで丸山が言っている「である」は、「がある」ではなくて、「する」と対比されているし、主語が基本的に人間なので、ハイデガーの場合とは、意味合いが異なります。

繋辞・存在詞として使われる「である」の方は、その人物の生まれに由来する本性とか、何もしなくても元々備わっている属性を指す言葉として使われる傾向がありますね。受動的です。それに対して、動詞の代表である「する」の方には、自分で主体的に行動し、変化するという意味合いが込められています。能動的ですね。「〜である」ことにそのまま甘んじるのか、「〜する」ことによって自らの「在り方」を主体的に作り出すのか、という対比ですね。『日本政治思想史研究』や、この本の第I章にも出てくる、「自然」と「作為」の違いに対応していると見ることもできるでしょう。

冒頭に、「権利の上にねむる者」の話が出てきますね。丸山が、末弘厳太郎（一八八八－一九五一）の民法の講義の「時効」の説明として聞いた話として紹介されています。末弘は民法学者として有名ですが、入会権の研究や農村の現地調査などを行って、日本における法社会学の研究を始めた人の一人とされています。岩波新書に入っている『日本人の法意識』（一九七八）の著者として知られる、法社会学者の川島武宜（一九〇九－九二）は、末弘の弟子です——『日本人の法意識』は、日本人が〝訴訟嫌い〟であることを、日本人の国民性から説明した著作ですが、現在では、厳密な社会科学的検証による議論ではないと批判されることが多いです。

刑事訴訟法上の「時効」、つまり犯罪が行われてから一定の期間が経った後は公訴できなくなるという意味での「時効」は、テレビのドラマでよく出てきますが、民法上の「時効」というのは、法学を勉強したことがない人間、民事訴訟に関わったことのない人間にはあまりなじみがない話です。民法学者に叱られるのを承知で分かりやすく言いますと、誰かに対して金などを貸していたり、商品の代金をまだ受け取っていないなど、債権が存在しても、その債権を行使しないまま放っておくと、一定の期間が経つと、消滅するということです。だとすると、丸山も言っているように、人が良くてなかなか催促できなかった人が泣き寝入りさせられ、借金を踏み倒してもなんとも思わない輩が得することになるので、人情的には理不尽な感じがしますね。「法律というのは、ふてぶてしい奴の味方か？」、と思いたくなりますね。そこで「権利のうえにねむる者」という話が出てきます。私たちは、権利とか自由は一度誰かのものになったら、ずっとその人のものであり続けるように考えがちですね。「○○が私の権利である」状態は、私自身が何か変わったことをしない限り、そのまま続くもの、法はそのことを保障してくれるものであるように思ってしまう。しかし、法律・法学的には、「権利」というのは各人がそのことを意識し、適宜行使しなければないのと同じで、そのままだと時が来れば消滅するもの、つまり「私の権利として行使する」のでなければ、意味がないものという見方もあり得るわけです。

末弘厳太郎

イェーリング

一五九頁に「イエーリング」という名前が出てきますね。ルドルフ・イエーリング（一八一八-九二）というのは、一九世紀のドイツの法学者で、歴史法学から出発して、民法の概念の研究で、現代のドイツ民法にまで残る業績を残した人です。「権利のための闘争」というのは、彼の著作『権利のための闘争 Der Kampf ums Recht』（一八七二）のタイトルです。彼の講演記録を活字にした短い文章で、その第一一版（一八九四）の訳が岩波文庫に入っているので、関心があれば読んでみて下さい。冒頭の部分——古い版だと、この部分の前に法理論的に少し難しい話が入っています——が印象的で有名なので、そこを読み上げておきましょう。

権利《レヒト》＝法の目標は平和であり、そのための手段は闘争である。権利＝法が不法による侵害を予想してこれに対抗しなければならないかぎり——世界が滅びるまでその必要はなくならないのだが――権利＝法にとって闘争が不要になることはない。権利＝法の生命は闘争である。諸国民の闘争、国家権力の闘争、諸身分の闘争、諸個人の闘争である。

世界中のすべての権利＝法は闘い取られたものである。重要な法命題はすべて、まずこれに逆らう者から闘い取られねばならなかった。また、あらゆる権利＝法は、一国民のそれも個人のそれも、いつでもそれを貫く用意があるということを前提としている。権利＝法は、単なる思想ではなく、生きした力なのである。だからこそ、片手に権利＝法を量るための秤《はかり》をもつ正義の女神は、もう一方の手で権利＝法を貫くための剣《つるぎ》を握っているのだ。

（村上淳一訳『権利のための闘争』、二九頁）

この箇所は、「権利」は無償で誰かから与えられるものではなく、命を賭けた闘いで勝ち取るべきもの、勝ち取ったからといって、ぼうっとしていたらすぐに奪い取られてしまうものであり、法の本質が「力 Kraft」であることを忘れてはいけない、という西洋的な「法」観を紹介するため、「法とは何か」系の導入授業でよく引き合いに出されます。因みに、ドイツ語の〈Recht〉には、「法」「権利」それから「正義」という意味も備わっています。ラテン語の〈ius〉が、「法」「権利」「正義」を包括する概念だったので、それに対応する形でドイツ語もそうなったのでしょう。少し無理してまとめて説明すると、各人の「権利」を正当に（＝正義に適った仕方で）割り当てるルールの体系が「法」であり、その「法」の精神に従って各人の「権利」の衝突を裁定することを通して、「正義」が実現される、ということになります。ただ、イェーリングのイメージだと、「正義（の女神）Gerechtigkeit」はお上品に〝正しいこと〟を告げ知らせるだけでなく、（暴力の均衡の上に成り立っている）社会の秩序を守るため自らも暴力を行使するという感じですね。

もう一つ、この論文の半ばに出てくる、有名な「イギリス人の旅行者」の話も紹介しておきましょう。イギリスの旅行者は、宿屋の主人や馬車の御者に高い料金をふっかけられると、まるでイギリス社会で古来伝承されてきた権利を守ろうとするかのように、徹底的に抵抗し、必要とあれば出発を延ばしてその町に何日も留まり、請求されている代金の何倍の金額も費やすことを厭わないという話です。イェーリングは元になった講演をウィーンの法律家協会で行ったわけですが、彼の観察によれば、オーストリア人にはそういう無駄なことをするイギリス人が理解できず、物笑いの種にするだろう、ということです。しかし、イギリス人にとっては、権利のために徹底的に闘うのは当たり前のことであり、目立ちたがりだとか変人とか言われても気にしない、ということです。これが実際のイギリス人の体質かどうか分かりませんが、オーストリア人とかフランス人とか他のヨーロッパ人が、イギリスに対してそういうイメージを持っているのは確かのようです。権利を損得よりも名誉の問題と思っていて、譲れば、自分の人格が格下げされたような気分になる、という話ですね。私は、少しだけ分かるような気がします（笑）。

こうした西洋人の権利フェチとでも言うべき態度と比べると、日本人は権利主体としての自覚が弱い……この手の議論は、そういうベタな説教へと繋がることが多いですね。

丸山もそういうお説教っぽい話をしているような感じがしますね。一五四頁から一五五頁にかけて、憲法十二条の「この憲法が国民に保障する自由及び権利は、国民の不断の努力によってこれを保持しなければならない」という条文が引用されています。左翼系の市民運動をやっている人たち、反権力系の人たちが喜びそうな話ですが、私は、そういう人たちも勘違いしていることが多いのではないか、と思っています。その手の人たちは、憲法をはじめとする民主的手続きを経て制定された法律によって、国民の権利は実体的に与えられ、保障されており、それを政府や財界などの権力が誤魔化して奪おうとしているかのような言い方をしたがることが多いですが、「時効」の話がそうであるように、「権利」というのは行使しないまま放置しておくと、〝あった〟はずのものがいつのまにかなくなっていること、実体のないものになっていることは多々あります。イェーリングが言うように、「権利」は「力」の問題だと見ることができますが、私を圧迫して、私の〝権利〟を奪おうとする「力」は、政府とか財界とか官僚とかの目に見える大きな勢力とは限りません。身近にいる〝私と同じように普通の人〟、あるいは、その集合体が、私から〝権利〟を奪う力として襲いかかってくるかもしれない。誰も、そんな意図など持っていなくても、「権利」をめぐる「力」の衝突が起こることはあります。

禅問答めいた言い方に聞こえるかもしれませんが、「私には○○の権利がある」と自己主張したうえで、それに周りがどう反応し、どういう風に決着するか、その帰結を見ないと、〝ある〟のか〝ない〟のか分からないような権利はいろいろあります。新しい人権と言われるもの、プライバシー権、自己決定権、環境権などは、「憲法一三条に基づいて、私は○○してもらう権利があるはずだ」と具体的な対象、状況に即して主張しないと、何をどうしてもらえる権利なのかはっきりしませんし、あるのかどうかも分かりません。自己決定権なんて、どういう場面での自己決定かによって、何を請求できるかが全然違います。物理的な「物」のように実在しているとは言えません。所有権は「対象」がはっきりしているので、実在しているような感じがありますが、「時効」のような仕組みによって消滅することがありますし、そもそも「法」や社会環境が変化すれば、どうなるか分かりません。

私たちは、存在（＝「である」）が行為（＝「する」）に先行する、つまり（行為の）主体と対象が存在しているからこそ、主体から対象への働きかけとしての行為が可能になると考えがちですが、少なくとも、「権利」のような制度的な構築物は、人が積極的に行使しないと、〝存在〟させ続けることはできない。もっと大げさな言い方をすると、「権利」は、人が具体的に行為し、他者に対して働きかけ、何らかの形で相手に自分の要求を認めさせることを通して、ようやく「存在」としてのはっきりしたステータスを獲得する。行使しようとする「私の意志」がなくなったら、〝ない〟のと同じです。

「自由」とは何か?

一五五頁の後半で、「権利」よりも更に抽象的で、かつより基礎的なものである「自由」についても、同じ様なことが述べられています。あるアメリカの社会学者を引用する形で、「自由を祝福する」のは簡単だけど、「自由を擁護する」のは困難であり、「自由を行使する」のは更に難しい、という話が出てきますね。「自由を行使する」というのはピンと来にくい言い方ですが、「自由」も「権利」と同じ様に、「行使する」という積極的側面があることを示唆しているわけです。

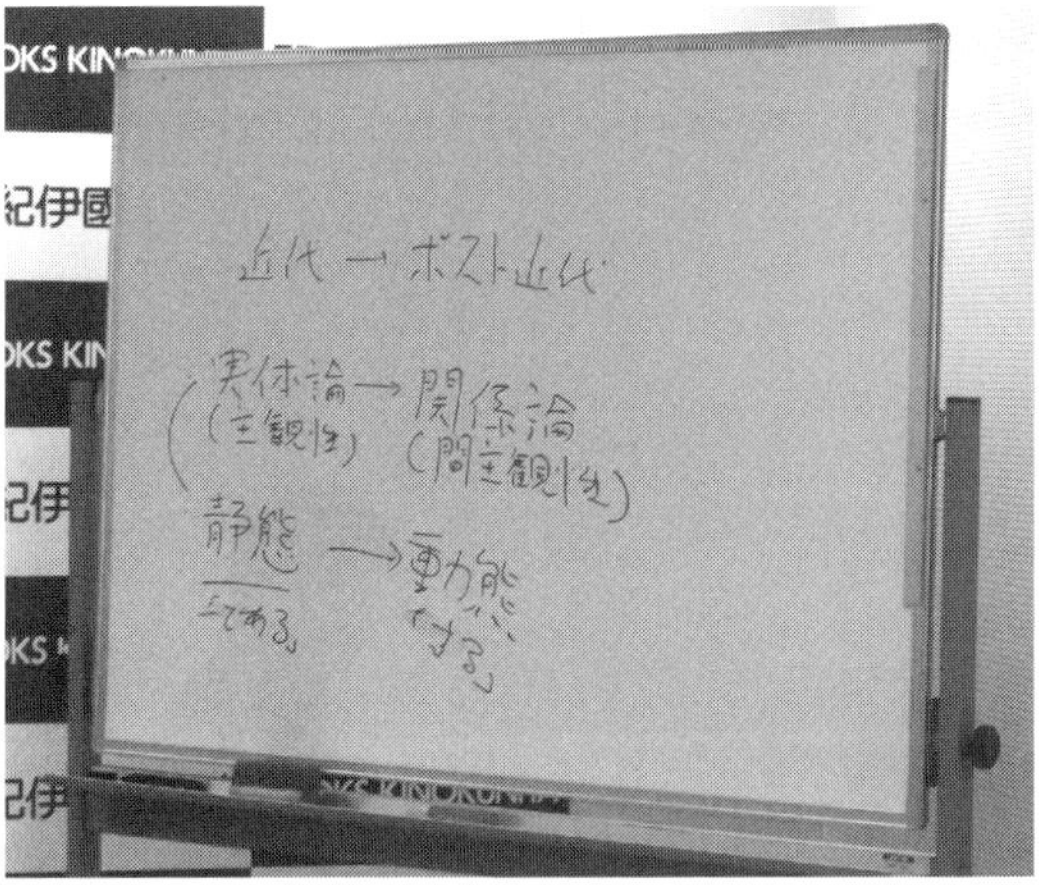

私たちの社会が自由だ自由だといって、自由であることを祝福している間に、いつの間にかその自由の実質はカラッポになっていないとも限らない。自由は置き物のようにそこにあるのでなく、現実の行使によってだけ守られる、いいかえれば日々自由になろうとすることによって、はじめて自由でありうるということなのです。その意味では近代社会の自由とか権利とかいうものは、どうやら生活の惰性を好む者、毎日の生活さえ何とか安全に過せたら、物事の判断などはひとにあずけてもいいと思っている人、あるいはアームチェアから立ち上るよりも

それに深々とよりかかっていたい気性の持主などにとっては、はなはだもって荷厄介なしろ物だといえましょう。

丸山の「自由」観が結構はっきり出ている箇所ですね。「自由」は、今のままの「私」の「有り方」をそのまま漫然と――他人から干渉されることなく――続けることではなく、自分の生き方を積極的に変えようとする場面、何らかの大きな選択をするような場面で初めて意味を持ってくる、ということですね。逆に言うと、そういう選択の機会を捉えようとせず、成り行き任せ、他人任せにしているような人には、〝自由〟はない、ということですね。前回、石川達三を中心とする「自由論争」の文脈で、「積極的自由」と「消極的自由」の話をしました。あそこで主題になっていたのは、「インテリ」という存在についての社会的イメージのズレだったので、丸山自身の「自由」観がどういうものかよく分かりませんでしたが、ここでの言い方からすると、丸山も石川と同じ様に、「積極的自由」観に近い見方をしているような感じがしますね。自らの理想の実現のための自由である、というようなはっきりした言い方をしているわけではありませんが、少なくとも、自由のために行為し続けなければならない、と考えているようですね。

一五六頁の「近代社会における制度の考え方」という見出し語のところで、「自由を行使する」とはどういうことか、丸山流の「人間」観に即して説明されています。

自由人という言葉がしばしば用いられています。しかし自分は自由であると信じている人間はかえって、不断に自分の思考や行動を点検したり吟味したりすることを怠りがちになるために、実は自分自身のなかに巣食う偏見からもっとも自由でないことがまれではないのです。逆に、自分が「捉われている」ことを痛切に意識し、自分の「偏向」性をいつも見つめている者は、何とかして、ヨリ自由に物事を認識し判断したいという努力をすることによって、相対的に自由になり得るチャンスに恵まれてることになります。制度についてもこれと似たような関係があります。

ここで丸山は、「自由であること」――より正確には「自由になること」――と「捉われていること」を対置しています。この場合の「捉われている」というのは、物質的なものに捉われていることではなくて、精神的に捉われている、偏見に捉われていることですね。偏見に捉われているせいで、自分が選択する自由を持っていることを自覚しないで、〝不自由〟な状態に留まっているわけですね。

さらっと書いていますが、ここには哲学的にかなり難しい問題が含まれています。普通の自由主義系の自由論では、「心の中」の自由／不自由は問題にしません。内容が何であれ、本人が「私は～したい」と思ったことをやるのが、「自由」であって、他人がその心の状態を詮索して、「〇〇に捉われているから自由ではない」というのはお節介だ、と考えるのが普通です。お節介しすぎると、本人の意向――正確に言うと、本人が自分の意志として表明したこと――を無視して、他人が、〝自由〟を押し付けることになりかねない。バーリンが「積極的自由」を警戒するゆえんです。

分析哲学系の「自由意志」と「責任」の関係を論じる議論では、「他者によって左右されたのではなく、純粋に自分の自由意志で行為したと言えるのは、どのような場合か？」をかなりしつこく問題にします。例えば、他人から心理的影響を受けていたり、機械的な刺激を与えられていたとしたら、〝自由意志〟によって決定したと言えるか、といったことを問題にします。しかし、「真の自由意志はあるのか？ あるとしたら、どういうものか？」、という究極の問いに対する答えはなかなか見つかりません。本気で追求し始めると、「〝私の意志〟が物質である脳によって作り出されているとしたら、〝私の意志〟は物理的因果法則に縛られていることになり、その意味で〝自由〟でないのではないか？」とか、「〝私〟は周囲の他者たちから様々な影響を受け、いろいろな観念を刷り込まれながら形成された社会的存在であり、そうした〝私の意志〟が、〝自由意志〟と言えるのか？」、といったややこしい問題がどんどん出てきます。そういうことを考え続けると、「自由意志」について次第に懐疑的になります。カントは、いかなる因果法則にも捉われない「自由意志」の存在を示唆しましたが、当然、経験的に証明できることではありません。（普通の西欧的な自由主義者と違って、「積極的自由」観に近い考え方をする）丸山は、自分の内に刷り込まれた「偏見」に「捉われている」のは、〝不自由〟な状態であり、そうした状態に留まっている限り、物事をきちんと認識できない、と考えているようです。しかし、そうした自分の「捉われている」状態を自覚すれば、自分の在り方をより正確に認識し、少なくとも以前より「自由になる」ことのできるきっかけを掴むこともできるわけです。

これは、マルクス主義で、イデオロギー論あるいは虚偽意識論と呼ばれているものに近い考え方です。マルクス主義は、資本主義社会で生きている人たちは、生産関係についての真実を覆い隠すイデオロギー＝虚偽意識に囚われており、自分の置かれている状況を正しく認識できないと見なします。イデオロギーに囚われ、単調な機械労働に従事している間に、〝自由〟に自分の心身を動かす能力を失い、機械の部品のようになってしまうことを、ハンガリーのマルクス主義哲学者ルカーチ（一八八五－一九七一）は、「物象化」あるいは「疎外」と呼びました。ルカーチによれば、私たちは、そうした「物象化」された自己の在り方を自覚することをきっかけとして、自分の置かれている状況をより客観的に認識するための視座を獲得し、その認識に基づく（革命的）実践を通して、より自由になることができます。［イデオロギーの自覚→意識の変革］が、「解放＝自由化」――「解放する」ことを意味する英語の動詞〈liberate〉やドイツ語の〈befreien〉は、語の作りから見れば、「自由化する」ということです――に繋がるわけです。

民主主義は、制度的な虚構か？

先ほど読み上げたところの最後で、こうした個人の意識における［囚われ⇕自由］と同じ問題が「制度」についても言える、と述べられていましたね。

民主主義というものは、人民が本来制度の自己目的化――物神化――を不断に警戒し、制度の現実の働き方を絶えず監視し批判する姿勢によって、はじめて生きたものとなり得るのです。それは民主主義という名の制度自体についてなによりあてはまる。つまり自由と同じように民主主義も、不断の民主化によって辛うじて民主主義でありうるような、そうした性格を本質的にもっています。民主主義的思考とは、定義や結論よりもプロセスを重視することだといわれることの、もっとも内奥の意味がそこにあるわけです。

「物神」あるいは「物神化」という表現は何回か出てきましたね。元々マルクス主義用語で、人間が自ら作り出した〝もの〟に縛られてしまい、それを崇拝の対象にしてしまう現象です。各種の制度が、本来の目的を果たすよう監視するために作られた「民主主義」という「（メタ）制度」自体が物神化＝自己目的化してしまうというのは、何となく分かりますね。私たちは、（私たち自身が作り出したはずの）「民主主義」を万能な神のようなものとして崇め、「民主主義」の原則を守っていさえすれば、物事が良い方向に行くかのように考えがちです。

では、私たちは「制度としての民主主義」を本来どのように扱うべきなのか？　先ほどの箇所の丸山の発言からすると、恐らく、こういう感じになるでしょう。「民主主義」自体は、神でも万能の機械でもないし、正しく作動するプログラムを備えているわけでもなく、はっきりした実体のない「制度的虚構」にすぎません。そのことをしっかり踏まえておかないといけない。私たちが、「民主的に物事を決定するとはどういうことか？」、「私たちの民主制に欠如しているものは何か？」、「民主主義の目的は何か？」、といった問いと常に取り組み、制度を活用すべく努力することを通して、「民主主義」は機能します。そういう意識的な工夫、実践が伴っていなかったら、物事を決める時のルール、手順があるだけですから、すぐに形骸化してしまいます。一応、手順に従った話し合いらしきものを一定の時間やって、最後は多数決で決めるというルーティンが続くだけで、私たち一人ひとりは、民主主義のプロセスに参加している実感を得られない。テレビで国会の審議を見ていると、そういう感じがしますね——議員や政党が悪いのか、それほど政治に関心があるわけでもないのに、表面的なところだけ見て文句ばかり言っている、視聴者としての私たちが悪いのか分かりませんが。

そういう形骸化を回避し、民主主義に実質を与えるには、とにかく民主主義的討論のプロセスを活性化させ続けねばなりません。最近日本でも、結論だけではなく、討論の手続き、議論のやり方を重視する「熟議的民主主義 deliberative democracy」がもてはやされていますが、ここで丸山が言っている「プロセス」というのは、形式的なことではなくて、そのプロセスに多くの人が実際に参加し、民主主義をその時々の状況に合わせて変容させながら継続させている状態、ということでしょう。手続きというより、動いているという意味での「プロセス」ですね。

〝制度〟と〝行為・プロセス〟の関係を哲学してみる

一五七頁の後半で、制度と行為・プロセスの関係について、やや哲学的な話が出てきますね。少し見ておきましょう。

身分社会を打破し、概念実在論を唯名論に転回させ、あらゆるドグマを実験のふるいにかけ、政治・経済・文化などいろいろな領域で「先天的」に通用していた権威にたいして、現実的な機能と効用を「問う」近代精神のダイナミックスは、まさに右のような「である」論理・「である」価値から「する」論理・「する」価値への相対的な重点の移動によって生まれたものです。

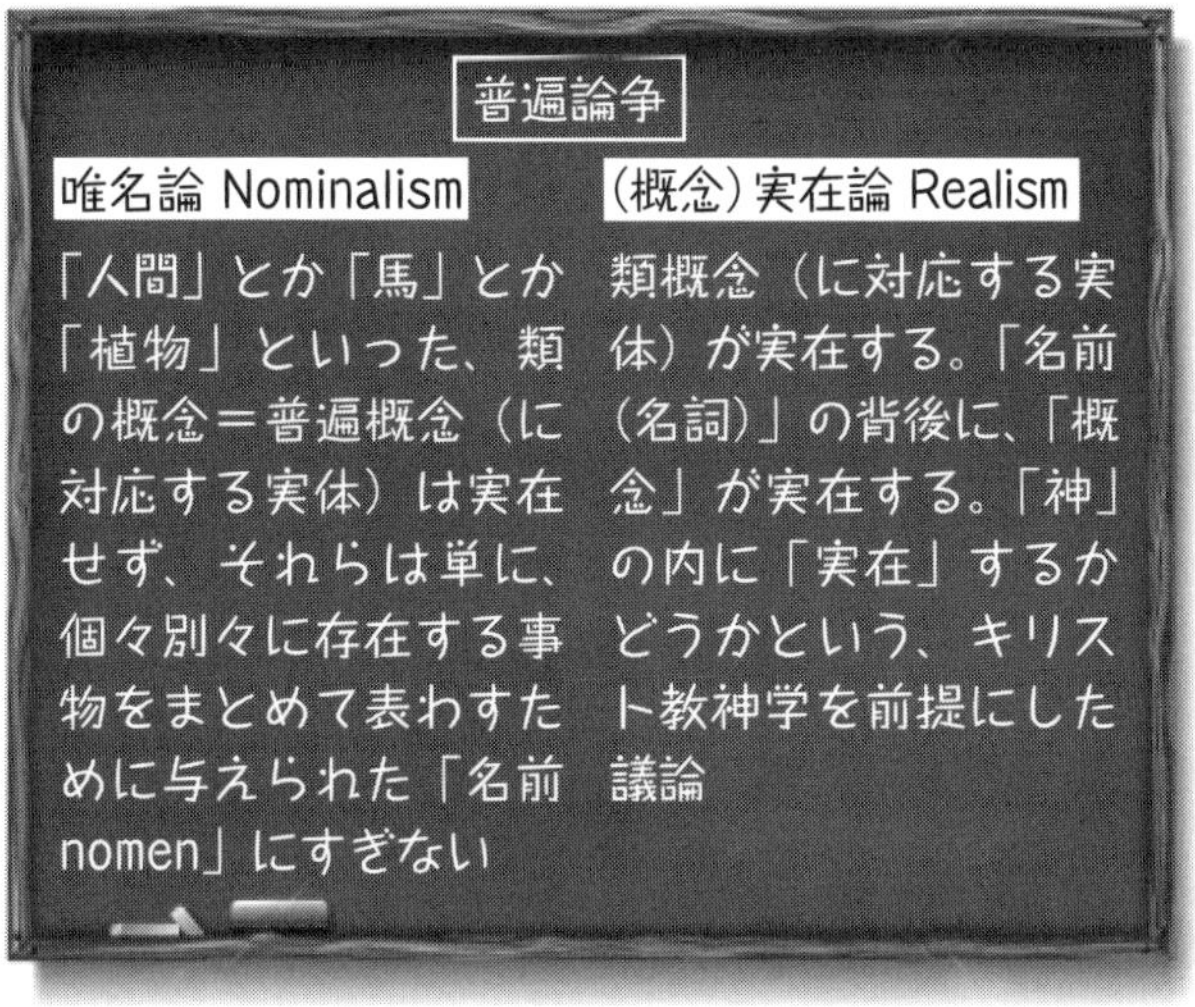
普遍論争
唯名論 Nominalism
「人間」とか「馬」とか「植物」といった、類の概念＝普遍概念（に対応する実体）は実在せず、それらは単に、個々別々に存在する事物をまとめて表わすために与えられた「名前 nomen」にすぎない
(概念) 実在論 Realism
類概念（に対応する実体）が実在する。「名前（名詞）」の背後に、「概念」が実在する。「神」の内に「実在」するかどうかという、キリスト教神学を前提にした議論

概念実在論というのは少し難しそうな言い方ですが、「唯名論 Nominalism」の方は、聞いたことがありますね。文字通りに取ると、存在するのは名前だけで、我々が存在していると思っているものに実体はない、という話のように聞こえますし、実際、そういう意味で使われることもありますが、哲学史上で「唯名論」と呼ばれている立場は、そういうことではありません。哲学の教科書に出てくるので、哲学を一応勉強した人なら、中身はともかく、タイトルだけは知っている「普遍論争」というのがありますね。「唯名論」はその一方の立場です。「人間」とか「馬」とか「植物」といった、類の概念＝普遍概念（に対応する実体）は実在せず、それらは単に、個々別々に存在する事物をまとめて表わすために与えられた「名前 nomen」にすぎない、という立場です。それに対して、「(概念) 実在論 Realism」というのは、類

概念（に対応する実体）が実在するという立場です。当初は、「実在論」が優勢で、それに対抗する形で「唯名論」が登場し、後者が次第に優勢になります。

「名前（名詞）」の背後に、「概念」が実在するとかしないとかいうのは、なかなかピンと来にくいかもしれませんが、これは、「神」の内に「実在」するかどうかという、キリスト教神学を前提にした議論です。近代の哲学は、神の創造の法則のようなものは前提にせず、名称による諸事物の分類は、人間が自分の言語的慣習によって適当に決めているだけ、という前提の下で思考することが多いので、基本的に唯名論です。

ちょっとだけ細かいことを言いますと、丸山は「概念実在論」という言い方をしていますが、「普遍論争」研究では、「実在論」と「唯名論」の中間に、「概念論 conceptualism」と呼ばれるものがあったという説もありますので、やや紛らわしいです。これは、「普遍」というのは、個物を貫く共通の本質が、私たちの「心」に思い浮かべられることを通して形成された「概念」であり、「心」の外には実在しない、という立場とされています。恣意的に「名前」を付けて、一括りにしているわけではなく、何らかの共通の本質に基づいて私たちの心の中で構成されている、ということですね。丸山は恐らく、そうした三分法を意識しているのではなく、単に、「実在論」の意味するところをはっきりさせるために、「概念実在論」と言っているだけだと思います。

因みに、普遍概念についての中世哲学の議論の歴史を詳しく見ると、本当に二つ、あるいは三つの陣営の間で、論争があったのか疑問である、という見方もできるようです。この辺のことについては、山内志朗さん（一九五七－　）の『普遍論争』（平凡社ライブラリー、二〇〇八）で詳しく解説されています。

話を先ほどの丸山の発言に戻しますと、「実在論」を前近代の身分制社会に、「唯名論」を近代社会に対応させているようですね。これは、普遍論争の「実在論／唯名論」の意味するところを、社会的構造の問題へと拡張した表現ですが、言いたいことは分かりますね。身分制社会では、王とか貴族とか僧侶とか農奴といった「身分」が普遍概念として「実在」している。それは神の意志において「実在」しているのであって、人間が勝手にそういう「身分」の名称を作っているわけではない。当然、「犬」に属するポチとかジョンとかが、「犬」であるのが神の創造の法則に従った必然であるように、Aさんが「貴族」で、Bさんが「平民」という範疇に属するのは必然だったわけです。神の定めによる「身分」である以上、どうしようもない。「〜である」ことは、人間の意志によって変えることのできない自明の理として受け入れざるをえない。

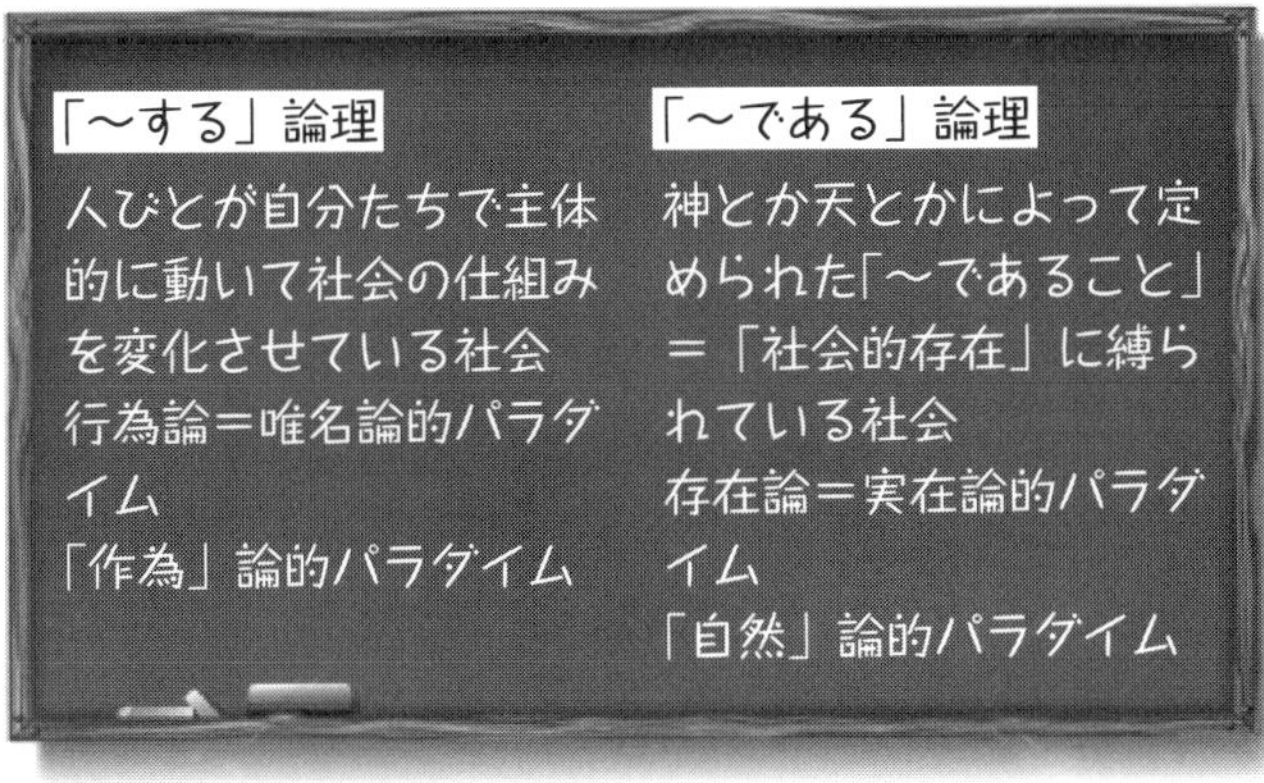

「〜する」論理	「〜である」論理
人びとが自分たちで主体的に動いて社会の仕組みを変化させている社会 行為論＝唯名論的パラダイム 「作為」論的パラダイム	神とか天とかによって定められた「〜であること」＝「社会的存在」に縛られている社会 存在論＝実在論的パラダイム 「自然」論的パラダイム

しかし、近代市民社会になり、神から人間へと世界の主役が変わると、人間同士の命名、決めごとによって「身分」が決まるものであることがはっきり認識されるようになる。現状が気に入らなければ、自分たちで新しい身分、アイデンティティを作り出し、それに名前を付ける。人間が主体的に「〜する」ことで成り立つ作為的制度の世界には、絶対に固定された普遍的なものはないわけです。

人びとが、神とか天とかによって定められた「〜であること」＝「社会的存在」に縛られている社会では、「〜である」論理が優勢で、人びとが自分たちで主体的に動いて社会の仕組みを変化させている社会では、「〜する」論理が優勢である、という風に対比できます。そう考えると、結構哲学的に深い話に繋がっていそうな感じがしますね。存在論＝実在論的パラダイムから行為論＝唯名論的パラダイムへの移行、もう少し丸山っぽい言い方を使うと、「自然」論的パラダイムから「作為」論的パラダイムへの移行、と表現できるかもしれません。

一五八頁の「徳川時代に例をとると」という見出し語のところで、江戸時代の日本は「である」論理の社会であったという、先ほどの箇所から十分予想できる話が出てきます。

「である」と「らしく」──人びとの間での〝コミュニケーション〟の作法

いうまでもなく、そこでは出生とか家柄とか年齢（年寄）とかいう要素が社会関係において決定的な役割を荷なっていますし、それらはいずれも私たちの現実の行動によって変えることのできない意味をもっています。したがって、こういう社会では権利関係にもモラルも、一般的なものの考え方の上でも、何をするかということよりも、何であるかということが価値判断の重要な基準となるわけです。大名や武士は一般的にいって、百姓や町人に何かをサービスするから、彼らにたいして支配権をもつとは考えられないで、大名であり武士であるという身分的な「属性」のゆえに当然──先天的に──支配するという建て前になっています。譜代の臣とか株仲間とか家元とかいうのは、いずれもこうした意味での「である」価値であって、具体的な貢献やサービスによって、はじめてその価値が検証されるものとはされてないわけです。

人々のふるまい方も交わり方もここでは彼が何であるかということから、いわば自然に「流れ出て」来ます。武士は武士らしく、町人は町人にふさわしくというのが、そこでの基本的なモラルであります。

この辺で、丸山の議論の趣旨がはっきりしてきましたね。「である」社会では、「Aは武士である」とか「Bは○○家の出である」「Cは▽▽歳である」、といった本人の意識的な営み、努力とは関係なく、先天的に決まっている、存在論的属性に即してその人が評価される。武士の名門の○○家の出身であれば、ただそれだけで尊敬を集め、家柄が低いと社会的に高い評価を得られない。現にその人が何をしているか、社会の発展、公共の福祉にどれだけ貢献しているかによって評価されるわけではない。

そういう身分社会の発想は、現代日本人の感覚からすると、いかにも理不尽な感じがしますが、現代でも、天皇家の人たちとか、歌舞伎役者、名門企業の御曹司、親の代からの高級官僚・学者とかについては、何となくそれだけで、上品な人格者のようなイメージを抱くことありますね。前回見たⅢ章でも出てきたように、人間はイメージで生きているので、そうやって出自とか出身地とかで、一定の偏見を持って見るのは、ある程度は仕方ないことです。

そうした評価の問題に加えて、身分制社会では、「～である」論理に基づいて各人の行為規範も決まってくる、ということですね。「～である」こと＝「自然」に合わせて、「～らしく」「～にふさわしく」振る舞うことが各人に期待されるわけです。言い換えると、身分制の秩序を守るべく、自分の存在論的位置から逸脱しないようにするわけです。これも、現代人の感覚からすると、へんな感じがしますが、宗教と政治が強く結び付いている社会の道徳や、江戸時代の朱子学、保守主義系の政治思想では、秩序維持というのは人にとって極めて重要な務めです。自由主義系の思想にとっても、個人の自由な活動の前提として、秩序維持は重要です。自由が前面に出るので、秩序の方はあまり強調されないだけです。

一五九頁の「『である』社会と『である』道徳」という見出し語のところでは、「～らしく」振る舞うことが期待されている人たちの間での〝コミュニケーション〟の作法について論じられています。

徳川時代のような社会では大名であること、名主であることから、その人間がいかにふるまうかという型がおのずからきまってきます。したがって、こういう社会でコミュニケーションが成り立つためには、相手が何者であるのか、つまり侍か百姓か町人かが外部的に識別されることが第一の要件となります。服装、身なり、言葉づかいなどで一見して相手の身分がわからなければ、どういう作法で相手に対してよいか見当がつかないからです。しかし逆にいえば、こういう社会では、人々の集まりで相互に何者であるかが判明していれば――また事実そこでは未知の者の集会はまずあまり見られないのですが――べつだん討議の手続きやルールを作らなくても、また「会議の精神」を養わなくても、「らしく」の道徳にしたがって話し合いはおのずから軌道にのるわけなのです。

近代社会では、どのような出自、身分であるかに関わりなく、全ての当事者を平等に扱い、異なる意見を持つ人たちに同等の発言の機会を与え、予め定めたルールに従って討議を進め、物事を決定するのが、「正義」だと考えられます。知らない人同士が契約関係を結んで様々な事業を行う以上、誰にでも適用される普遍的ルールが必要です。それに対して、江戸時代の日本は、共同体ごとにまとまっていて、基本的に知らない人はおらず、何か問題が起こっても、どのように解決すべきか慣習によって大体決まっていた。仮に知らない人がその共同体に入ってきても、相手の外見や言葉遣いから、どの「身分」に属する人か判別できるので、その人に対するのに「ふさわしい」作法で接し、〝コミュニケーション〟を始めることができたというわけです。互いに「作法」に則った振る舞いをすることが、摩擦を生まず、秩序を維持する一番のやり方だったわけです。カタカナ語の「コミュニケーション」にはどうしても、そうした日本的、「である」社会的なニュアンスがつきまといますね。日本語の日常会話で使われている「コミュニケーション」という言葉には、相手の立場を慮り、その人に相応しい扱い方をし、意見の違い、対立を際立たせず、空気を読みながら話を進めていくようなニュアンスがありますね。「らしく」振る舞うということが、何となく含意されているわけです。

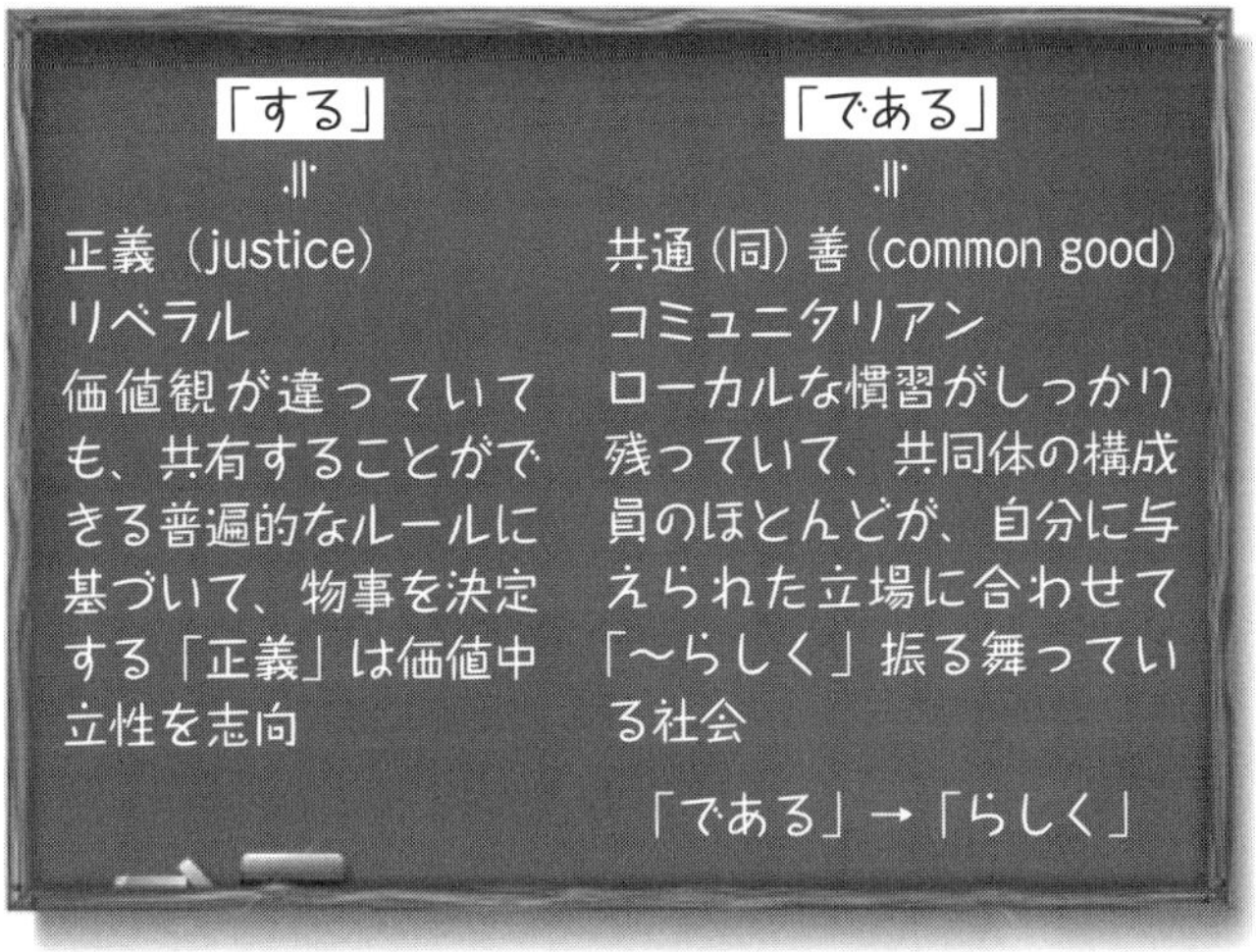
「する」
॥
正義（justice）
リベラル
価値観が違っていても、共有することができる普遍的なルールに基づいて、物事を決定する「正義」は価値中立性を志向
「である」
॥
共通（同）善（common good）
コミュニタリアン
ローカルな慣習がしっかり残っていて、共同体の構成員のほとんどが、自分に与えられた立場に合わせて「～らしく」振る舞っている社会
「である」→「らしく」

英語の〈communication〉には必ずしもそういう意味はありません。交渉とか決めごとに関連する文脈で〈communication〉と言う場合には、どちらかというと、妙な配慮などせず、お互いに言いたいことを言って、論点をはっきりさせる、というようなニュアンスがあります。ハーバマスの「コミュニケーション」理論で言うところの〈Kommunikation〉は、普遍的ルールに基づいて行われる、理性的な主体同士のオープンな対話ということですね。ローカルな共同体ごとの慣習、しきたり、各人の「～らしさ」に基づく、ローカルな〝コミュニケーション〟がもはや機能しない、「開かれた大きな社会」としての「市民社会」では、ハーバマス的な「コミュニケーション」の形態を発達させる必要が出てくるわけです。

現代の英米の政治哲学のメインテーマになっている、「リベラル」と「コミュニタリアン」の立場の違いは、「正義（justice）vs.共通（同）善（common good）」の対立に集約される――このことは、サンデルの『これからの「正義」の話をしよう』の最終章に出ていますし、私の著書『集中講義！アメリカ現代思想』でも手短に紹介していますーーわけですが、この対立も実は、「する」と「である」の対立と関係しています。ローカルな慣習がしっかり残っていて、共同体の構成員のほとんどが、自分に与えられた立場に合わせて「〜らしく」振る舞っている社会では、「善い生き方」、共同体の追求すべき目的についての共通理解＝「共通善」も成立している可能性が高い。しかし、いろんな価値観や信仰、ライフスタイルの人たちが生きている市民社会では、「共通善」が成立しているとは言い難い。価値観が違っていても、共有することができる普遍的なルールに基づいて、物事を決定する「正義」が必要になります。「(共通)善」がローカルな価値観に根ざしたものであるのに対し、「正義」は価値中立性を志向します。それがコミュニタリアンとリベラルの考え方の違いです。

もう少し言うと、「公／私」の区分もこのことに関わってきます。開かれた場であるはずの「公的領域」では、人びとがガラス張りの透明なルールに基づいてとことんコミュニケーションしたうえで、紛争解決し、主体的に新しい制度を創出することが求められますが、家族や友人、隣近所、宗教など、近い人たちだけで構成される「私的領域」では、その共同体の中での役回りに応じて、各人があまり小理屈を述べたりせず、しきたりに則って「〜らしく」振る舞うことが求められます。

ここで本文に戻りましょう。江戸時代のような「である」社会から、「する」社会に移行すると、各人に期待される振る舞いはどう変わるのか？　一六〇頁の『「する」組織の社会的擡頭』というところを見て下さい。

これに対してアカの他人同士の間に関係をとりむすぶ必要が増大して来ますと、どうしても組織や制度の性格が変って来るし、またモラルも「である」道徳だけではすまなくなります。それは一方では社会の政治とか経済とか教育とかいろいろの作用の間に分業を生んで行くと同時に、おのおのの分野の組織や制度の内部がまたその活動に応じて、何々局とか何々部というように分化してゆきます。そうすると同じ人間が同時に多様な関係のなかにあり、状況によっていろいろちがった役割を演じなければならなくなる。つまりそれだけ人間関係がまるごとの関係でなしに、役割関係に変って行きます。

先ほど私が先回りして説明したように、社会構造が近代化し、アカの他人同士で関係を結ぶ必要性が増大すると、これまでの［「〜である」→「らしく」］の道徳だけではうまくいかなくなる、ということですね。ここでは、それが「分業化」という視点から説明されています。アダム・スミス（一七二三―九〇）が、各労働現場での「分業」だけに留まらず、市場での交換を通して、市民社会全体として、あるいは国家間で社会的な「分業」が進むという議論をしたことはご存知ですね。様々の社会理論で、「分業」が近代化の指標とされています。丸山はここで、政治、経済、教育といった領域間での分業、及び組織内部での分業も進むことを指摘していますね。

この箇所での議論のポイントは、分業化が進むと、全人格な交わりがあまりなくなって、お互いの「役割」で接するようになる、ということです。職場でも取引先との関係でも、個人的な契約関係でも、常に同じ人と一緒にいるわけではなく、この場面では、私は役割Aで役割PのXさんと○○の関係を持ち、この場面では、私は役割Bで役割QのYさんと▽▽の関係を持ち、この場面では、私は役割Cで……という風に、各人が役割を演じ変えていきます。ロール・プレイですね。丸山が言っているように、「部長の代理で」とか「友人として」というように、「として」という形で表現される役割・資格が、人間関係の基本になります。

一六二頁では、川端康成（一八九九―一九七二）の小説のタイトルをネタにして、現代では、男も女も現代社会で様々な役割を演じているので、「男であること」とか「女であること」をトータルに描くのは難しい、無理に描こうとすると滑稽になるのではないか、という話が出ています。これについては、保守的な立場からも、フェミニスト、ジェンダー・スタディーズ系の立場からも異論が出そうですね。各人の場面ごとの役割が細分化し、「男らしさ」とか「女らしさ」のイメージは――たとえ実体とはかけ離れたとしても――そう簡単には消滅しない、という見方をすることはできるわけですから。右と左で、そうした残存するイメージに対する評価は一八〇度異なるわけですが。

話を元に戻します。近代社会では、人びとは「目的」に応じて役割を演じ分けることで、業績を挙げようとします。その傾向は、特に「経済」の領域で顕著になるということですね。資本主義経済では、現在の身分や資産よりも、その人が組織の中で現にどれくらいの働きをしているかが評価されます。「属性」ではなく、「機能」で評価されるわけですね。

それに比べると、「政治」の領域の変化は遅い。今現に「何をしているか?」ではなく、その人がそれまでどのような地位を占めていたかとか、過去の功績とか、縁故や金などで、政治家が選ばれる。現代でも、このことはよく指摘されますね。一六六頁で丸山は、「特殊な人間関係それ自体が価値化される」、という言い方をしています。「である」論理が半ば残存しているわけですね。

そして、こうした政治における特殊な「である」論理が、冷戦時代の「資本主義vs.社会主義」の対立に反映しているという話も出てきますね。「する」論理の社会では、各人が何をするかで評価されるので、その人がトータルで「善い人」とか「悪い人」とかいう評価はなされにくい。「する」論理に従って、個々の行為について、「善い行為」とか「悪い行為」と評価されることになる。しかし、「である」論理がまだ支配的な政治の世界では、政治的制度を評価するに際して、その制度の建前的な存在意義だけから、その制度がトータルに「善い」あるいは「悪い」と評価されることがある。特に「資本主義」あるいは

「社会主義」であるから「善い」とか「悪い」とかいう評価がなされることがしばしばある、ということですね。それぞれの主義には、反対の立場の人から見ても評価すべき部分があるはずなのに、「～主義だから悪である」と言うのは、遅れているというのが彼の言い分です。共産主義イデオロギーの中にある人道主義とか民主主義のような普遍的価値までも、「共産主義だから悪い」とされている、というような例を出してることからすると、マルクス主義が否定的に評価されすぎている、と言いたそうな感じですね。現在では、冷戦構造は一応終焉したことになっていますが、この手の「～主義だから～である」式の話はよく耳にしますね。政治関係のニュース、討論番組で、キャスターやコメンテーターが、「資本主義は元々～なものなので、現在○○という形で限界に突き当たっている」とか結構平気で口にしていますね――「資本主義」の全否定は、丸山が念頭に置いている例とは逆ですが。「戦後レジーム」とか、「新自由主義」などについても全体として良い／悪い的な言い方をすることがありますね。一般的に、「良い」よりも「悪い」という評価の方が多いですね。「悪い」ことの方が見つけやすいから。そして、その制度とかシステムがトータルに「悪い」ということになると、「その制度は変えねばならない」、という話になる。丸山が言うように、「悪い制度」からは「悪い結果」しか出てこないと見なされるからです。

最近私が強く違和感を感じた、この手の発想の例として、元民主党の小沢一郎元代表（一九四二－　）の政治団体の政治資金規正法違反事件に関連しての「検察審査会制度」批判の問題があります。ご承知のように、あの事件で検察は、元代表の秘書たちは政治資金規正法違反で起訴したけど、小沢さん本人は証拠不十分だったので起訴しませんでした。それに不服を覚えた人が検察審査会に審査を申し立て、一般の人から選ばれた検察審査会で審査が行われ、起訴相当という議決が二回にわたって出されました。それで、小沢氏が強制起訴されるはこびになったわけですが、それに不満な〝小沢支持〟派の中には、その議決が「間違っている」と言うだけではなく、「検察審査会という制度自体が悪い」と騒いでいる人がいますね。

「審査会のメンバーは本当に公平に選ばれたのか」「審議の過程で弁護士による誘導はなかったのか」、とか言うだけであれば、〝今更〟感はあるものの、小沢氏の問題を機に制度の問題点に気付くに至った、と好意的に解釈できないでもない。しかし、それだけに留まらず、「検察が起訴できないと言っているものを、素人が口を出すのはおかしい」、とさえ言っている人たちがいますね。それは、本当に全否定です。

小沢氏を強制起訴すべきだったかどうかは、法律的に難しい問題ですので、この件での審査会の「判断がおかしい」と批判するのは別におかしなことではありませんが、審査会のメンバーを非公開で選び、非公開で審査するというのは、小沢事件特有のことではありません。法律のことなど普段は全く関心のない、AKB48ファンと同じレベルの小沢ファンの人たちが、あまり深い考えもなく、急に検察審査会の仕組みを〝批判〟し出すのは仕方がないことかもしれませんが、国会議員、法律家、政治評論家、政治ジャーナリストなど、プロのはずの人たちが、今気付いたかのように騒ぎ出すのはおかしなことです。普段は検察の官僚体質を批判しているような人たちが、「プロである検察が起訴できなかったものを、素人が〜」という形で「検察審査会」制度自体を否定するのは、なおのことおかしい。

言うまでもないことですが、検察審査会制度自体は終戦直後からあります。強制起訴の権限が与えられることになったのは、明石花火大会歩道橋落下事件（二〇〇一）のように、警官など公務員が職務執行中に起こした問題に関して、検察の判断が甘くなるのではないか、ということが各方面から指摘されたからです。検察審査会法の改正の時には反対していなかった、むしろ検察・役人の横暴に国民の監視の目を向けることができるという感じで肯定的に評価していた人たちが、自分から見て「悪い判断」が出たからといって、「制度自体が悪い」と遡って大本の制度を否定するのは、本末転倒です。

ただ、この手の安易な〝遡り〟による「制度」否定の言説はやたらに蔓延していますね。格差が拡大しているから、「資本主義は悪い」とか、不祥事を起こす公務員のニュースが相次ぐから、「公務員制度が悪い」とか、教師の問題行動が多く伝えられているから、「教員養成・採用制度が悪い」とか。以前から制度的問題を指摘していて、その一部の現われとして、報道されている個々の問題を位置付けて冷静に批判する人もいますが、ワイドショーのコメンテーターとか、ネットで騒いでいる人の大半は、「悪い結果が出るのは悪い制度だからだ」、という安易な類推で、制度を全否定し、「オルタナティヴが必要だ！」と叫んでいますね。

丸山は、こういう「制度自体が悪い」的な物言いを、「経済」と比べた「政治」の遅れと見ているわけですが、私にはむしろ、物事を単純に一括りにして肯定したり否定したりする原始的な思考パターンの現われにすぎないように思えます。実際問題として、経済とか政治とか文化とかにあんまり関係なく、ほとんどの人は、自分にとって嫌なところのある人とか組織、制度、国をトータルに否定してしまう傾向があるのではないかと思います。例えば、私のしゃべり方とか物腰が嫌いな人だったら、私が何を言おうとナンセンスに聞こえてしまうでしょう。存在自体を否定／肯定するのではなく、個別の行為、出来事ごとに区分けして評価するのは、かなり冷静な精神の働きではないかと思います。罪を憎んで人を憎まず、と言うのは簡単ですが、それができる人はものすごく少ないと思います。私たちのほとんどは、依然として、感覚的に「である」社会の住民ではないかと思います。

本文に戻りましょう。一六八頁の「理想状態の神聖化」という見出し語のところで、そうしたイデオロギー的な評価がなされがちな理由が、「状態」と「過程」という視点から哲学的に説明されています。「状態」が「である」に、「過程」が「する」に対応しています。

既存の「状態」＝ステータス・クウォー（status quo）への賛美

（…）それはともかくとして、身分とか家柄とか人間の素質とかは、ある持続的な「状態」を意味しています。ここで「状態」というのはドイツ語で"Zustand"――つまり、そこに立っているという、ものの静態的なたたずまいをこう表現したわけです。こういう意味でいえば、サービスや効用の検証はそれ自体がうごく「過程」であって状態ではない。したがって、これまで述べてきた「である」論理と「する」論理、「である」社会と「する」社会との対照は、ものごとの「状態」の側面を重視するかそれとも運動や過程にアクセントを置くかのちがいでもあるわけです。「よい」制度からはよい働きが、「悪い」制度からは悪い作用が必然的に流れ出るという見方の背後には、理想的な社会や制度が一つの「模範的」な状態として、いわば青写真のように静止的に想定されているからです。

〈Zustand〉というドイツ語の名詞は、元々〈zustehen〉という分離動詞の名詞形です。分離動詞というのは、英語で言うと、動詞と副詞で一つの熟語になっているもの――例えば、〈get up〉〈take over〉〈get out〉〈go on〉とか――を、一つの動詞と見なしたもので、文章の形態に応じて、副詞に相当する部分（前綴り）が動詞本体にくっついたり離れたりします。〈zu...stehen〉というように分かれます。〈stehen〉は英語の〈stand〉と同じで「立っている」という意味です。〈zu〉の方は、「（〜に）付け足して」「（〜に）向かって」「（〜に）接して」など様々な意味合いを持っています。分離動詞〈zustehen〉は、「〜に属すべきものである」という意味なので、名詞の〈Zustand〉はこれと意味的にきれいに対応していませんが、いずれも、［〈stehen〉→〈Stand〉］の本体部分に由来する「立っている＝静止している」というニュアンスは持っています。

ここでは、そうした「(静止) 状態」を中心に見るか、それとも、動いている「過程」を中心に見るか、という物を見る姿勢の違いを、行為規範としての「である」論理と「する」論理の違いと重ね合わせて論じているわけです。

最後の「理想的な社会や制度が一つの『模範的』な状態として、いわば青写真のように静止的に想定されている」というのがやや分かりにくいですが、これは「状態」的に物事を認識する場合、我々は何らかの形で「本来の状態」を想定するということです。その「本来の状態」が、静止したまま変化しないものとしてイメージされており、その通り、あるいはそれに近いと「善い」ということになり、それから外れているように見えると「悪い」ということになるわけです。変化することのない、「善のイデア」あるいは「事物の本性」があって、それが物事の判断基準になっているような感じですね。

したがって、現実の社会悪なり政治悪はこの模範からの偶然的な、一時的な逸脱として、または「事を好む」やからが本来美しい花園を外から荒すところに生まれると考えられがちです。ある制度の建て前がその現実の働き方いかんにかかわりなく、神聖化されるときは多かれ少なかれこうした思考法への傾斜が見られます。ソ連の文学界をかつて支配した「無葛藤」理論や、いまでもコミュニストの顕著な傾向性である「修正主義的傾向」に対する極端な恐怖と警戒の一つの思想的根源はここにあると思われます。

この「美しい花園」というのは、恐らく「エデンの園」のイメージだと思います。矛盾や葛藤のない、本来の理想的な状態があるわけですね。キリスト教の〝本来〟の教義だと、エデンの園は、人類始祖の堕落によって失われたはずですが、キリスト教の諸宗派は、しばしば自分たちの「教会」共同体が既に「エデンの園」あるいは、それに準じるものであるかのように神聖化してイメージしがちです。特に、「教会」が危機に晒される時に、その反動で、そういうイメージが強くなりがちです。そういう人たちは、自分たちは〝エデンの園〟で幸せに暮らしていたのに、外から秩序を乱す連中がやって来るという被害者感情を抱く。乱す者たちは外来勢力ではなく、元々は自分たちの同胞であった人たちかもしれないけど、そういう場合でも、外の勢力にたぶらかされている輩扱いされる。

マルクス主義は長年にわたって、キリスト教的な文化が根付いた西欧諸国において、秩序を乱す外来勢力扱いなわけですが、そのマルクス主義もソ連のように自分で国家を作ると、自分たちの「エデンの園」を神聖視しているかのような態度を取り始める、ということですね。「無葛藤理論」というのは、文字通り、「葛藤は存在しない」ということです。階級対立や社会的矛盾がなくなったソ連では、社会的葛藤を中心に物語が展開していく、かつてのような作品とは異なった作品の在り方を求める必要があるという理論で、スターリン時代末期に劇作家のニコライ・ヴィルタ（一九〇六－七六）等によって定式化されたとされています。「修正主義」というのは、正統な社会主義を資本主義と妥協する方向に修正するということで、一昔前、マルクス主義的左派の間で、現実路線に行こうとする不埒な連中を批判する表現としてよく使われていました。

「私たちの花園」を「外」から荒らしに来る輩がいるという発想は、現代日本の粗雑な右派、左派の言説にも見られますね。日本社会における人びとの絆を壊す新自由主義イデオロギーは、アメリカ産であり、アメリカべったりの官僚や財界人によって推進されているとか、日本人の良識を破壊するマスコミの偏向は、中国や北朝鮮、隠れフランクフルト学派の工作員によるとか。右派だけでなく、左派も、外部の汚染勢力を排除しさえすれば、日本は結構美しい共同体のはずだ、と想定しているような物言いをする傾向が最近強くなっていますね。そういう物言いの方が大衆受けがいいだけかもしれませんが。

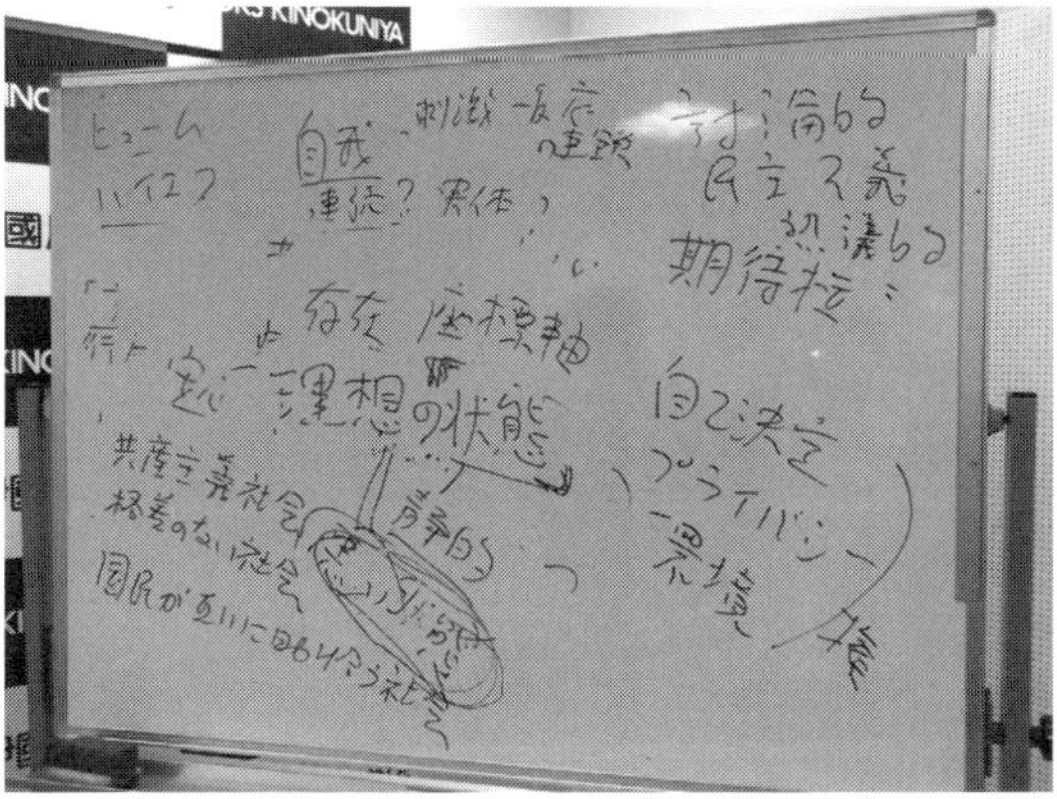

丸山は先ほどの箇所では、ソ連などの「理想状態」思考を批判しているわけですが、すぐ次の箇所では、日本では、それがもっと情緒的な形で出ていると指摘しています。

> しかし私たちの国では、そうした特殊の理論や陣営ではなくて、もっと一般的なムードとして、――それだけにあまり意識されないで――こうした形の「状態」的思考が氾濫しています。「いまは民主主義の世の中だから」とか「日本は民主主義の国である以上、この秩序を破壊する行動は……」といった論理が、労働運動や大衆運動に対して投げかけられる際には、多かれ少なかれこのような発想が底に流れているからなのです。
> 　そこでは民主主義は日々つくられるのではなくて、既存の「状態」であり、この「状態」の攪乱はいわば自動的に「反民主主義」のレッテルをはられてしまいます。

ソ連の場合は、少なくとも明確なイデオロギーと理論に基づいていたけれど、日本では、理想状態を理論化して物神崇拝するというよりは、とにかく雰囲気的に「既存の『状態』」＝ステータス・クウォー（status quo）をそのまま肯定しようとする傾向がある、ということですね。ここでは、「民主主義」理解に即してそのことが述べられていますね。

先ほども出てきたように、丸山に言わせれば、「民主主義」は元来、「である」論理によって捉えきることのできるような硬直化した制度ではなく、人びとが日々「民主主義」について考え、改善しようと努力することによって「作られる」ものです。にもかかわらず、日本が既に「民主主義の国」になっているかのような前提に立って、「既存の『状態』＝民主主義」を破壊することは許せないということで、労働運動、市民運動などを目の敵にする傾向がある、ということですね——ここでまた丸山は左派的なトーンになっていますね。そういう場合には恐らく、「民主主義とは何か？」についてのはっきりしたイメージがあるわけではなく、「とにかく現状を変えたくない」「現状を変える必要などない」という保守的な感情に、「民主主義」という名前が付いているだけのような感じですね。丸山は、そうした感情は、戦前の「国体護持」のイデオロギーに通じていると見ているようです。民主主義は日々変化するはずのものなのに、（決して変わることのない、神聖なものとして表象されていた）「國體」のように護持するのは矛盾しているというわけです。

「現状維持」の感情が「民主主義」を名乗り、〝民主主義護持〟のような風潮が生まれるのは確かにへんな感じがしますが、一七〇頁以降の記述を見ていると、「する」論理への移行は着実に進んでいるものの、一部にはなかなか変化し切れないものが深層に残っていて、それが矛盾、混乱を引き起こしている、丸山はそう見ているようです。

そうした「である」行動様式と「する」行動様式の混交から生じる矛盾は、明治維新以来ずっと継続しているわけですが、一七六頁の『「する」価値と『である』価値との倒錯」という見出し語のところで、それについてまとめて論じられています。

「ある」と「する」の複雑な関係

この矛盾は、戦前の日本では、周知のように「臣民の道」という行動様式への「帰一」によって、かろうじてびほうされていたわけです。とすれば「國體」という支柱がとりはらわれ、しかもいわゆる「大衆社会」的諸相が急激にまん延した戦後において、日本が文明開化以来かかえてきた問題性が爆発的に各所にあらわになったとしても怪しむにたりないでしょう。ここで厄介なのは、たんに「前近代性」の根強さだけではありません。

むしろより厄介なのは、これまで挙げた政治の例が示しているように『する』こと」の価値に基づく不断の検証がもっとも必要なところでは、それが著しく欠けているのに、他方さほど切実な必要のない面、あるいは世界的に「する」価値のとめどない侵入が反省されようとしているような部面では、かえって効用と能率原理がおどろくべき速度と規模で進展しているという点なのです。

この箇所はちょっと難しそうですが、ポイントは、「臣民の道」が、「である」論理と「する」論理をうまく折衷する役割を果たしていたということです。近代化を進めていく以上、江戸時代と違って、「〜である」状態をただただ守っていくわけにはいかない。各人が自らの生まれつきの身分や地位に留まり続けるのではなく、「する」論理に基づいて、主体的に行為する社会へと移行しなければならない。ただし急に、「である」論理がなくなってしまうと、共同体を基盤とする社会的秩序が崩壊してしまいます。

そこで明治国家は、各人に、「臣民」という新たに設定された統一的な「身分」にふさわしい行動をするよう、天皇の赤子らしく振る舞うよう要請することで、秩序を保とうとした。人々は全員が顔見知りであるような農村的な共同体を離れて、見知らぬ人と交渉し、取引するようになったが、お互いに天皇の「臣民である」という意識は保ち、日本人として恥ずかしくないよう教育・薫陶された。そうした「臣民の道」が戦後一挙に崩壊し、大衆社会に移行したことから混乱が生じた、というわけです。

これまでの話の進め方からすると、丸山は、日本社会が前近代的な「である」論理をうち破って、「する」論理へと全面移行することを推奨しているようにも見えますが、先ほど読みあげた箇所の二つ目の段落から分かるように、単純にそういう二項対立的な考え方をしているわけではないようです。政治の領域では、「民主主義」を「既成の状態」と見て墨守することなく、不断の検証を要する「過程」として捉える考え方への転換、「する」論理に徹することが求められるのに対し、「する」価値の侵入をある程度抑止した方がいい領域もある、ということですね。効用や能率といった、経済に由来の「する」論理が社会の中に浸透しすぎることを丸山は、あまり好ましく思っていないようです。

それはとくに大都市の消費文化においてははなはだしいのです。私たちの住居の変化──「である」原理が象徴している床の間付客間の衰退にかわって、「使う」見地からの台所・居間の進出や家具の機能化──とか、日本式宿屋──御承知のようにある室の客であることから食事その他あらゆるサービスの享受権が「流れ出」ます。なじみの客ほどそうです──がホテル化して行く傾向などはまだそれなりの意味もありましょう。しかしたとえば「休日」や「閑暇」の問題になるとどうだろうか。都会の勤人や学生にとって休日はもはや静かな憩と安息の日ではなく、日曜大工から夜行列車のスキーまで、むしろ休日こそおそろしく多忙に「する」日と化しています。最近も「レジャーをいかに使うか」というアンケートをもらった事があります。レジャーは『する』こと」からの解放ではなくて、もっとも有効に時間を組織化するのに苦心する問題になったわけです。

丸山のいかにも知識人的な生活感覚が出ているようで、興味深いところですね。丸山の感覚だと、住居とか宿屋とかは、あまり機能性ばかり追求しないで、既成の「〜である」原理をしっかり守ってくれていた方が落ち着いていい、ということなのでしょう。「ある室の客であることから食事その他あらゆるサービスの享受権が『流れ出』るというのは、難しそうな言い回しですが、要は、宿屋に泊ると、その部屋の「お客である」ことによって、自ずからいろんなおもてなしを受けることになり、馴染みともなれば、宿の人たちとの間に一定の関係性も生じるけど、ホテルだといろんなサービスが機能的に分化していて、それぞれ決まった料金を払って、注文する形になる、ということです。宿の人たちとの関係性の中で、「お客である」と感じられるような雰囲気ではなくなったわけですね。

休日の「レジャー」化というのは、今でもよく言われていることですが、この論文の元になった講演が行われた一九五八年頃に、既にそういう傾向が生じていたわけですね。「レジャー」には、どういう所にどういう乗り物で旅行に行き、どういうスポーツとか観光をし、どういう土産を買って、どういう所に泊るか、次第にフォーマット化、企画化されるようになってきたわけですね。

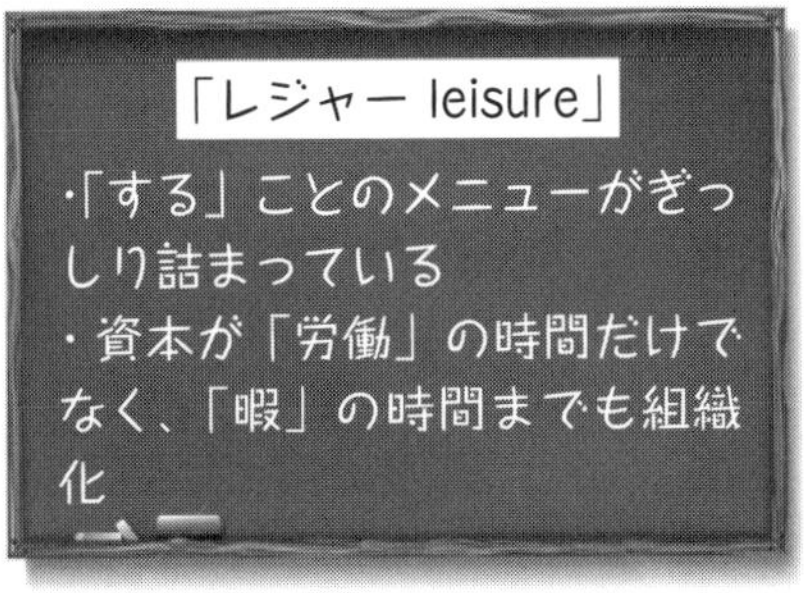
「レジャー leisure」
・「する」ことのメニューがぎっしり詰まっている
・資本が「労働」の時間だけでなく、「暇」の時間までも組織化

「レジャー leisure」とは本来、「暇」ということなのに、「する」ことのメニューがぎっしり詰まっていて、しかもレジャー産業によって組織化されている。資本が「労働」の時間だけでなく、「暇」の時間までも組織化しているわけですね。フランクフルト学派のホルクハイマー（一八九五－一九七三）とアドルノ（一九〇三－六九）も、『啓蒙の弁証法』（一九四七）で同じ様な議論をしています――関心があれば、拙著『現代ドイツ思想講義』（作品社）をご覧下さい。

大学を例に「身分」というものを考える

学芸のあり方を見れば、そこにはすでにとうとうとして大衆的な効果と卑近な「実用」の規準が押しよせてきている。最近もあるアメリカの知人が、アメリカでは研究者の昇進がますます論文著書の内容よりも、一定期間にいくら多くのアルバイトを出したかで決められる傾向があるというなげきを私に語っていたことがあります。日本の大学における悪名高い教授の終身制は一面ではたしかに学問的不毛の源泉であり、なんらかの実効的な検証が必要といえます。けれども皮肉なことには、こうした日本の大学の「身分的」要素が、右のような形の「業績主義」の無制限な氾濫に対する防波堤にもなっているのでして、それほど文化の一般芸能化の傾向はすさまじいといわねばなりません。

これは現在、かなり深刻化している問題です。西欧近代の大学は「学問の自由」の名の下に、一定の「自治」を認められてきました。国立大学であっても、誰を教員として採用し、何をどのように研究させるか、学生にどういう内容を教えるかといったことを自主的に、学部教授会の単位で決定し、警察や他の行政機関の介入も、かなり重大な犯罪や違法行為がない限り——法的根拠は明確ではありませんでしたが——断ることができるものとされていました。その根拠になったのは、教員、特にいったん「教授」になった人の「身分」保障です。

大学の教員は、他の行政機関、特殊法人、会社などと違って、教員の地位の階層は、教授、助教授（現在は准教授）、専任講師、助手（助教）と四段階しかありません。専任講師なしで、助手から助教授にすぐなる場合もあるので、実質三段階、あるいは三・五段階と見ることもできます。出世のことをあまり細かく気にしないですむようにしているわけです。給料の面では、教授と准教授の間にそれほど大きな差はありません。

学科長、学部長、学長などが、普通の教授より偉いと思っている人もいるかもしれませんが、ああいうのは、組織管理上の地位であって、学者としての偉さ、研究者として認められているかどうかとは基本的に関係ありません。医学部や法学部のように、学問の性質上権力との結びつきが強いところでは、学部長などの管理職的な役職付きの教授が偉いという感覚がありますが、文学部とか理学部だと、行政の仕事が増えて研究に専念できなくなるので、学部長になるのは、出世どころか強制的苦役だと思っている人も少なくありません。法学部でも、学部長が偉いという感覚があるのは、その学部をしょって立てば政治的発言力が一気に増大する東大とか京大とかの話で、金沢くらいだと、厄介事だと思っている人が多いような気がします。

とにかく、いったん教授になってしまえば、基本的に他人の目を気にせず、研究・教育に取り組める。そのおかげで、大学の「外」、行政や財界などからかかってくるプレッシャー、具体的には「世の中の役に立つ研究をすべきである！」という実用主義や、「研究成果を論文として学会誌などに公表し、他の専門家から評価されるようにしないといけない。成果が見えない研究はないのと同じだ！」という業績主義に抵抗して、それぞれの学問領域ごとの「価値基準」を守ることができた。その意味で丸山は、一九世紀のドイツでその原型が作られた大学の「身分」制（＝「である」論理）を、弊害があるので改善の余地はあるとしながらも、基本的には肯定的に評価しているわけです。東大法学部の教授である丸山が自分の口で言うと、自己正当化のように聞こえないでもないですが。

因みに、ここで丸山が「アルバイト」と言っているのは、当然、我々が日常的に使っているカタカナ語の「アルバイト」ではなくて、ドイツ語の〈Arbeit〉のことで、これは基本的には「労働」や「仕事」を意味します。学者については、その主たる仕事である「研究」を指します。研究の具体的成果＝作品としての論文を指すこともあります。英語の〈work〉と同じ様な使い方をするわけです。丸山が言っているのは、この意味での〈Arbeit〉です。

ご承知と思いますが、情勢は今ではかなり変わっています。近年、多くの大学で任期付きのポストや、特別の業務に従事してもらうために特設する特任ポスト（特任教授、特任助教）、あるいは、終身雇用にする前に一定の期間だけ雇用するテニュア・トラック・ポスト――「テニュア tenure」というのは終身雇用の資格のことで、アメリカではそれを取得するまで試験的に雇用するテニュア・トラックという制度がかなり以前からあります――が増えています。終身雇用の教員も、レフェリー付きの論文の本数や、外部資金の獲得、学生の授業評価アンケートで評価され、評価が悪いと研究費や給料が削られたりするなどのペナルティーを受けます。降格、解雇もありにすべきだ、とラディカルな意見を述べている人もいます。現在では、「終身雇用」の教授でさえも、自分の「身分」に安心して、思うように研究しづらい雰囲気になっています。何らかの形で、自分の研究が社会に貢献していること、成果が出ていることをアピールすることを求められています。因みに、サンデル・ブームの余波で、多くの大学で対話型授業がもてはやされるようになった背景として、原発とか環境とか雇用とか格差とか、アクチュアルな話題について学生や素人に自由に意見を言わせる機会を作ると、何となく「社会の役に立っている」観が出るということがあるのではないか、と思います。対話型授業がいいと言っている、大学外の素人の人たちも、そういう授業は「役に立つ」、と思い込んでいるふしがあります。単なる自己満足とは思わないようです。

私は、文系の学問であれば、対話することによって学問の理解が深まるのは間違いないと思っていますが、意見を言う前にきちんと自分で文献を読んだり、調査したりして、準備するということなしに、とにかく、「その場でしゃべる」ということをありがたがるような風潮になれば、かえってマイナスだと思っています。ほとんどの大学で、対話型はマイナスになると思います。「ちゃんと勉強してきてから、意見を言うようにしなさい」、ときちんと指導できるようにするには、やはり教員の「身分」は重要だと思います。

一七八頁の真ん中辺りから、結論らしいことが述べられています。

「知識人としてのアイロニカルな自己認識」

政治や経済の制度と活動には、学問や芸術の創造活動の源泉としての「古典」にあたるようなものはありません。せいぜい「先例」と「過去の教訓」があるだけであり、それは両者の重大なちがいを暗示しています。政治にはそれ自体としての価値などというものはないのです。政治はどこまでも「果実」によって判定されねばなりません。政治家や企業家、とくに現代の政治家にとって「無為」は価値でなく、むしろ「無能」と連結されても仕方のない言葉になっています。ところが文化的創造にとっては、なるほど「怠ける」ことは何物をも意味しない。さきほどのアルバイトにしても、何も寡作であることが立派な学者、立派な芸術家というわけではすこしもない。しかしながら、こういう文化的な精神活動では、休止とは必ずしも怠惰ではない。そこでしばしば「休止」がちょうど音楽における休止符のように、それ自体「生きた」意味をもっています。

「政治はどこまでも『果実』によって判定されねばなりません」、という言い方は、あまり丸山っぽくない感じがしますね。いわゆる「マキャベリズム」みたいですね。一般的に抱かれている丸山のイメージ、この講演の中でのところどころの発言からすると、「成果はともかく民主主義の理想に献身することが大事だ」とか、言いそうな気がしますが、最終的には、「政治」は、「する」論理に徹するしかない、理想状態に拘り続けているだけではダメだ、と考えているようですね。

「政治にはそれ自体としての価値などというものはない」、という言い方も、印象的です。現代の共和主義という考え方では、集団的自己統治としての「政治」に参加すること自体に価値があります。アーレントであれば、それこそが「人間」であるための最重要な条件だと言うところですが、丸山は、そういう発想をしているわけでもないようです。

気になるのは、「政治」自体には価値がなく、「成果」が重要だと言う場合、何をもって「成果」だと評価するか、ということです。丸山自身には、それなりに評価尺度はあるのでしょうが、それは明示せず、表向きには空白にしている感じですね。ズルいのかもしれませんが、それなりに理由のあることだと思います。成果を価値評価するための尺度を、下手に具体的に示すと、「理想状態」を固定化してしまって、かつてのソ連みたいなことになりかねないわけですから。

そうやって「する」論理に徹するしかない「政治」に対して、学問や芸術などの「文化的精神活動」の領域では、「である」状態に——ある意味、自覚的に——留まり、一定の形、やり方を継承していくことに価値があるということですね。「する」と対比して、一見何もしていないように見える「無為」にも、これらの領域では、意味があると見なされるわけですね。「政治」や「経済」の「する」論理を抑止する、「無(為)」と言ってもいいかもしれない。「無駄であることが学問にとって重要だ」、という言い方がありますね。大学教員の自己正当化にすぎないことが多いですが、深い意味で言っているのだとすれば、「する」価値への抵抗としての「である」価値への拘り、というような意味合いが込められているはずです。このように「政治」と「文化」では丸山の態度が異なるわけですが、一七九頁の「価値倒錯を再転倒するために」というところで、この点について丸山自身が説明しています。この箇所を読んで、この講義を終えることにしましょう。

（…）私は誤解をおそれずに次のように答えるほかはありません。現代日本の知的世界に切実に不足し、もっとも要求されるのは、ラディカル（根底的）な精神的貴族主義がラディカルな民主主義と内面的に結びつくことではないかと。トーマス・マンが戦後書いたもののなかに「カール・マルクスがフリードリヒ・ヘルダリンを読む」ような世界という象徴的な表現があります。マンの要請を私なりに翻訳すると右のような意味になります。すくなくともそれが、今日お話しましたような角度から現代を診断する場合に私のいだく正直な感想であります。

トーマス・マン（一八七五－一九五五）は、ご存知のようにドイツの小説家で、『トニオ・クレーガー』（一九〇三）、『ヴェニスに死す』（一九一二）、『魔の山』（一九二四）などで知られていますね。市民の自己形成（Bildung）の過程を描く「教養小説 Bildungsroman」というジャンルの最後の大家です。第一次大戦の頃から、政治的な評論もてがけるようになります。彼の兄のハインリッヒ・マン（一八七一－一九五〇）が、ドイツの後進性を否定的に見る進歩主義者で、共産党と考えが近く、ドイツの第一次大戦参戦を批判しましたが、トーマスは『非政治的人間の考察』（一九一八）という評論集で、ドイツの参戦を支持すると共に、物質的な進歩を重視するフランス的な「文明 civilisation」に対し、精神性を重んじるドイツの「文化 Kultur」を対置する議論を展開します。第一次大戦後、ワイマール時代には、「民主主義」と、人文主義的な意味での「人間性 Humanität」の理念を結び付けて、擁護する立場を取るようになります――こうした意味での「人間性」については、拙著『教養主義復権論』をご覧下さい。マックス・ウェーバーも参加した、リベラル左派のドイツ民

トーマス・マンとハインリッヒ・マン兄弟

主党の党員になっています。

ヘルダリンは、一八世紀末から一九世紀初頭にかけて活躍したドイツの詩人です。ヘーゲルやシェリングの友人で、哲学的なエッセイもいくつか書いています。ハイデガーは、彼の詩を哲学的な見地から高く評価し、ヘルダリン論を自らの思想の中核に据えるようになりました――私の博士論文『危機の詩学』(作品社、二〇一二)は、ヘルダリン論です。

「ラディカル(根底的)な精神的貴族主義」というのは、マン自身がそうしたように、「教養主義」的な精神の伝統を守りながら、その精神で「民主主義」にコミットしていく、ということでしょう。現代で、「民主主義」と言うと、ほとんどの人は、大衆民主主義を念頭に置くと思います。あまり教養のない人、日雇い労働者とか、小さな商店の主、店員、一般家庭の主婦とかも、知識人やプロの政党人、官僚等と平等の立場で政治に参加し、庶民の知恵で政治が動いていく、というイメージですね。別に難しい思想とか理論とか知らなくても、政治の主役になれる。

そういう大衆民主主義的な発想が一般化しつつある時代に、教養主義的な「人間形成」の理想に基づく民主主義を理想として掲げたら、端的に場違い、アナクロなエリート主義のような響きがしますね。一九世紀の統一前のドイツのように、各領邦国家の民衆が政治的な意識を共有するためのメディアが未発達で、都市の商工業者を中心とする市民層があまり活発に活動していない状況では、「教養」によって法律家、教師、官僚、ジャーナリスト、大学教授といったステータスを得ていた知識人たち=教養市民層が民主化をリードするのは当然のことでした。しかし、民主主義がある程度整備され、定着し、大衆の政治参加が既成事実になると、従来のように、高尚な教養のある人たちだけで政治をやるわけにはいかなくなる。政治家も政治評論家も少なくとも、形の上では庶民感覚をアピールせざるを得なくなる。「する」論理に徹するわけです。

そうした中で、丸山は、時代錯誤的に聞こえるのを承知の上で、「教養」主義的に民主主義に関わっていく態度の重要性を説いているわけです。無論、一般大衆がアリストテレスとかルソーとかトクヴィルを読んで、民主主義についての理解を深めた上で、政治に参加すべきだ、などと考えているのではないでしょう。そういう教養主義的な背景を持って、「政治」を冷静に見つめ、「する」論理にマッタをかける――丸山のような――知識人が必要だという話だと思います。そういう少数精鋭に期待するので、「精神的貴族主義」です。この言葉は、丸山の、「知識人としてのアイロニカルな自己認識」をよく表わしていると思います。

■質疑応答

Q　質問というより、どうしたらいいのか、ということです。私もそういうところで悩んでいます。現実は、社会や企業で働き、どんどん「する」「する」という方向にある中で、たとえば学問といったものと接点を持ちながら、ある程度折り合いをつけて生きていこうとしても、社会のほうに押し流されてしまう部分が非常に多いと日常的に感じています。むしろ学問的なもの、芸術的なものは価値がないというようなことを、つねに押し付けられているように感じます。それは被害妄想だといえばそうかもしれませんが、そう感じる現状の中で、こういう講義に来るような我々はどのように精神的に学問や芸術にコミットしながら生きていけばいいのか、と日々悩んでいます。質問がまとまらないのですが、そういうことに関して先生の意見をお願いします。

A　ジャーナリズムやネット論壇でしばしば、「政治や経済、社会情勢がどんどん変化しているのに、（特に文系の）学問は旧態依然としたままで、変化に対応し切れていない」、という感じの〝学問批判〟の声が強くなることがありますね——言っている人たちはほとんどの場合、どう旧態依然としているのかよく分かっていないまま、雰囲気で言っているだけのことが多いですが。「古典」を読むことを主たる仕事にしている思想史や文学に対する風当たりは特に強い。

古典ばかり読んで、自己満足に浸るのではなく、「現実と向き合え！」、と言われる。では、どういう風に向き合うべきか、というと、期待されている二つのパターンがあると思います。一つは、新自由主義的な文教政策に対抗すべく、学問に本来備わっている批判精神を復活させ、政治に積極的にコミットすること。もう一つは、知の消費者である学生や一般国民のニーズに合わせて、分かりやすい言葉を使い、身近かな問題への解決策を呈示できるようにすること。いずれにしても、「役に立つこと」「使えること」が求められているわけです。

そういうことを強く意識した知識人・学者で、一定の影響力のある人は、何か大きな政治・経済・社会問題が起こるたびに、〝問題の本質〟を分析し、解決に向けての提言をしようとする。しかし、テレビ等にコメンテーターとして出てくる、そういう人たちの提言が、実際に役に立っていると思いますか？〝問題の本質〟を明らかにしていると思いますか？　全員とは言いませんが、大多数の学者系コメンテーターは、新聞の社説記事とかコラムとかに書かれていそうな、まとめ記事的内容のことを、自分の意見であるかのように語っているだけです。そんなんだったら、本職に言わせた方がいいような気がします。

それは仕方のないことだと思います。古典ばかり読んでいる人文系の学者だけでなく、政治学者、経済学者、社会学者などの社会科学者も、その本来の仕事は、現に起こっていることにその場でコメントすることではなく、現実に対して距離を置き、学問の方法に則って客観的に分析することです。「する」論理に基づく急速な運動を、いったん――仮想的に――静止させ、それについて落ち着いて考えるための枠組みを整えるのが、学問の役割です。自分自身が「する」論理に完全に巻き込まれていたら、距離を取ることなどできない。

私は、学者は現実離れしていると言われるのを、恐れてはいけないと思います。自分自身が、現状を踏まえているつもりでした発言が、現実からズレているということであれば、そういう非難を受けとめて反省する必要があります。しかし、現在進行中の問題に対する直接的な解答にはならない、次元の違う話をしているという意味で、「現実離れ」と言われるのであれば、別に恥じる必要はありません。

現在、震災や原発の問題が深刻化し、メディアで連日新しい動きが報道されています。知識人たちは、ごくそうしたアクチュアルな問題についてコメントすることが期待されています――期待しているのは、ごく一部のマスコミ人だけかもしれませんが。マス・メディアだけの話ではありません。哲学・社会学・歴史学・文学系の公開講座、市民講座でも、主催者や受講者は、講師が震災や原発について具体的見解を表明することを期待します。普段は、専門外のことには口を出さないことをポリシーにしている人も、迫られると、ついつい何か期待されているようなことを言ってしまう。専門的にそういう問題に取り組んだことがあり、学者としてのちゃんとした見識がある人なら、期待に応えて、意見を述べればいいと思いますが、本来言うべきことなどないのに、無理に何か言おうとしても、世間に流布しているステレオタイプな意見を、あたかも自分の意見であるかのように語り、聴衆を何となく満足させるだけに終わります。

そんな中身のない期待に応える必要はない。「私が学者として言えることは、その問題に対する直接的な解答にはなりません」、と正直に認めるべきです。

学者の視点からお話ししましたが、職業的な学者でない方が学問や芸術に関わる場合も、基本的に同じ様なスタンスを取ればいいのではないかと思います。

［後書き］――〝即効性〟の思想など、ない

丸山眞男についての本なので、「後書き」くらいは真面目なトーンで書こうかと最初は思っていたが、どうも、そういう気分にはなれない。何冊かの拙著の「後書き」に既に書いたことだが、大学で教えながら、時折人文系の〝半〟専門書を書く仕事をしていると、ひどいバカに出くわして不快な思いをすることが多い。これまでいろんなタイプのバカに会ってきたので、もうそろそろ慣れてきたかな、と思っていると、すぐに新たなタイプが出現し、想定外のバカをやってくれるので、なかなか安らかな心境になれない。

個人的な体験としてはいろいろあるのだが、多少思想史に関係があることだけ言っておくと、私が出くわすバカの多くに共通しているのは、自分が知らないこと、理解していないこと、学ぶべきかもしれないことを、他人から指摘されるのを極度に嫌がり、それを指摘した（ように思える）相手に対して理不尽なまでに否定的に――大抵、脊髄反射的に――反応してしまう体質である。その体質を、ツイッターやブログなどのメディアで堂々と表現する、つまりかなりの妄想や事実誤認を交えて中傷誹謗し、「そんな奴に対して聞き耳持たないのは当然」ということを〝証明〟しようとするからたちが悪い。

「どうしてこんな無内容なことを書くのだろうか?」、「こんな意味不明のことを書くのが、日本のアカデミア（あるいは、人文系出版業界）では許されるのか?」、などとツブヤク。そして、何人かにＲＴされると、「それみたことか!」、という態度を示し、自己満足する（ように見える）。やっている連中には、

こういう行為が露骨に自己矛盾していることが理解できていない（ように見える）。だから、バカなのである。

バカがそのように振る舞うのは、ある意味、当然のことである。自分がどういう方面でどの程度バカか大体自覚していて、それなりに謙虚な姿勢を取っていれば、自分の知らない話をしている人や本、テクストなどに対して、いきなり否定的な態度を取ることはないし、ましてや、人目に触れるところに安直な否定コメントを書き込んだりしないだろう。自制が効いていて、私的なバカに留まっているのであれば、バカ騒ぎによって他人に迷惑をかけることはない。恐らく、バカとして公共的に認知されることもないだろう。

私自身は狭量な人間なので、他人から自分の根本的無知を直接指摘されれば当然不快に感じる。しかし、知的好奇心はかなりある方なので、知っておいた方がよさそうなことだと思えたら、（指摘した人物に対する好き嫌いは別にして）少し勉強しようという気にはなる。こっそり勉強すればいい。そのおかげで、いろいろ新分野を開拓することができた（と自分では思う）。当然、何でも関心を持つわけではないが、関心を持てないことについては基本的に黙っておくことにする。

それが学問や批評などに携わる人間のごく当たり前の態度だと思うのだが、バカ騒ぎする連中は、自分（たち）の関心を引かないこと、興奮させてくれないこと――むしろ熱狂をさまさせるようなこと――を、重要そうに語る人間が許せないで、すぐに騒ぐ。「そんなの無意味だ！」「学者は知識があっても、頭が悪い」とか、ひとしきり吠える。

「現在の私にはあまりその意義が分からなくても、○○を理解するうえで、絶対避けて通れない重要な問題があるのかもしれない」、という感覚がない人間は、学問や批評には向いていない。そういう感覚――恐らく、それが「教養」の最も重要な部分だろう――がほとんど備わっていないのに、無理に知的なふりだけしようとするから、それを否定するかのように聞こえる他者の言葉に過剰に反応し、吠えたくなるのである。

一冊本を読むか、一回人の話を聞いただけで、すぐに納得できて、即効で実践できるような〝哲学〟は、「哲学」ではない。しかし、そういう〝実装可能な〟ものでないと〝哲学〟でないと言いたがる人たちがいる。多分、人生訓のようなものを含んだ何かのマニュアルか、運動団体のマニフェストのようなものに、〝哲学〟というタイトルが付いていたのを見て、勘違いしたんだろう。勘違い人間がネット上で集まって、〝クラスター〟ができれば、それが真実になってしまう。

こういう状況は、丸山が危惧していた、「する」論理の不健全な増殖の最終形態であるような気がする。私のような、あまり偉くない学者が言ってもあまり効き目がなさそうだが、一応、一言言っておく。

即効性の思想を実装しようと焦る前に、思想史をちゃんと学ぼう！

二〇一二年四月二三日
金沢大学角間キャンパスにて

丸山眞男と戦後日本思想を知るために、
これだけは最低限読んでおいたほうがいいブックガイド

丸山眞男
『現代政治の思想と行動』
（未來社）

丸山が戦後の論壇で注目を集めるきっかけになった「超国家主義の論理と心理」や、東京裁判で証言した軍の指導者たちをナチス・ドイツのそれと対比した「軍国支配者の精神形態」をはじめ、アクチュアルな問題に関連付けて、思想史的なテーマを掘り下げていく、丸山独特のスタイルの論文が収められている。同時代の政治理論に大きな影響を与えていたウェーバー、シュミット、ラスキなどに頻繁に言及されており、丸山がこれらの全く異なった理論家から影響を受けながら、自前の分析視角を確立しようとした過程を窺うことができる。

丸山眞男
『忠誠と反逆』
（ちくま学芸文庫）

江戸時代の武士の生き方に見られる「忠誠と反逆」の葛藤が、近代化された日本における臣民的＝市民的主体性の源泉になっていく過程を思想史的な資料に基づいて詳細に分析した表題作の他、「国家理性」概念が日本に根付くまでを描いた「近代日本思想史における国家理性の問題」、日本人の歴史・政治意識の古層を記紀神話に出てくる「なる」「つぎ」「いきほひ」の三つのキーワードを通して明らかにする「歴史意識の『古層』」等、近代日本人の内面性、政治性を深層で規定している要因を、考古学的な手つきで掘り出した論文が収められている。日本思想史の知見をフルに動員して、日本的な「主体性」の系譜を辿っていく――フーコーを思わせるような――丸山のアクロバティックな手法が最も際立っている著作。

丸山眞男
『日本政治思想史研究』
（東京大学出版会）

丸山の本来の専門である荻生徂徠研究の成果をまとめた、丸山思想史の原点とも言うべき著作。江戸幕府の官学であった朱子学をはじめ、江戸時代に一定の影響を発揮した儒学の他の流派について思想史的に概観したうえで、儒学の本質を「礼楽」（客観的規範＝制度）論に見、古典の原義に即した読解を通してその理想像を再現しようとする徂徠の方法論（古文辞学）を鮮明に特徴付けている。徂徠の近代性・革命性を強調する文脈で、「政治の発見」、「公／私」区分、「自然」の論理から「作為」の論理への転換など、丸山思想史の重要概念が登場している。『日本の思想』では否定的に描かれている印象の本居宣長が、ここでは徂徠の「作為」の精神の継承者として描かれており、意外な感じがする。

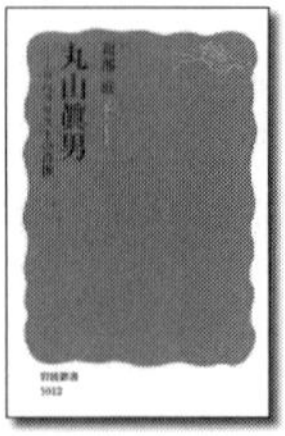

苅部直
『丸山眞男』
（岩波新書）

東大法学部の丸山のポストの継承者による丸山論。丸山の幼少期や学生時代、兵隊時代、安保運動へのコミットメントなど、伝記的なエピソードが多く詰め込まれている。抽象的で緻密な構成の丸山の論文の背後にある、丸山のキャラクター、生き方、体験、人間関係などを知ることで、丸山の思想がより親しみの持てるものになるよう工夫されている。

竹内洋
『丸山眞男の時代』
（中央公論新書）

教育社会学者による丸山論。丸山が戦後の論壇でスターとなり、アカデミズムとジャーナリズムにまたがって圧倒的な威光を持った知識人として活動できた理由を、教育社会学・歴史哲学的に詳細に分析している。同じく中公新書として刊行されている、著者の『教養主義の没落』での「教養主義」の生成をめぐる議論が反映されており、二冊合わせて読むと、丸山の権威と教養主義が密接に関連していることが分かる。ブルデューの文化資本論や「場」の理論によって、丸山のポジショニングを分析することが試みられており、そうした意外な取り合わせも興味を引く。戦前の国体明徴運動と、戦後のラディカルな学生運動の間にパラレルな関係があることを示唆する著者の議論の進め方は、ある意味挑発的である。「丸山の読まれ方の歴史」として読むこともできる。

小熊英二
『〈民主〉と〈愛国〉』
（新曜社）

終戦戦後から安保闘争までの左派系市民運動や知識人の動向を、「民主化」に内在する「愛国」の契機という視角から読み解いた大著。「左派」と「ナショナリズム」という互いに相容れないように見える二つの要素が、「憲法愛国主義」とでも言うべき形で連動し、「戦後思想」を形成するに至った過程が、「自主独立」と「非武装中立」などをキーワードにして描き出されている。竹内好、吉本隆明、江藤淳、鶴見俊輔、小田実等と並んで、丸山も、「民主」と「愛国」の思想家として読まれている。天皇制の存廃問題を論じた第三章のタイトルは「忠誠と反逆」であり、丸山の議論を土台にした分析が展開されている。

高山岩男
『世界史の哲学』
（こぶし書房）

京都学派の四天王の一人である高山が第二次大戦中に出した歴史哲学の大著。『日本の思想』でも批判的に言及されているいわくつきの書。ヘーゲル、ランケ、シュペングラーなどの歴史哲学に依拠しながら、「世界史」の概念を、人種、民族、国民、地理性、政治、文化、経済など多面的に解説したうえで、植民地主義政策を展開するヨーロッパ的世界史と、東亜的世界史との間で摩擦が起こっている現状を分析している。他の東亜諸国が「批判的省察」と「自主精神」を欠く中で、近代化を成し遂げ、西欧列強に対抗する力を唯一身に付けた日本が、東西を統一して、新たな世界観、真の「普遍的世界史」を形成するうえで特別な役割を担っていることを強調し、満州事変から第二次大戦に至るまでの日本の対外行動を正当化している。二一世紀のゼロ年代から一〇年代にかけての論壇でも、何故か「世界史の哲学」が流行っていることを念頭に置いて読むと、いろんな意味で示唆的である。

河上徹太郎・竹内好他
『近代の超克』
（冨山房）

太平洋戦争中に雑誌『文学界』誌上で行われた京都学派、日本浪漫派、小林秀雄等による「近代の超克」座談会と、これに関連した座談会参加者たちの寄稿論文、これについて竹内好が戦後執筆した解説論文が収められている。戦前の代表的な知識人たちが、日本の近代化のモデルとなった「西欧近代」をどのように理解し、それを戦争とどのように結び付けて理解するかを知ることのできる貴重な資料集。いくつかの異なった系譜に属する反近代の思想が、戦争を契機として、一点へと収斂していく様を読み取ることができる。

廣松渉
『〈近代の超克〉論』
（講談社学術文庫）

マルクス主義と現象学を融合させ、独自の［間主観性―物象化］論を展開したマルクス主義哲学者廣松渉による「近代の超克」の体系的分析。『文学界』の座談会だけでなく、京都学派四天王の高坂正顕や高山岩男の歴史観、三木清の協同主義、日本浪漫派の「文明開化の終焉」論などが、時代的背景に即して丁寧に解説されている。「近代の超克」論の思想史的・歴史哲学的意義を全般的に理解したい人にとっては、最良の入門書。廣松渉の日本思想史家としての意外な側面を知ることができるという面でも興味深い。

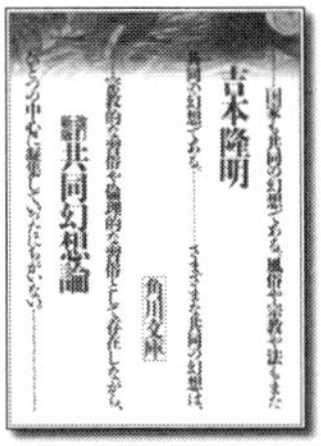

吉本隆明
『共同幻想論』
（角川文庫）

戦後日本の左派系論壇で最も影響力の大きかった文芸評論家で、最大の丸山批判者とも言うべき吉本隆明の主著。「国家」生成・維持のメカニズムを、『古事記』、『遠野物語』、漱石の『道草』等を手掛かりに、「共同幻想」という視点から明らかにしている。［土台↓上部構造］という通常のマルクス主義の社会哲学とは違って、（共同）幻想の共同体創出作用に注目しているところが特徴。エンゲルスの家族論、ニーチェの道徳の系譜学、フロイトのタブー論、折口信夫の民俗学などを援用して、「共同幻想」が形成される過程を多層的に描き出している。［共同幻想―対幻想―自己幻想］の三者関係についての独特の解釈が、議論全体のカギになっている。

川島武宜
『日本人の法意識』
（岩波新書）

丸山や大塚久雄と並ぶ代表的な市民派の知識人で、日本の法社会学の開拓者である川島による法文化論。（現在では批判されることの多い）「日本人の訴訟嫌い」のイメージを国際的にも定着させることになった一冊。権利、法律、所有権、契約、裁判などの西洋法の概念が、明治維新以降の日本社会でどのように受容されたか、具体例に即して論じられている。「調停」制度の運用のされ方を、伝統的な「協同体」内部での関係性を破壊しないような「丸く収める」紛争解決法と関連付けて分析することが試みられており、丸山の共同体論に通じるところがある。

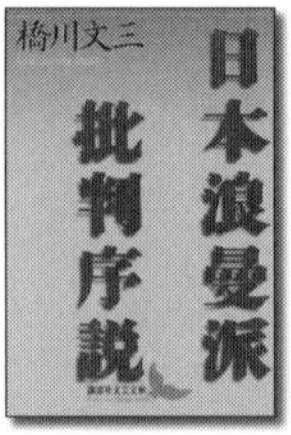

橋川文三
『日本浪漫派批判序説』
（講談社文芸文庫）

丸山の弟子の一人である政治思想家による「日本ロマン派」の「精神史」。最も有力な論客であった保田與重郎が、ドイツ・ロマン派のフリードリヒ・シュレーゲルから継承した「イロニイ」理論に焦点を当て、「イロニイとしての日本」という保田の思想戦略が、どのように戦争を美学化する姿勢へと繋がっていったのか、国学、農本主義、マルクス主義（↓転向）などとの関係を念頭において、多角的に検討している。太宰治や小林秀雄も、ロマン派との関連で論じられている。ロマン派の政治性を理解するうえで参考になる。

加藤典洋
『敗戦後論』
（ちくま文庫）

「アジアの二千万人の死者に謝罪する前に日本の三百万人の死者を悼む」という独自の主張によって、九〇年代半ばの戦争責任・戦後補償論争に一石を投じた書物。戦争に対する責任を担う主体としての「国民」のアイデンティティを確立する必要があるとする加藤の論は、左派陣営から大きな反発を受け、デリダの「応答可能性＝責任」論の視点から、他者に対する責任の無限性を強調する高橋哲哉との間で論争になった。高橋の『戦後責任論』（講談社学術文庫）と合わせて読むと、当時の議論の様子が分かる。

戸坂潤
『日本イデオロギー』
（岩波文庫）

京都学派の影響を受けた唯物論哲学者である戸坂が、一九三〇年代の思想状況を背景に執筆した「日本主義」批判の書。日本精神主義、日本農本主義、日本アジア主義など、「日本的なもの」を漠然と特権視する言説の総体としての「日本主義」の問題点を、西欧近代の哲学・思想史の知見とマルクス主義のイデオロギー批判の視点に基づいて明らかにしている。「自由」を観念的に解釈する自由主義もまた、「日本主義」が生まれる土壌を準備したとして批判されている。「日本主義」の発達に〝寄与〟した、もしくは、容認した思想として、和辻倫理学、西田哲学、田辺哲学、河合栄次郎の理想主義的自由主義などが批判の俎上にのせられている。特定の内容を持たないがゆえに、あらゆるものを包摂することのできる「日本主義」を特徴付けようとした戸坂の議論は、丸山の「無構造の『伝統』」論に通じているように思われる。

和辻哲郎
『日本精神史研究』
（岩波文庫）

丸山が『日本の思想』の冒頭でやや否定的（？）に言及している、倫理学者和辻による「日本精神史」の研究。飛鳥時代や白鳳天平時代の仏教美術、『万葉集』『古今集』『竹取物語』『枕草紙』『源氏物語』等の文学作品、道元によって開拓された禅の修行、歌舞伎など、芸術・文芸の様式や宗教的実践を手掛かりとして、古代から近世に至るまでの、日本的な「精神」（＝心生活）の形成史を描き出している。「仏教思想」が（「まつりごと（祭事＝政治）」性を帯びている）美的表象を介して、日本人の内面世界に浸透し、そこから新たな表象形態が生まれてくるプロセスが弁証法的に描き出されている。

1968	フランスでの五月革命に続く、学生運動の国際的広がり
	吉本隆明『共同幻想論』
1969	全共闘運動が盛り上がる。丸山の研究室が全共闘学生によって占拠される
1971	ニクソン・ショック
	ロールズ『正義論』
	丸山眞男、東大を早期退職。
1972	連合赤軍浅間山荘事件
	沖縄返還
1973	オイル・ショック
1974	ノージック『アナーキー・国家・ユートピア』
1975	ベトナム戦争終結
	藤田省三『転向の思想史的研究』
1976	ロッキード事件
	丸山眞男『戦中と戦後の間』
1978	川島武宜『日本人の法意識』
1981	ハーバマス『コミュニケイション的行為の理論』
	マッキンタイヤ『美徳なき時代』
1982	サンデル『リベラリズムと正義の限界』
1983	ウォルツァー『正義の領分』
	浅田彰『構造と力』
1984	浅田彰『スキゾ・キッズの冒険』
1985	プラザ合意
1986	丸山眞男『「文明論之概略」を読む』
1989	ベルリンの壁崩壊。東西冷戦の終焉
1990	東西ドイツ統一
1991	湾岸戦争
	ソ連解体
1992	ハーバマス『事実性と妥当性』
	丸山眞男『忠誠と反逆』
1993	細川内閣発足。五五年体制の終焉
	ロールズ『政治的リベラリズム』
1995	阪神・淡路大震災
	地下鉄サリン事件
	藤田省三『全体主義の時代経験』
1996	サンデル『民主主義の不満』
	丸山眞男、東京で死去

1942	「近代の超克」座談会
	高山岩男『世界史の哲学』
	南原繁『国家と宗教』
1944	丸山眞男、陸軍二等兵として召集
1945	第二次世界大戦の終了、日本の敗戦
	南原繁、東大総長に就任
1946	丸山眞男「超国家主義の論理と心理」
1947	ホルクハイマー／アドルノ『啓蒙の弁証法』
1949	中華人民共和国成立
	東西ドイツ建国
1950	朝鮮戦争勃発
	丸山眞男、東京大学法学部教授に就任
1951	サンフランシスコ講和条約調印
	アーレント『全体主義の起源』
1952	丸山眞男『日本政治思想史研究』『政治の世界』
1953	スターリン死去
1955	自由民主党結党。社会党再統一。五五年体制の始まり。
	日本共産党の六全協
	バンドンでアジア・アフリカ会議開催
	第一回原水爆禁止世界大会
	遠山茂樹／今井清一／藤原彰『昭和史』
1956	フルシチョフによるスターリン批判
	ハンガリー動乱
	石川達三の朝日新聞論説をきっかけとする自由論争
	丸山眞男『現代政治の思想と行動（上）』
1957	丸山眞男『現代政治の思想と行動（下）』
	亀井勝一郎『現代史の課題』
1958	アーレント『人間の条件』
	バーリン「二つの自由概念」
1960	日米安保闘争。新安保条約成立。
	橋川文三『日本浪漫派批判序説』
1961	丸山眞男『日本の思想』
1962	ハーバマス『公共性の構造転換』
	吉本隆明『擬制の終焉』
1963	アーレント『革命について』
	吉本隆明『丸山眞男論（増補改稿版）』
1966	藤田省三『天皇制国家の支配原理』

1914	第一次世界大戦始まる
	丸山眞男、大阪で生まれる
1916	吉野作造「憲政の本義を説いて其有終の美を済すの途を論ず」
1917	ロシア革命
1918	第一次世界大戦終結
1919	ドイツ、ワイマール共和国発足
1921	シュミット『独裁論』
1922	シュミット『政治神学』
1923	関東大震災
	虎ノ門事件
	ルカーチ『歴史と階級意識』
1924	第二次護憲運動
1925	治安維持法施行
1926	和辻哲郎『日本精神史研究』
1927	ハイデガー『存在と時間』
1928	シュミット『憲法論』
1929	世界大恐慌始まる
	小林多喜二「蟹工船」
1931	満州事変始まる
1932	五・一五事件
	シュミット『政治的なものの概念』
1933	丸山眞男、唯物論研究会の講演会に参加したため検挙される
	日本、国際連盟を脱退する
	ヒトラーがドイツの首相に就任。ナチス政権掌握
	小林多喜二、特高の拷問で死亡
	京大滝川事件
1934	丸山眞男、東京帝国大学法学部入学
1935	国体明徴運動
	和辻哲郎『風土』
	戸坂潤『日本イデオロギー論』
1936	二・二六事件
1937	丸山眞男、東京帝国大学法学部卒業
	日中戦争勃発
1939	第二次世界大戦勃発
1940	丸山眞男「近世儒教における徂徠學の特質並にその国学との関連」
	丸山眞男、東京帝国大学法学部助教授に就任
1941	太平洋戦争開始

[年表]

※主に、丸山眞男の生涯と戦後の主要な出来事をまとめた。

【著者紹介】

仲正昌樹（なかまさ　まさき）

1963年広島生まれ。東京大学大学院総合文化研究科地域文化研究専攻博士課程修了（学術博士）。現在、金沢大学法学類教授。専門は、法哲学、政治思想史、ドイツ文学。古典を最も分かりやすく読み解くことで定評がある。また、近年は、『Pure Nation』（あごうさとし構成・演出）でドラマトゥルクを担当し自ら役者を演じるなど、現代思想の芸術への応用の試みにも関わっている。

・最近の主な著作に、『人はなぜ「自由」から逃走するのか　エーリヒ・フロムとともに考える』（ベストセラーズ）、『現代哲学の論点』（NHK出版新書）
・最近の主な編・共著に、『政治思想の知恵』『現代社会思想の海図』（ともに法律文化社）
・最近の主な翻訳に、クライスト著『ペンテジレーア』（論創社）、ジャック・デリダ他著『デリダのエクリチュール』（明月堂書店）、ハンナ・アーレント著『アーレントの二人の師　レッシングとハイデガー』（明月堂書店）
・最近の主な共・監訳に、カール・シュミット著『国民票決と国民発案　ワイマール憲法の解釈および直接民主制論に関する一考察』（作品社）

《日本の思想》講義
——ネット時代に、丸山眞男を熟読する

2012年8月15日第1刷発行
2022年9月25日第6刷発行

著　者　仲正昌樹

発行者　福田隆雄
発行所　株式会社作品社
〒102-0072　東京都千代田区飯田橋 2-7-4
Tel 03-3262-9753 Fax 03-3262-9757
https://www.sakuhinsha.com
振替口座 00160-3-27183

装　幀　小川惟久
本文組版　有限会社閏月社
印刷・製本　シナノ印刷(株)

Printed in Japan
落丁・乱丁本はお取替えいたします
定価はカバーに表示してあります
ISBN978-4-86182-396-1 C0010

ポストモダン・ニヒリズム

仲正昌樹

主体の叛乱（68年）から記号の氾濫（ポストモダン）へ。「神」が去ったニヒリズム時代。永劫回帰なシミュラークルの世界で我々は、はたして、いかなる戦略が可能なのか？

仲正昌樹の講義シリーズ

〈知〉の取扱説明書

改訂第二版
〈学問〉の取扱説明書

ヴァルター・ベンヤミン
「危機」の時代の思想家を読む

現代ドイツ思想講義

カール・シュミット入門講義

〈法と自由〉講義
憲法の基本を理解するために

ハンナ・アーレント「人間の条件」入門講義

プラグマティズム入門講義

〈日本哲学〉入門講義
西田幾多郎と和辻哲郎

〈ジャック・デリダ〉入門講義

ハンナ・アーレント「革命について」入門講義

〈戦後思想〉入門講義
丸山眞男と吉本隆明

ドゥルーズ+ガタリ
〈アンチ・オイディプス〉入門講義

〈後期〉ハイデガー入門講義

マルクス入門講義

フーコー〈性の歴史〉入門講義

ニーチェ入門講義